KB038420

이미
시작된
전쟁

북한은 왜 전쟁을 일으킬 수밖에 없는가

이미
시작된
전쟁

이철 지음

 page2

러시아가 우크라이나를 침공했을 때 왜 전 세계는 놀랐을까? 러시아와 푸틴은 그렇게 오랫동안 NATO가 서진하면 대응하겠다고 말해 왔다. 그럼에도 불구하고 어째서 서방 세계는 푸틴의 말을 믿지 않았을까?

지난 70년 동안 북한은 미국과 한국에게 본때를 보이겠다고 말해왔다. 그리고 북한은 이제 핵폭탄도 만들었고 미사일도 만들었으며 잠수함에서 핵미사일을 발사하는 기술을 확보하려 애쓰고 있다. 이를 뻔히 보면서 왜 한국 정부는 식상하고, 뻔한 이야기만 반복하고 근본적인 해결책을 내놓지 않는 걸까?

시진핑이 전례 없는 3연임에 들어서면서 중국은 2023년 양회에서 조국 통일을 강력하게 추진할 것임을 선언했다. 미국 대통령 바이든을 마주하면서도 시진핑은 "타이완 문제는 중국의 내정이며 중국의 첫 번째 레드 라인"이라고 언성을 높였다. 그런데 왜 양안 전쟁이 일어나지 않을 것으로 생각하는 사람들이 많은 것일까?

필자는 30년 가까운 중국 생활을 하면서 주로 중국 정부 프로젝트에 참여하기 위한 노력을 해 왔다. 중앙 정부 여러 부처와 다수의 지방 정부 인사들, 가끔은 고위층들과도 생각을 나눌 기회들이 있었다. 필자는 이런 경험으로 중국의 변화는 단지 GDP가 증가하고 미국 증시에 거대한 중국 민간 기업이 상장하는 것뿐이 아니라 그러한 경제와 사회의 변화 뒤에 진정한 원동력으로서 중국의 '이념'과 '국가 전략'이 작용하고 있다는 것을 깨닫게 되었다.

이제 중국은 조국 통일이라는 국가 전략을 위해 전진하고 있다. 미국이 이에 대응하면서 미국, 일본, 러시아, 중국 즉 동북아 4대 열강이 바야흐로 자칫 전쟁할 수도 있는 상황으로 내달리고 있다. 그러나 필자의 눈에 비친 한국은 이 전쟁의 한가운데 있으면서도 그 상황을 주도하고 있는 중국의 전략과 이념을 전혀 이해하지 못하고 있다.

필자는 여러분들의 고개를 양손으로 붙잡아 돌려 필자의 말을 들어 보라고 외치고 있다. 그래서 필자는 이 책에서 여러분들이 쉽게 받아들이지 못할 이야기, 북한이 남한을 공격하고 중국은 타이완을 공격할 것이라는 이야기를 펼칠 것이다. 게다가 북진통일을 해야 한다는 황당한 주장도 펼칠 것이다. 이 책의 결론은 여러분들이 읽기를 거부할 정도로 말도 안 되는 정신 나간 이야기일 수 있다. 그러나 이 책에서 필자가 전하고 있는 이야기들 중 잘못된 추측은 있을 수 있으나 사실과 다른 서술은 없다.

그리고 한번 생각해 보기 바란다. 당신이 필자의 이야기를 받아들이지 못하는 것은 필자의 이야기에 근거가 없고 추론이 비합리적이기 때문인가? 아니면 당신이 전쟁의 가능성을 한 번도 제대로 숙고해 보지 않았기 때문인지를 말이다.

베이징 수목란정에서
이철

· 차례 ·

The War That Began

—— 1장 ——

한반도가 정말 불바다가 된다

CHINA AMERICA WAR G2

2021년 8월 호주의 라트로브대학교LaTrobe University에서 중국에 대한 전문가 그룹 회의를 개최했다. 회의에 참석한 학자들은 중국이 아시아에서 전쟁을 시작한다는 것과 그곳은 타이완이 될 것이라는 데 동의했다. 참석자 중 스탠퍼드 대학 프리먼 스포글리 국제학연구소의 오리아나 스카일러 마스트로Oriana Skylar Mastro 연구원은 중국이 6~7년 안에 전쟁을 시작할 것이고, 미국이 100% 파병할 것이라고 말했다. 호주 아시아 소사이어티의 가이 보켄슈타인Guy Boekenstein은 앞으로 5~10년 안에 전면적인 전통적 전쟁이 일어날 가능성은 낮지만 전략적 오판 가능성은 여전히 존재한다고 보았다.[1]

이들의 의견은 이렇게 양안 전쟁을 필연적으로 보는가 하면, 전쟁 가능성을 낮게 보는 등 전쟁이 일어날 가능성에 대해 엇갈렸다.

지금도 많은 이가 설마 미국과 중국 간에 실제로 전쟁이 일어날 것인가 생각할 것이다. 그러나 전쟁 가능성은 매우 높다. 이 책은 바로 그 이야기를 여러분에게 전달하고 싶어서 쓴 책이다. 우리가 알아야 할 한 가지 중요한 사실이 있다. 만약 중국이 타이완을 공격하려면 가장 먼저 한국과 주한미군에 대해 조치해놓지 않으면 안 된다는 것이다. 중국이 타이완을 공격하기 위해서는 한국과 일본의 참전과 이 두 나라에 주둔해 있는 미군의 발을 묶을 필요가 있다. 실제로 미국의 싱크탱크 CSISCenter for Strategic and International Studies(전략국제문제연구소)는 중국이 타이완을 침공하면서 일어나는 양안 전쟁을 가상한 워게임 리포트 「The First Battle of the Next War(다음 전쟁의 첫 번째 전투)」[2]를 발표했다. 이 워게임에서 중국은 타이완은 물론 괌의 미군 기지, 그리고 일본의 기지들을 공격하고 있다. 게다가 이들은 24회 차의 워게임을 했는데 24회 모두 중국 팀은 일본을 공격했다. 이 워게임의 시나리오에 따르면 중국은 한국도 공격했다.

하지만 워게임에서 중국은 일본에 선제공격하지 않았다. 미국과 일본이 참전하면 공격을 개시했다. 중국으로서는 일본과 주일미군에 선제공격하면 미중 간 전면전을 불러오게 되고, 이는 중국이 감당하기 어려운 상황이다. 그러나 한반도라면 상황이 다르다. 한반도에는 중국과 군사동맹을 맺고 있고, 한국과 미국에 대한 증오심에 가득 차 있으며, 수십 년 동안 전쟁을 준비해온, 쉽게 유도할 수 있는 북한이 있기 때문이다.

이제 시진핑은 수십 년간 준비해온 양안 전쟁을 치르려 한다. 적어도 필자는 그렇게 생각한다. 중국에 가장 가까이 있는 적군은 바로 주한미군과 미국이 전시작전권을 가지고 있는 한국군이다. 한국은 자신들이 50만 병력을 보유한 작은 나라라고 말하지만 중국의 눈에는 400만 명에 가까운 병력을 보유하고 있는 세계 6위의 군사 강국이다.

결론부터 말하면, 중국은 주한미군과 한국군에 대한 사전 조치 없이 타이완을 공격할 수 없다. 그래서 중국은 북한과 협의하여 한반도에 대규모 군사적 긴장 사태를 일으킬 것이다. 그 규모는 응당 연평도 포격 사건보다 훨씬 큰 규모가 될 것이며, 심지어 한국 측 인명 피해도 피하기 어려울 수 있다. 그리고 그날은 곧 올 것이다.

한국 불바다 가상 시나리오

북한의 대규모 도발은 새벽에 돌연 파주 등 경기 북부와 강원 북부에 수백 발의 방사포를 쏘는 것으로 시작될 가능성이 크다. 미사일을 멀리 공해에 쏘는 정도로는 이제 한국이 진지하게 응하지 않을 것이기 때문이다. 한국의 영토에 북한의 포탄이 떨어지는 사태라면 민간인에게도 피해가 갈 가능성이 있고, 한국 정부와 국민 모두 긴장하게 될 것이다. 한국 정부와 국민이 긴장할수록, 그리고 흥분할수록 북한과 그 뒤에 있는 중국의 목적은 달성된다. 한국군은 물론 주한미군이 움직이기 어렵게 되기 때문이다.

이와 동시에 북한은 언제나처럼 방송을 통하여 남한 군대가 도발했다며 이를 응징한다는, 말도 되지 않는 명분을 주장할지 모른다. 그러면서 미국이 즉각 북한의 핵 보유국 지위를 승인하고 종전 협상에 응하지 않으면 남한은 물론 미군 및 미국인들의 안전도 보장할 수 없다는 요구를 할 수도 있다. 중국과 러시아는 이에 북한의 핵 보유국 지위를 승인하며 맞장구치고 미국의 성의 있는 자세를 촉구한다. 몇 시간 후 아침이 되면 북한은 다시 수 발의 미사일을 발사한다. 미사일은 각각 남한의 동해 해역, 서해 해역, 그리고 남해 해역에 떨어질 것이다. 어쩌면 장거리 미사일을 사이판이나 하와이 근처의 태평양을 향해 발사할 수도 있다.

그리고 북한에서 대규모의 전쟁을 지지하는 행사와 시위가 열린다. 방송에 나오는 학생, 일반인, 그리고 부녀자들은 눈물을 흘리며 이제 위대한 최고 존엄의 뜻을 받들어 남조선 인민들을 해방하고 미제국주의자들을 물리치게 되었다며 김정은에 대한 지지를 소리 높여 외친다. 이 영상은 중국을 비롯하여 전 세계에 중계될 것이다.

한국 군부는 교전 수칙대로 즉각 대응 사격을 할 것이다. 그리고 상부에 보고할 것이지만, 한국 대통령이 즉각 상황을 파악하고 결심을 할 수 있을지는 미지수다. 슬프게도 한국에 사태가 발생할 그날 밤, 한국 대통령은 실시간으로 북한의 공격 상황을 파악하고 전쟁 지휘를 할 수 있는 상태가 아닐 가능성이 충분히 있다. 만일 대통령실에서 시간을 끈다면 군 수뇌부도 갈팡질팡할 뿐이다. 이 경우 한국군 수뇌부는 미군의 판단을 구할 가능성이 크다. 미군이야 즉각 백악관에 보고할 것이고 백악관은 대응 공격을 하도록 할 가능성이 크다.

그러나 미군은 자신들이 직접 북한을 공격하지 않을 것이다. 4장에서 자세히 설명할 '진보적 가치 전략The Progressive Value Strategy'에 따라 미군은 직접 공격하지 않고, 한국군에게 조언을 주어 반격하게 할 가능성이 크다. 한국군은 자체적인 판단으로 북한의 발사 원점을 타격하는 정도의 비례 보복을 할 수도 있고, 미국의 조언이 있다면 보복 범위를 확대할 가능성도 있다.

하지만 이미 주요 전력을 갱도 내로 피신한 상태인 북한은 한국군의 반격에도 아무런 타격을 입지 않을 것이다. 북한도 연평도 사건을 통해 대포병 반격이 오리라는 것을 배웠을 테니 말이다. 오히려 북한은 미국과 남한이 북한을 공격했다며 대규모 반격을 시작, 수도권에 수백 발의 포탄과 미사일을 떨어뜨릴 것이다. 직접 포격으로 인한 인명 피해는 크지 않더라도 건물 파괴 등의 영향으로 대규모 사상자가 나오게 된다. 서울 시민들은 모두 피난을 가려 할 것이고, 한강의 다리들은 병목 현상을 일으키며 아우성이 된다. 북한의 포탄이 한강 다리 하나에 맞기라도 하면 혼란은 절정에 이른다.

이상은 필자가 북한이 중국의 사주에 따라 한국을 공격하면 일어날 수 있는 상황을 묘사해본 것이다. 꼭 정확하게 이런 식으로 사태가 발생하지는 않을 것이다. 다만 한국군이 예상하지 못한 시간, 예상하지 못한 방식으로, 그리고 전쟁이라고 하기에는 소규모이지만 도발이라고 하기에는 큰 사태가 발생할 것으로 보인다.

북한은 자신의 전력이 열악한 해상이나 공중에서 도발할 가능성은 작다. 육지인 강원 북부와 경기 북부를 대상으로 화력을 쏟아붓는 방식이 더 쉬워 보인다. 하지만 연평도 포격과 유사한 정도라면 이미 한국 정부와 국민들이 겪은 것이므로 이보다는 훨씬 강도가 커야 한다. 그러면서 한국군이나 주한미군이 전면전을 감행할 정도가 되어서는 안 된다. 통제하에 국지전으로 가는 것이 가장 이상적이다. 2022년 12월 26일 북한의 무인기가 서울 상공을 침범한 후 한국 정부에서 미국에게 국지전에 대한 양해를 촉구했다는 소문도 돌고 있으니, 어쩌면 북한이 국지전을 주도하는 것이 아니라 윤석열 정부가 주도할 가능성도 없는 것이 아니겠다.

이렇게 충분히 국제적인 소란을 만들고 북한은 재빨리 대피 모드에 들어간다. 북한은 한국 정부가 비례적 대응 반격을 한 후 국민들 앞에서 강경하게 대응했다며 자랑한다면 곧바로 다시 도발할 것이다. 그리고 다시 반복되는 비례적 대응. 너무도 우습지 않은가? 이렇게 몇 차례 도발하면서 수위와 화력을 점진적으로 상승시켜 나가면 한국 정부는 이러지도 저러지도 못하는 상황에 이르게 될 것이다. 그리고 이런 상황으로 몰고 가는 것이 바로 중국과 북한의 목적이다.

게다가 북한이 도발해도 국제 사회로부터의 제재는 이제 없을 것이다. 미중 충돌과 우크라이나 전쟁 이후 러시아와 중국은 미국이 주도하는 제재를 사사건건 막고 있다. 오랜 기간 이미 미국이 주도하는 경제 제재를 받아온 북한은 거리낄 것이 없다. 린다 토머스-그린필드Linda Thomas-Greenfield UN 주재 미국 대사는 북한이 러시아와 중국 두 안보리 구성원으로부터 전폭적인 보호를 즐겼다고 말한 바 있다.[3]

북한은 오랜 경제 제재를 받았지만 이제 중국으로부터 식량, 물자 그리고 무기 등 본격적인 지원을 받아 형편이 더 나아질 것이다. 그리고 나아지는 생활은 김정은에 대한 북한 주민들의 지지를 강화할 것이고, 주민들의 지지는 다시 김정은이 더욱 이 도발을 즐기려 할 가능성을 높일 것이다.

한국과 미국이 북한 도발의 어느 수준을 레드 라인을 밟은 것으로 간주할지 필자는 알 수 없다. 아마 윤석열 대통령도 깊이 생각해본 적이 없을 것이다. 우리 군부 인사들은 대체로 미국의 지시를 묻고 따를 성향의 사람들이므로 결국 미국의 의지에 따라 의사결정을 하게 될 가능성이 크다. 그렇다는 것은 미국인들이 미국의 이익에 따라 의사결정을 한다는 이야기이다. 한국에 북한 도발 시의 작전 계획은 수

이미 시작된 전쟁

립되어 있다고 알려졌지만, 작전 계획을 실행하는 판단 기준도 수립되어 있는지 궁금하다. 그리고 그런 기준이 있다 하더라도 대통령의 지시 없이 대규모 북한 공격을 명령할 수 있는 사람이 있을까? 어떤 의미로는 그런 사람이 존재한다면 그 또한 문제일 것 같다.

미국의 시각에서 한반도 남북한 사태는 어떻게 진행되는 것이 가장 그들의 국익에 도움이 될까? 우선 미국은 한반도가 피해보는 것을 원할 리 없다. 하지만 피해를 본다고 해서 그들에게 큰일이 나는 것은 아니다. 만일 한국의 입장이 결연하다면 미국도 여러 가지 생각을 해보겠지만 미국으로서는 북한보다는 중국이 훨씬 중요하다. 우크라이나 전쟁이 일어났을 때 미국이 대응하지 않은 것은 우크라이나 전쟁 자체에 중러의 양동 전략이 포함되어 있다고 보기 때문일 것이다. 중국이라는 요소를 고려할 때 미국은 북한 도발의 목적이 주한미군과 한국군의 견제에 있다고 판단할 것이고, 그렇다면 양국의 군대가 한반도에 묶여 있어서는 안 된다는 결론에 쉽게 도달할 것이다.

한국군이 북한의 도발을 받아들여 무력 충돌이 확대되는 것은 중국의 함정에 제 발로 들어가는 꼴이다. 그렇다고 북한의 도발을 참기만 하면 북한의 도발은 확대될 뿐이다. 그리고 북한의 이러한 도발은 뒤에 중국의 지원이 있을 것이므로 이전과는 달리 탄약과 연료 등 자원을 지속적으로 투입할 가능성이 크다. 경제 제재 같은 것은 더 이상 영향을 주지 않을 것이다. 그리고 김정은은 핵 미사일을 끼고 앉아 한국이나 미국이 공격해오면 핵 미사일로 보복하겠다고 위협할 터이다.

미국의 선택지는 많지 않다. 하나는 북한에 맞대응 공격을 하는 것이다. 윤석열 정부라면 아마도 원점 타격을 주장할 가능성이 크다. 그러나 원점 타격을 하게 되면 군사분계선 북방 약 200km 이상의 지점까지도 공격해야 할 것이고, 대부분 갱도 입구가 북쪽을 향해 있는 북한 진지를 유효하게 타격하는 것은 쉽지 않다. 게다가 정말로 타격이 효과가 있다면 확전이 우려될 상황이고, 타격이 효과가 없다면 웃음거리가 될 수 있다.

다른 방법은 한국 공군이 이스라엘처럼 공군기를 동원하여 심리적 효과가 큰 곳을 타격하고 돌아오게 하는 것이다. 민간인은 공격할 수 없다. 그렇다고 진지화되어 있는 군사 시설에는 효과 있는 공격이 어렵다. 그러니 상징적인 목표물, 예를 들면 대형 김일성 동상이나 혁명기념탑 같은 것이 대상이 될 수 있다. 이런 목표물은 북한 주민들에게 충분히 심리적인 타격을 주는 효과가 있고, 한국 국민들에게 어느 정도 북한에 대가를 치르게 했다는 명분도 주장할 수 있을 것이다.

세 번째는 이 기회에 핵을 가지고 장난하는 북한을 제대로 타격하는 것이다. 한국군이 원점 타격을 포함해서 대대적인 화력을 쏟아 붓게 하고는 자신들은 공군을 동원하여 북한의 핵 시설들을 기습 폭격, 그들 말로 외과 수술적 공격을 하는 것이다. 중국이나 러시아의 개입이 없도록 하면서 미국의 이익을 달성하는 방법이다. 그리고 실제 인명 피해 부담은 한국이 지게 되므로 미국으로서는 충분히 고려할 수 있는 대안이다.

동시에 한미가 앞에서 열거한 어떤 선택을 하든 중국의 의도는 달성된다. 한반도 사태는 엄중해지고 전면전으로 확대할 수도 없고 그렇다고 북한에 대한 군사적 대응을 안 할 수도 없으며 사태를 끝낼 수도 없다. 어쩔 수 없이 북한, 그리고 그 뒤에 있는 중국의 일정표에 따라 상황은 전개되어갈 것이다.

2022년 11월, 미국과 한국은 비질런트 스톰이라는 대규모 군사 훈련을 감행했다. 우리야 항상 보는 한미 연합 훈련이어서 그러려니 했지만 대부분의 대규모 군사 침공이 이렇게 군사 훈련이라는 명목으로 출동한 후 이루어진다. 그리고 북한은 그것이 항상 두렵다. 북한이 미사일 세 발을 동해안에 발사했고 그중 하나가 남방한계선 이남 수역에 떨어졌다. 그러자 윤석열 정부는 대응한다며 북한 수역에 미사일 세 대를 발사했다. 윤석열 정부는 북한의 그다음 수에 대한 수 읽기를 다 해놓고 발사한 것일까? 만일 북한이 이에 대하여 더 큰 도발을 가해온다면 과연 어떻게 하려 했을까? 이렇게 허공이나 아무도 없는 바다에 미사일을 사격하는 것은 누구나 할 수 있다. 그러나 실제 북한이 규모 있는 군사 상황을 걸어온다면 과연 윤석열 정부는 어떤 결정을 할 수 있을까? 아마 사실상의 결정권자는 미국일 것이다.

영국 BBC가 한국에 망명한 전 북한 정보 책임자 김국송을 인터뷰한 적이 있다. 그는 자신이 공산주의자이며 황장엽 암살 작전을 책임졌다고 말한 사람이다. 그는 북한 공작원들이 남한의 여러 시민사회 단체와 중요한 기관에서 활발히 활동하고 있다고 했다. 또한 북한이 경험 많은 해커 6,000명으로 구성된 군대를 구성했다고 경고했다.[4]

북한이 해커 부대를 양성하고 또 운영하고 있다는 것은 주지의 사실이다. 특히 선양 등 중국의 동북 지역을 중심으로 활약하고 있다는 것도 아는 사람들은 다 아는 이야기이다. 이들이 암호화폐를 털었다거나 금융기관에서 돈을 빼냈다는 뉴스도 심심찮게 나온다.

이런 사이버 전략은 지금과 같은 상황에서 거의 완벽한 수단이다. 북한이 방사포나 미사일을 발사하는 것은 상대에게 피해를 주기보다는 시위를 하는 것이다. 그러나 사이버 공격을 하는 것은 실제적인 피해를 주면서 원한다면 은밀하게 할 수 있고 자신들이 한 행위가 아니라고 부인할 수도 있다.

게다가 피해를 주는 목적 외에 혼란을 일으키고 싶은 경우에도 사이버 공격은 매우 유력하다. 지금의 한국은 거리마다 스마트폰을 가지고 돌아다니는 사람들이 가득하다. 이런 수단을 북한이 마다할 리 없다. 그래서 북한은 군사적 직접 공격과 함께 사이버 공격을 동시에 감행할 것으로 생각된다. 그렇게 되면 정보화가 세계에서도 가장 발달한 나라인 한국은 정보 시스템에 대한 의존도가 높은 만큼 타격이 더 클 것이다. 전력, 난방, 수도, 가스, 교통, 통신 등과 같은 인프라들이 제대로 작동하지 않게 되고, 이에 따라 사람이 제대로 이동하고 일하고 일상생활을 영위하기 어렵게 될 것이다. 그리고 한국 정부가 과연 이태원에서 보여준 실태를 거듭하지 않고 이러한 혼란을 신속히 잠재우고 강력한 리더십을 발휘할지 기대해보아야 할 것이다.

평양의 이러한 움직임을 모두 실제 공격을 위한 준동이라고 생각하면 한국이 충동적으로 대응할 수 있다. 그간 모두가 걱정해온 '우발적 전쟁'이라면 말이다. 그러나 그 시나리오는 1953년 한국전쟁이 불안하게 종식된 이후 한 번도 일어나지 않았다. 북한과 한국의 국력 격차, 군사력 격차는 이미 분명하다. 그럼에도 불구하고 한국인들은 미군에 의지하고 싶어 한다. 한국의 싱크탱크 아산연구원에 따르면 한미동맹 지지율은 2012년 이후 91.9% 아래로 떨어지지 않았다.[5]

한미동맹은 그렇다 하고 2022년 5월 여론조사에 따르면 주한 미군 지지율은 82.1%였다. 무엇 때문에 그렇게 미군 주둔을 원하는 것일까?

필자가 만나본 한국인들의 의견에 기초하면 한국인들이 미군 주둔을 바라는 데는 두 가지 원인이 있어 보인다. 첫째는 북한의 무력을 한국군이 반드시 막아낼 수 있고 승리할 수 있다는 확신을 갖지 못한다. 둘째는 한국군이 이기기는 하겠지만 그전에 미군의 압도적인 공군력과 해군력이 주도하는 전투로 북한을 처리해줄 것이라는 기대다. 그러면 한국군은 이삭줍기 정도만 하면 된다는 것이다. 그러니까 내 나라 전쟁이지만 미국이 대신 피를 흘리면서 싸워줄 것이라는 기대가 있는 것이다. 과거에는 이런 기대를 할 수 있었다. 하지만 지금의 미국은 한국 대신 싸워주는 것보다는 한국이 미국 대신 싸워 주기를 원할 것이다.

그리고 이 상황에서 미군이 개입한다면 이는 중국과 러시아의 군대를 한반도로 끌어들이는 결과를 초래할 것이다. 한국 정부가 비상 상황에서 미리 정해진 매뉴얼대로 북한 원점 타격으로 시작하여 미 공군이 북한 핵 시설을 공습하면 국군은 북한을 향해 진군할 것이다. 그리고 이어서 북한 지도부에 대한 천무 벙크버스터 공격이 가해지면 이제 상황은 돌이킬 수 없게 된다.

북한은 예정대로 군사안보협정을 맺고 있는 중국에게 지원을 요청하게 될 것이고, 중국과 러시아는 북한의 요청에 따라 '평화유지군'을 파병할 것이다. 중국 헤이룽장黑龙江의 북부 군구 사령부는 전문적으로 러시아와 북한을 담당한다. 북부 군구는 먼저 상징적인 병력을 북한으로 보내어 군사분계선 지역에 배치하고 한미 연합군에게 공격을 멈추라고 요구할 것이다. 그러면 이제 상황은 대치 국면이 될 것이다. 그리고 이때면 이미 중국이 타이완을 공격하여 양안 전쟁이 시작된 후가 될 것이다.

북한은 왜 전쟁을 일으킬 수밖에 없는가

북한도 이러한 상황의 전개는 결코 원하는 것이 아니다. 세계 무력의 절대 강자인 미국과 이제는 국력의 차이를 부정할 수 없게 된 한국을 대상으로 대규모 군사 도발을 하는 것은 무모한 짓이다. 아무리 북한이 정상적인 사고를 하는 집단이 아니라고 하지만 북한의 비정상적인 사고의 출발점도 그들의 생존을 위한 것임을 우리는 잊지 말아야 한다. 즉 북한도 선택의 여지가 없어서 도발한다는 말이다.

문재인 정부 시기 중국 외교 최고책임자인 양제츠杨洁篪 공산당 정치국원이 중국 톈진天津에서 서훈 국가안보실장과 가진 회담에서는 두 나라가 남북한 종전선언 실현에 지지를 표명했다.[6]

문재인 정부가 총력을 기울였던 북미 평화 협의가 트럼프의 일방적인 파기로 무너진 후 문재인 정부가 남북한 평화 공존을 위해 추진할 수 있었던 최선이었을 것이다. 그러나 남한 정부의 평화 의지는 북한에게는 그다지 중요하지 않다. 북한은 남한이 적극적으로 북한을 공격하여 통일하려는 의지가 없다는 것을 내심 잘 알고 있는 것이다.

북한의 경제 문제가 심각하다는 것은 이제 상식이 되어 있다. 북한은 오랜 기간 미국이 주도하는 경제 제재를 받고 있고 그 어떤 국가보다도 외부의 도움을 필요로 한다. 하지만 경제 지원에는 언제나 대가가 따른다. 그리고 김정은은 그 대가를 잘 인식하고 있는 듯 보인다. 영국의 「파이낸셜 타임스」는 북한 김정은이 식량 상황이 좋지 않다는 것을 인정하고 관료들에게 농업 생산을 잘 장악할 것을 지시했지만 국제 사회의 원조에 대해서는 신중한 태도를 보였다고 전했다.[7]

「파이낸셜 타임스」는 북한 관영 언론을 인용하여 김정은이 태풍으로 식량 수확량이 적어 인민의 식량 수급이 빠듯하다고 고위 관리들에게 말했다는 것이고, 또한 코로나 방역의 장기화 문제를 상기시켰다고 한다. 이런 김정은이 과연 간 크게 대규모 도발을 할 수 있을까? 대답은 의외로 '그렇다'이다.

먼저 불안이다. 극우 성향과 돌발성을 보이는 윤석열 정부가 들어선 것은 김정은에게 불안감을 주기에 충분하다. 여기에 재개되고 있는 한미 합동 훈련이 김정은에게 최악의 악몽을 주고 있다. 한미는 방어적 훈련이라고 말하지만 일부 전문가들은 북한이 2018년 이후 최대 규모의 한미 '방어' 훈련을 '침략 계획'으로 볼 근거가 있다고 인정한다.[8]

한미 연합 훈련은 해상, 공중, 지상, 지휘 벙커에서 진행되며 크게 두 단계로 나뉜다. 첫 번째 단계는 북한의 공격을 격퇴하고 수도권을 방어하는 것이다. 두 번째는 구체화되지 않은 반격 단계이다. 미군의 군사 잡지 「성조기Stars and Stripes」에 따르면 합동 기동, 최전선 강화, 재보급 및 급유 작전, 대량 살상 무기 제거 등을 포함한다. 이라크 전쟁이 떠오르지 않는가?

그리고 핵 보유국이라는 안전감이다. 핵무기 개발을 한 북한은 이제 최후의 무기를 가진 것이다. 최악의 경우 핵폭탄을 사용할 수 있다는 것은 설령 미국이라 하더라도 함부로 북한을 공격할 수 없는 상황이 된 것에 틀림없다.

NATO에 위협감을 느끼고 자국 군사력에 자신이 있었던 푸틴이 우크라이나 침공이라는 독단적 결정을 했듯이 이 두 가지를 고려하면 김정은도 그런 결정을 할 수 있다고 본다. 사실 북한에서는 경제적 상황을 견디지 못한 대중들이 이기든 지든 전쟁을 하자는 여론이 커지고 있다고 한다.[9]

적어도 미국이 경제 제재를 풀어줄 것을 기대한다는 것이다. 즉 김정은이 전쟁 또는 대규모 도발을 하면 북한의 많은 인민이 지지할 것이라는 뜻이다.

여기에 중국이 북한을 꼬드기며 안전 보장, 식량 지원, 물자 지원 등 대규모의 경제 원조, 군사 무기의 지원, 러시아/이란/파키스탄 등 중국의 준 동맹 국가와의 교류 지원, 경제개발 정책 지원 등을 하게 되면 북한이 과연 그 유혹을 뿌리칠 수 있을까? 무엇보다도 이번에는 중국이 원하는 대가가 분명하고, 북한의 도발이 실패할 경우 북한에 올 피해는 이전과 비교하여 크게 달라질 것이 없다. 반면 만일 도발이 성공하면 북한에게는 복권 당첨 결과가 된다.

　북한은 수십 년간 전쟁 준비를 해왔지만 대부분의 무기가 구식이고 특히 탄약 등은 보관 상태가 양호하지 못한 것들이 많다고 한다. 북한도 이를 잘 알고 있으며, 무력 체계의 현대화가 시급한 형편이다. 미 국가안전보장회의NSC, National Security Council의 존 커비John Kirby 전략홍보 조정관은 2022년 9월 온라인 기자회견에서 러시아가 북한에서 탄약을 구입하기 위한 협의 과정에 있다고 말했다. 탄약의 종류나 규모는 박격포의 포탄, 로켓포 등 수백만 발에 이를 가능성이 있다고 했다.[10] 이 딜이 이루어지면 북한은 품질 불량인 탄약을 대규모로 처분하고 좋은 조건의 대가를 받게 된다. 동시에 북한은 신무기를 지원받을 가능성이 생긴다. 이래저래 상황은 북한으로 하여금 중국의 유혹에 빠지기 쉽게 조성된 것이다.

　북중연구그룹의 앤서니 린나Anthony V Rinna는 러시아의 대규모 우크라이나 침공 이후 북러 관계의 발전은 북한의 안보 위협을 억제하기 위한 다자주의가 가중될 것임을 시사했다.[11]

　북러 관계는 2020년 북한의 엄격한 국경 폐쇄로 인해 중단되기 전까지 최근 몇 년 동안 우호적이었다. 러시아의 전면적인 우크라이나 침공으로 북한은 모든 문제에 대해 러시아에 대한 전면적인 지지를 쏟아냈다.

　2022년 8월 북한과 러시아가 유대 강화를 약속한 이후, 러시아 정부의 행정부와 입법부 의원들은 러시아에서 일할 탈북자를 대량 고용하는 문제에 대해 공개적으로 논의했다. UN 안전보장이사회 결의 2270호를 위반하는 것이지만 2022년 9월 우크라이나의 추가 합병 이전 러시아 정부는 도네츠크와 루한스크는 북한 노동자들을 고용할 권리가 있다고 주장했다. 도네츠크와 루한스크는 독립된 UN 비회원국이라는 명분이었다. 중국과 러시아는 대북 제재 철회에 공조하고 있는 것으로 보인다.

중국에게 있어서도 북한은 한국과 미국을 다룰 귀중한 카드이다. 중국 런민대학에서 국제관계학 박사과정을 밟고 있는 필자의 한 친구는 중국의 학자들에게 한국을 다룰 카드로 북한을 이용한다는 것은 상식으로 되어 있다고 전한다. 미국의 외교 전문지 「포린 어페어즈 Foreign Affairs」도 평양의 미사일은 미국의 동맹을 분열시킬 수 있으며 평양의 무기 프로그램은 북한 지도자들의 변덕스럽고 예측할 수 없는 행동을 고려할 때 중국에게 자산이 되고 있다고 전했다.[12]

하지만 한미의 인식은 달라지지 않고 있다. 적어도 한국은 북한 뒤의 중국을 의식하지 못하고 있는 것이다. 북한의 미사일 시험 발사가 거세게 몰아쳐도 워낙 북한의 도발이 일상화되어 있다 보니 그러려니 하고 넘어간다. 앤서니 블링컨Antony John Blinken 미 국무장관도 2022년 1월 MSNBC와의 인터뷰에서 이 중 일부는 북한이 관심을 끌기 위한 것이라고 말했다.[13]

그러나 평양과 오랜 협상 경험이 있고 북한 고위 관리들과 자주 만난 에반스 리비어Evans J. R. Revere 전 미 국무부 차관보는 "최근 북한 미사일 발사의 급증은 자발적인 것이 아니다"라고 말했다. 현장을 아는 사람에게는 무엇인가 전해지는 것이다.

사실 중국과 북한 간의 관계가 좋은 것만은 아니다. 중국은 도대체 말을 듣지 않는 북한을 매우 불편해했다. 필자가 알고 지내는 중국 외교부에 있는 한 친구의 말을 빌리면 "세상은 우리가 북한을 조정하거나 설득할 수 있다고 생각하는데 진실은 북한은 누구의 말도 듣지 않는다"고 했다. 아마도 진실일 것이다. 중국 입장에서도 북한과의 소통과 협력은 지난한 일인 것이다.

2021년 4월 류샤오밍刘晓明이 새로운 한반도 문제 특별대표로 임명됐다고 중국 외교부가 발표했다.[14] 그는 주 북한 대사 시절 북한을 방문한 중국의 투자자들에게 북한은 투자하기 좋은 곳이 못 되니 다른 곳에 투자하는 것이 좋겠다고 말했다고 한다.

북한 정보기관들이 이 말을 '들었고' 북한은 중국 정부에 그를 소환해달라고 요청했다고 한다. 말하자면 괘씸죄에 걸린 것이다. 이것이 아마도 외교관계협의회 스콧 스나이더Scott Snyder 한국학 선임연구위원 겸 한미정책실장이 이번 임명이 북중 관계가 특별한 관계에서 정상적인 관계로 격하되는 것을 의미한다고 해석한 이유일 것이다. 그러나 필자는 오히려 중국과 북한이 서로의 소통을 강화하고 그 깊이를 심화하자는 데 의견이 일치한 결과라고 생각한다. 북중 간 상대를 깊이 이해하는 외교관이 적은 상황에서 오래 북한과 인연을 쌓았지만 다소간 서먹한 인물을 북한이 받아들인 것이다.

북중 두 나라 사이의 무역은 UN의 제재로 인해 심한 타격을 입었고, 코로나 바이러스 발생 후 중단되었다. 그러나 최근 중국이 먼저 북한과의 국경을 다시 개방한 것으로 보인다. 홍콩 「SCMPSouth China Morning Post」는 2021년 4월 단둥丹东 시 당국이 압록강을 건너 신의주와 연결되는 다리를 개통할 준비를 하고 있다고 전한 바 있다.[15] 북한과 중국 간 화물열차 운행도 2022년 9월, 5개월 만에 재개된

것으로 보인다.[16]

일본의 「산케이신문」은 2022년 9월 북한의 대중 수출이 전월 대비 약 44% 증가한 약 1,878만 달러, 전년 동기 대비 3배였다고 전했다.[17] 중국과 북한 간 화물열차 운행도 2022년 1월, 약 1년 반 만에 확인되었다.[18] 북중 관계는 격하가 아니라 긴밀해지고 있는 것이다.

2022년 들어선 후 중국 외교부는 북한의 미사일 발사를 비난하지 않았다. 과거에는 중국도 북한의 핵 무력에 대해 비난하는 태도였지만 이제 변화가 엿보인다.[19] 그리고 시진핑이 2022년 2월 북한에 '새로운 상황'에 대한 협력을 강조했다고 한다.[20]

이 새로운 상황이란 무엇일까? 중국의 메시지는 언제나 겉만 보면 알 수 없는 경우가 많다. 그리고 시진핑의 입에서 나오는 메시지는 참모진들이 다듬고 다듬어서 나오는 내용이다. 새로운 키워드의 출현은 주의하지 않으면 안 된다. 필자는 이 새로운 상황은 양안 전쟁, 또는 미중 전쟁을 의미한다고 본다.

북중 관계는 이렇게 급속히 가까워져서 2022년 8월, 북한의 조선노동당 중앙위원회는 타이완 문제와 관련하여 미국을 비난하고 중국으로의 연대를 표명하는 편지를 중국 공산당 중앙위원회에 보냈다.[21] 더불어 시진핑 총서기의 지도 아래 중화민족의 위대한 부흥을 위한 여정에서 새로운 이정표가 된다며 시진핑의 3연임을 사실상 지지하는 추파를 보냈다.

이러한 소식들은 모두 북중 간의 정치·외교적 접근과 함께 물리적·경제적 행동이 진행되고 있음을 알려준다. 한반도 상황 조성 시 중국은 처음에는 북한의 도발을 뒤에서 돕겠지만 미군이 참전하면 곧바로 중국도 북한에 진입할 것이다. 그 방식은 초기에는 상징적 규모의 군사자문단 같은 것이 될 수 있다. 즉 군사적 개입은 했지만 대규모로 싸울 의사는 없다는 뜻을 보이는 것이다. 하지만 사태의 진행에 따라 북부 전구는 대규모 병력을 누구나 볼 수 있는 방식으로 북한 접경 지역에 배치하고, 그다음 단계로는 서해에 함대를 보내 군사 훈련 등으로 무력시위를 할 수 있다. 적어도 미군을 견제하는 역할을 수행할 수 있는 것이다.

그러나 한미 연합군이 북한을 치고 올라오는 경우라면 중국은 제대로 갖추어진 무력을 보낼 것이다. 그 형식은 과거와 같이 중국 인민들이 각자 개인 의지로 북한 군대에 지원하는 '인민의용군'의 형식이 되지는 않을 것이다. 왜냐하면 이 시점에서 이미 중국은 타이완을 공격하고 있을 것이기 때문이다.

이런 가능성을 고려한 전 주한 미 사령관 빈센트 브룩스_{Vincent Keith Brooks} 장군은 남북한 간의 신뢰 수립을 전제로 북한이 겪고 있는 심각한 경제 상황을 지원하는 방식으로 북한과 협력을 해야 한다고 「포린 어페어즈」에서 주장했다.[22]

그는 '친구는 가까이, 적은 더 가까이'라는 말을 인용하며 북한의 중국 경제 의존도를 줄이고 남북한 및 미국 간의 군사적 관계를 정상화해야 한다고 주장한 것이다. 그는 오히려 북한을 설득하여 대중 공동 전선을 펼쳐야 한다고 주장했다. 그렇다. 미국과 한국은 북한을 포용할 수도 있다. 그리고 한미가 북한을 포용할 생각이 아주 없었던 것도 아니다. 하지만 이제는 윤석열 정부의 정책과 북한의 한국 주적 명시를 볼 때 북한과의 관계 회복은 이미 돌이킬 수 없는 것으로 보인다.

한반도 전쟁이 필요한 건 중국이다

앞서 말했듯이 중국은 타이완 공격을 위하여 한반도에서 주한미군과 한국군을 모두 매어둘 수 있는 대규모 군사적 소요 사태를 원한다. 하지만 이런 사태를 일으킬 경우 중국은 한국과 군사적 적대국이 되는 결과를 받아들여야 한다. 과연 중국이 타이완 통일을 이룬다 해도 한국을 적대국으로 만들 만한 가치가 있을까? 한국이 적대국이 된다는 것은 곧 중국의 안보가 위협받는 결과가 될 것이다. 한국을 쉽게 처리할 수 있다는 자신이 중국에 있기 전에는 말이다.

중국에게 있어 타이완을 합병하는 조국 통일의 과업은 그 무엇보다도 중요한 명제이다. 또한 시진핑 3연임과 일인 체제를 가져온 명분이기도 하다. 핵무기를 가지고 있는 초강대국인 미국과 중국 사이에 전면전이 발생할 가능성은 극히 작다. 하물며 한국이야!

여기에 중국에게 있어 또 하나의 중요한 원인은 한국과의 허심탄회한 대화가 불가능하다는 것이다. 중국의 눈으로 볼 때, 체제를 떠나 국익과 그 결행 방법을 놓고 중국의 지도자와 소통을 할 만한 한국의 지도자가 없다. 그 극명한 예가 박근혜 대통령이다.

박근혜는 주요 서방 세계의 모든 국가 원수가 거부한 중국의 승전 기념일 행사에 참석했다. 당시 중국 공산당은 물론, 중국의 일반 인민들까지도 모두 놀랐다. 중국인 대부분에게 있어 한국은 미국의 의사에 반하는 의사결정을 할 수 없는, 일종의 속국 같은 나라로 인식되어 있다. 그런데 모든 서방 국가 원수가 참가를 거부한 이 행사에 한낱 힘없는 비운의 여인으로 보이는 박근혜가 참석한 것이다. 그리고 천안문 위에 올라 전 중국 인민들에게 꼿꼿이 서 있는 모습을 보인 것이다.

이 장면은 14억 중국 인민들에게 한국은 이제 미국 편이 아니라 중국 편에 섰다는 인식을 심어주었다. 그리고 그것은 중국몽이 실현되어가고 있다는 증거처럼 느껴졌다. 이런 반응은 중국 지도부에게는 고마운 일이기도 하지만 부담이 되기도 하였다. 박근혜의 이런 행동은 정치가로서의 계산 없이 이루어졌을 리 만무하고, 박근혜가 중국에게 어떤 대가를 요구할지 알 수 없었던 것이다.

하지만 베이징北京 체재 기간 중 박근혜는 그저 중국 정부의 안배에 따라, 가라면 가고 서라면 설 뿐 아무런 의사 표시를 하지 않았다. 똥줄이 탄 것은 중국 지도부 쪽이었다. 박근혜의 이런 행동은 '너희들이 내 속을 알아서 진상해봐'라는 뜻으로 읽혔기 때문이었다. 그래서 중국 지도부는 참모진들을 동원해 시나리오별 대안을 작성했다. 박근혜가 요구해올 경우 시진핑이 즉답을 할 수 있도록 철저히 준비를 해야 했다. 많은 경우의 수가 나왔고 이 중 가장 가능성이 크고 긍정적으로 대답할 수 있는 것 위주로 추렸다고 한다. 그러면 시진핑이 박근혜가 갑자기 요구하더라도 당황하지 않고 대처할 수 있기 때문이다.

그런데 일정은 거의 소화되어가는데 박근혜는 아무런 요구를 하지 않았다. 이런 박근혜의 행동을 중국 지도부는 박근혜가 떠나기 직전 요구하려 한다고 생각했다. 말하자면 박근혜는 중국의 허를 찌르를 심산이고, 그렇다면 박근혜가 요구할 사항은 중국이 대답하기 쉽지 않은 사안이라는 것을 의미했다.

그래서 중국 측은 자기들 쪽에서 박근혜에게 접근하기로 작정했다. 마지막 순간까지 기다렸다가 허를 찔리는 일을 미연에 방지하기 위해서였다. 그러나 박근혜 수행팀은 중국 측의 접근을 철저히 막았다고 한다. 그것은 오히려 중국 측에게 박근혜가 가까운 측근들까지도 반대하는 일을 하려 한다는 오해를 불러일으켰다. 결국 중국은 방법을 만들어 박근혜와 대면하는 데 성공한다.

그리고 그 결과는 중국 측의 말을 빌리면 박근혜는 아무 생각이 없었다고 한다. 이때 중국은 한국이 만일 진정으로 중국 측에 서준다면 한국 주도의 남북통일을 지원하겠다는 카드까지도 준비했다고 한다. 물론 결과는 여러분이 짐작하는 대로 한국인의 소원인 통일의 길은 열리지 않았다. 오히려 박근혜의 반응을 본 중국 측은 경악했으며 어떻게 이런 일이 일어났는지 도저히 이해할 수 없었다고 한다. 그래서 이들은 또다시 참모들에게 이런 상황이 어떻게 가능하며, 어떻게 발생했으며, 앞으로도 가능한 것인지, 그리고 이런 한국의 정치 체계에 대해서 분석하여 보고하도록 했다고 한다.

중국 지도부의 브레인들이 분석한 그 결과를 요약하면 이렇다.

첫째, 한국의 정치 체계로 볼 때 무능한 대통령은 얼마든지
나올 수 있다.
둘째, 한국의 정치 체계는 기본적으로 국가 전략을 추구하지

않으며 추구할 역량도 없다.

셋째, 대통령, 정당 지도자, 정부 조식, 국회 등 어떤 조직이
나 인물도 한국의 나아갈 방향을 통제할 수 있는 사람
은 없다.

넷째, 따라서 중국은 한국 정부가 국가의 큰 결정을 할 수 있
다는 생각을 버려야 하며 설령 한국이 약속하더라도 그
실제 결과를 기대하기 어렵다.

이러한 중국의 한국에 대한 새로운 인식은 직간접적으로 북한 카
드를 이용하여 한국을 억제해야 한다는 발상을 강화했을 것이다. 한
국을 설득하여 중국 편에 서게 한다는 것이 어렵다는 것은 알고 있
었고, 중국이 기대할 수 있는 가장 최선의 결과가 미중 사이에 중립
을 지키게 하는 것이다. 하지만 이제는 어느 것도 기대할 수가 없게
되었기 때문이다.

그렇기에 남북한이 중국을 제외하고 알아서 둘이 평화롭게 지내
는 것도 중국의 이익과는 상반된다. 중국 입장에서 국가 전략상 매
우 중요한 카드가 무력화되는 것이기 때문이다. 차하르 소사이어티
국제여론연구센터의 차오신曹辛은 남북한 종전선언과 관련하여 문재
인이 중국의 입장을 개의치 않는다며 그 결과를 책임져야 할 것이라
고 비난했다.[23]

그는 남북한이 중국을 배제하고 공동성명을 한다면 중국은 종전
선언의 정당성을 법적으로 인정하지 않으며 종전선언이 중국에게
바람직하지 않은 결과를 초래할 경우 중국은 남한, 북한 모두에게 대

처할 방법이 있다고 주장했다. 즉 중국은 남북한 모두에게 경고한 것이다.

하지만 윤석열 정부가 들어섰을 때 중국은 주의하지 않을 수 없었다. 그러지 않아도 '미 제국주의의 강아지' 격인 한국에 중국에 적대적이며 핵 보유, 대북 강경 기조를 공언하는 극우 정권이 들어서게 되면 그야말로 예측하기 어려운 사태가 발생할 수 있기 때문이다. 중국은 연이어 국가 부주석 왕치산王岐山, 전인대 상무위 의장 리잔수栗战书 등을 보내며 윤석열 정부와의 소통을 시도했지만 중국이 생각하는 정상적인 소통이 가능하지 않았다.

이제 중국은 그들과의 소통을 거부하는, 그리고 미국에 편향되어 있는 윤석열 정부를 대응해야 한다. 중국의 선택은 이제 당근보다는 채찍으로 가고 있다. 사실 중국 입장에서는 나름대로 노력해왔다고 할 수 있다. 대부분 한국인들은 중국이 한국을 무시하며 거만하게 군다고 생각하지만 무엇보다도 정부와 정부, 지도자와 지도자 사이의 소통과 이해가 되지 않아서 오는 격차가 크다. 글로벌 표준과는 동떨어진 자기들만의 중화사상을 당연시하는 중국의 인민들과 경제적 소득으로 신분의 고하를 점수 매기고 중국을 차별하는 한국의 국민들이 조우했을 때 처음부터 좋은 결과를 기대할 수 없었던 것일지도 모른다.

원래 한국과 중국 사이에는 우발적 군사 충돌 가능성을 줄이기 위한 핫라인이 개설되어 있다. 원래 북한을 담당하고 있는 인민해방군 북부 전구와 연결하는 세 개의 군사 전화선이 있었던 것이다. 2021년 3월 양국은 한국과 중국의 동부 전구를 연결하는 두 개의

새로운 군사 핫라인을 증설했다.[24]

이 핫라인은 한국 해군과 공군을 타이완과 한국을 상정하는 인민 해방군 동부 전구 사령부와 두 회선을 연결한 것이다. 전쟁이 일어나면 이 핫라인이 과연 울릴 것인가? 필자는 침묵할 가능성이 더 크다고 생각한다.

The
War
That
Began

2장

중국이 타이완을 공격할 수밖에 없는 이유

CHINA AMERICA WAR G2

이제 중국이 타이완을 공격할 것이라는 것은 전 세계 사람들이 예견하고 걱정하는 일이 되었다. 하지만 아직까지 중국은 공개적으로, 그리고 공식적으로 타이완을 공격하겠다고 표명하지는 않았다. 하지만 그래서 아직도 중국이 타이완을 공격하지 않을 것이라고 생각하는 사람들은 바보다. 왜냐하면 중국이 타이완을 공격한다고 선포한다면 바로 전쟁 당일일 것이기 때문이다.

어떤 이들은 미국이 있기 때문에 중국은 감히 타이완을 공격하지 못한다고 한다. 그분들에게는 우크라이나에 대해서도 똑같은 의견들이 있었다는 것을 상기시켜 드리고 싶다. 중국도 자신이 미국을 이길 수 없다는 것을 안다. 하지만 그것이 중국이 패배한다는 뜻은 아니다. 중국이나 미국 같은 초강대국들은 전쟁에서 이길 수 없을지는 몰라도 패배한다고 해서 점령당할 국가가 아니다. 러시아를 보라. 우크라이나 전쟁에서 패배한다고 하더라도 러시아라는 나라를 공격하여 점령할 국가는 없다. 이 대국들은 질 수 없는 나라들인 것이다.

물론 도쿄대 마츠다 야스히로松田明浩 교수처럼 중국이 타이완 주변에서 대규모 군사 연습을 하지만 본격적인 침공은 아직 생각하기 어렵다고 보는 이도 있다. 당분간은 세계 일류의 군대화를 가속하면서 강경과 유연 양쪽의 태도를 섞어 미래에 싸우지 않고 굴복시키는

'강제적 평화통일'을 목표로 한다는 것이다.[25]

하지만 필자는 추측이 아니라 중국 공산당은 오래전부터 타이완 통일을 준비해왔으며 양안 전쟁을 준비해왔음을 중국 내 지인들을 통해서 알고 있다. 그리고 그렇게 해야만 하는 이유는 중국 공산당의 두 번째 100년 목표, 사회주의 현대화 강국 건설의 가장 중요한 내용이 조국 통일이기 때문이다. 여기에 시진핑 3연임과 일인 지도 체제의 강화는 그 당위성이 바로 통일 전쟁에 있기 때문에 시진핑 입장에서는 꼭 하지 않으면 안 되는 전쟁이다.

중국 공산당의 두 번째 100년 목표

2021년 7월 베이징에서 중국 공산당 창당 100주년 기념행사가 열렸다. 그때 시진핑이 한 연설의 요지는 대동단결, 중국 특색 사회주의 견지, 마르크스주의 중국화, 국가 주권과 영토 수호, 국방 및 군대 현대화, 미래는 청년의 것 등이었다. 이날 시진핑은 중국 공산당 창당 100년 분투 목표 중 하나인 전면적인 샤오캉 사회 건설의 완성을 선언했는데,[26] 이는 중국이 절대 빈곤 문제를 해결했다고 선언한 역사적인 사건이다.

이날 시진핑은 타이완 통일을 완성하고 공식적인 독립을 위한 어떤 시도도 분쇄하겠다고 엄중하게 발표했다.[27] 그러면서 시진핑은 어느 누구도 국가 주권과 영토 보전을 수호하는 중국인들의 강한 결의와 확고한 의지, 그리고 어마어마한 능력을 과소평가해서는 안 된다고 말했다. 필자는 이 시진핑의 발언 내용을 자세히 뜯어보면서 시진핑이 말하고 있는 것은 바로 타이완 병합이라는 분석을 내놓은 바 있다.

이 중국 공산당 100주년 행사에서 시진핑은 '하나의 중국' 원칙, '1992 합의 정신'을 견지하고 평화통일을 추진하며 타이완 독립 의도를 분쇄하겠다고 했다. 동시에 그는 '외부 세력은 중국을 괴롭힐 생각을 하지 말며, 안 그러면 14억이 넘는 중국인의 혈육이 장성 앞에서 머리가 깨지고 피가 흐르는 꼴을 보게 될 것'이라고 했다. 그가 말한 외부 세력은 미국으로 해석될 수밖에 없었다.

그 후 중국 공산당 제20차 전국대표대회가 베이징에서 개막했을 때 시진핑은 중국 공산당 총서기 자격으로 중국의 공산당원들에게 현재의 중국 공산당의 핵심 과제가 중국식 현대화를 전면적으로 추진하여 중화민족의 위대한 부흥을 추진하는 것이라고 언급하며 '중국식 현대화'를 정의했다. 그러면서 시진핑은 부강한 민주 문명 및 계급 갈등이 없는 아름다운 사회주의 현대화 국가 건설富强民主文明和谐美丽的社会主义现代化强国을 두 번째 100년 목표로 전면 추진할 것이라고 말했다. 중국 공산당 창건 100주년인 2021년이 첫 번째 100년이며 두 번째 100년은 2049년 중화인민공화국 건국 100주년을 의미한다.[28] 그리고 필자가 보기에는 이 현대화 사회주의 강국은 바로 통일 중국이다.

문제는 중국이 타이완 병합에 대해 직설법으로는 이야기하지 않기 때문에 그들의 말을 잘 새겨서 해석해야 한다는 것이다. 시진핑의 "신 발전 이념의 관철을 위해서는 필연적으로 신 발전 구조를 구

축해야 한다新发展阶段贯彻新发展理念必然要求构建新发展格局"라는 문장을 예로
들어 보겠다.

국제/국내 형세를 정확히 이해해야 한다. 사회 주요 모순의
변화를 심각하게 인식하고 불균형 발전과 불충분 문제의 시
스템성의 해결에 더 노력해야 한다. 인민의 생활 향상 열망
을 심각하게 인식하고 불균형 발전과 불충분 문제에 집중해
야 한다. 양호한 장기 경제 전망을 심각하게 인식하고 불균형
발전과 불충분 문제 해결에 확신을 가져야 한다. (중략) 신 발
전 단계 구조의 주도권을 선제적으로 건설해야 하며 어쩔 수
없어 방편적으로 취해서는 안 된다. 그래서 내수 시스템을 더
신속하게 완비해야 한다. 과학기술의 자립을 서둘러야 한다.
공급망의 최적화 및 업그레이드를 해야 한다. 농업 농촌의 현
대화를 추진해야 한다. 인민 생활 품질을 개선해야 한다. 안
전 발전의 최저선을 지켜나가야 한다.

필자는 여기서 불균형은 빈부 격차 또는 양극화를 의미하며 불충
분은 자원 부족 또는 물자 부족을 의미한다고 보았다. 신 발전 단계
는 '사회주의 현대화 건설'을 위해 진행하는 단계이며 사회주의 현대
화 강국의 궁극적인 내용은 타이완 통일이라는 해석이다.[29] 뒤의 내수
시스템 완비, 과학기술 자립, 공급망 최적화 등은 모두 이를 위해 준
비해야 하는 과제이다.

이 공식 선언이 있기 며칠 전 시진핑은 「쵸스求实」 잡지를 통해 위

대한 꿈을 실현하기 위해서는 위대한 투쟁을 벌여야 하고, 위대한 사업을 건설하며, 위대한 사업을 추진해야 한다고 엄숙히 말하면서 결정적 역할은 당 건설의 새로운 위대한 사업이라고 강조하였다. 시진핑은 또 두 번째 100년 목표를 실현하는 전 과정, 큰 위험과 강력한 적들 앞에서 항상 평화로운 삶을 살고 싶고 싸우고 싶지 않은 것은 비현실적이라면서 단호하게 맞서 싸워야만 존엄을 얻고 발전을 추구할 수 있다고 강조했다.[30]

이렇게 중국 공산당의 발표문은 전후의 맥락과 중국의 전략, 그리고 정책의 흐름을 이해해야 표면적인 상투적 문장 안에 흐르는 진짜 메시지, 진짜 콘텐츠를 이해할 수 있다. 중국 공산당이 발표하는 문장은 표층의 뜻만 보면 별 의미가 없지만 심층의 메시지를 이해하면 일관된 방향성을 인지할 수 있다.

현대화 강국의 표상은 조국 통일이고, 중국몽의 달성이다

그러면 중국은 타이완 문제에 대하여 공식적으로 어떤 입장을 가지고 있는지를 알아보자. 중국 정부 조직으로 타이완 문제를 전담하는 중국 국무원 타이완 판공실은 2022년 1월 시진핑 총서기가 타이완 문제에 대하여 '하나의 중국' 원칙과 '1992 합의를 견지한다'고 단호하게 말했다고 전했다.[31] 주펑롄朱凤莲 대변인은 타이완의 미래는 조국 통일에 달려 있으며 타이완 동포의 안녕은 조국의 부흥에 달려 있다고 말했다. 역시 타이완 통일 의지를 밝힌 것이다.

2022년 8월 중국은 「타이완 문제와 신시대 중국 통일 사업」이라는 제목의 백서를 발표했다.[32] 이 백서는 '타이완은 중국의 일부이며 중국 공산당은 조국의 완전한 통일을 확고히 추진한다. 조국의 완전한 통일 과정은 멈출 수 없다. 평화통일, 일국양제의 기본 방침을 견지한다. 타이완 동포의 이익은 완전히 보장될 것이다' 등의 내용을 담고 있다.[33] 중국은 '우리는 앞으로도 최대한의 성실과 최선을 다해 평화통일을 위해 노력할 것'이라고 밝혔지만 무력 통일을 포기할 것을 약속하지는 않았다. 중국의 이 말은 '최대한의 성의'가 소진되고 있다는 것처럼 들렸다.

중국의 이 새 백서는 2000년에 발행된 백서와 차이점이 컸다. 중국 측은 평화적 통일을 원한다고 하면서도 필요하다고 생각하는 경우 무력 사용을 포기하지 않을 것임을 강조했다. 과거 명시했던 '중앙정부는 (통일 후) 타이완에 군인과 행정 인력을 배치하지 않을 것'이라든가 '어떤 문제도 하나의 중국 원칙에 따라 협상할 것'이라는 문장도 최신 버전에는 삭제되었다.[34] 그렇다면 해석은 자연히 하나밖에 없다. 중국은 평화 통일 원칙을 버린 것이다. 시진핑은 '타이완 문제는 민족 부흥[35]으로 해결될 것'이라고 강조했고,[36] '조상을 잊고 나라를 분단하면 끝이 좋지 않을 것'이라고 경고했다. 타이완 문제에 대해서는 어떤 타협도 있을 수 없고 외부 간섭을 용납하지 않겠다고 했다.

시진핑은 그 후에도 누구도 중국 인민의 확고한 결의와 확고한 의지, 국가 주권과 영토 보전을 수호하는 강력한 능력을 과소평가해서는 안 된다고 말했고, 조국의 완전한 통일이라는 역사적 과업은 반드시 완수되어야 하며 반드시 완수될 것이라고 했다.[37]

이미 시작된 전쟁

타이완은 당연히 시진핑의 통일 촉구에 반발했다. 차이잉원蔡英文 타이완 총통은 타이완이 전례 없는 도전에 직면해 있으며 주권을 수호할 것이라고 말했다. 2021년 10월 정부 조사에 따르면 타이완 국민들의 10% 미만만이 통일에 찬성하는 것으로 나타났다.[38]

그렇다면 시진핑은 타이완을 필히 점령하려는 것인가? 알랭 리처드Alain Richard 전 프랑스 국방장관은 미국 인도-태평양 사령관 필립 데이비슨Philip S. Davidson 제독의 말을 인용해 중국의 타이완 공격 날짜를 2027년 이전으로 추정했다. 시진핑은 재임 중에 타이완을 통일하고 싶어 하며, 결국 전쟁 또는 준전쟁으로 해결될 것으로 보는 전망들이 나오고 있는 것이다.[39]

시진핑에게 양안 전쟁 외의 선택지는 없다

타이완의 차이잉원은 2022년 10월 10일 쌍십절 축하식전에서 중국에 의한 군사위협과 외교적 압력에 우려를 표한 뒤 타이완 해협의 평화와 안정을 유지하기 위해 양쪽에 받아들여지는 방법을 찾고 싶다고 말하며 시진핑 지도부에 이성적이고 대등한 대화를 요청했다.[40] 그러나 아무도 차이잉원의 이 발언에 시진핑이 화답할 것이라고 생각한 사람은 없었다. 사실 모든 사람이 중국의 타이완 침공이 다가오고 있다는 것을 본능적으로 알고 있다. 다만 섣불리 입밖에 내지 않고 있을 뿐이다.

베이징대학의 정예푸郑也夫 교수는 중국 지식인으로서는 드물게 공개적으로 타이완 통일 전쟁을 반대했다. 그는 한때 중국 공산당이 역사적 무대에서 품위 있게 철수할 것을 촉구하는 글을 쓰기도 한 인물이다. 그는 위협이 일단 커지면 대륙, 타이완, 미국 모두 후퇴할 여지가 사라진다며 핵 보유국 간의 전쟁이 일어나지 않도록 해야 한다고 주장했다.[41] 하지만 중국은 타이완을 침공할 생각을 저버릴 리 없고 미국 또한 중국이 타이완을 통합하여 북태평양의 패자로 나타나는 것을 좌시할 생각이 없다. 시진핑에게 다른 선택은 없어 보인다.

양안 전쟁과 한반도 전쟁의 타이밍

시진핑과 중국 공산당 입장에서 한반도 상황을 조성하는 방식은 타이밍에 따라 세 가지 방법을 가정해볼 수 있다. 양안 전쟁을 일으킨 후 한반도에 상황을 만드는 방법, 양안 전쟁과 한반도 사태를 동시에 일으키는 방법, 그리고 한반도 상황을 먼저 만들고 양안 전쟁을 일으키는 방법이다.

이 중 양안 전쟁을 일으킨 후 한반도에 상황을 만드는 방법은 미국과 동맹들을 모두 타이완에 집중하게 만든 후이므로 중국 입장에서는 좋은 방법이 아니다. 양안 전쟁과 한반도 사태를 동시에 일으키는 방법은 미국과 동맹들이 한반도 사태를 양안 전쟁의 일환으로 인식하게 할 가능성이 있고, 미국 입장에서 처음부터 두 지역을 전제한 작전을 세울 수 있다. 하지만 한반도 사태를 먼저 만들면 미국과 동맹국들의 주의가 한반도로 집중된다. 그리고 지금까지 북한이 군사적 시위를 해온 역사를 고려할 때 북한의 이번 무력 행위가 규모가 커진 도발인지, 아니면 전쟁 행위인지 판단하기가 어렵다. 게다가 북한

이미 시작된 전쟁

과 중국은 바로 이 의사결정의 미묘한 중간선을 선택하여 도발할 것이다. 그리고 설령 북한의 뒤에 중국이 있다는 것이 확실해도 중국이 공식적으로 부인하면 이 또한 대응하기 어렵다.

결론은 중국 입장에서는 양안 전쟁 전에 북한으로 하여금 한반도에서 충분한 규모의 군사적 도발과 무력 행위를 일으키게 하는 것이 최선이라는 것이다. 그러나 한반도 도발이 꼭 전쟁이 될 필요는 없다. 하지만 북한이 지금까지 자행해왔던 과거 도발의 연장선이 되어서는 안 된다. 충분한 충격을 한국과 미군에게 주어야 하는 것이다.

한국은 중립이 가능한가

만일 한국이 중국의 타이완 공격을 방관하는 입장이라면, 그래서 미중 사이에서 중립을 선언한다면 중국은 한반도 사태를 일으키지 않을까? 그것은 아마도 한국의 중립 입장을 중국이 얼마나 믿을 수 있느냐에 달려 있을 것이다.

중국은 그간 고압적인 자세로 한국에게 최소한 중립을 지킬 것을 요구해왔다. 한국 정부나 정치 지도자가 사실상 무력한 존재라는 것을 확인한 중국 입장에서는 한국을 압박하는 것이 회유하는 것보다 효과가 있을 것으로 생각했을 수도 있다.

한국이 중국과 동맹을 맺고 미국에게 총부리를 겨눈다는 것은 꿈에서도 일어날 수 없는 일이라는 것을 중국이라고 모르지 않다. 따라서 중국이 한국에게 미중 사이 중립을 지키라는 것이야말로 최대의 요구를 하고 있는 셈이다.

중국의 미사일 사정 거리(CHINA'S REGIONAL MISSILE THREATS)

사드는 중국에게 한국에 대한 불신을 심어주었다

중한 관계에서 항상 문제가 되고 있는 사드 시스템은 박근혜 정
부 때 전격적으로 도입했다. 동시에 박근혜가 중국의 전승 기념일에
천안문을 오른 것은 당시 중국 공산당으로서는 매우 혼란스러운 일
이었을 것이다.

사드가 한국에 도입하기로 한 것은 트럼프 행정부 시기이며, 박
근혜 정부가 2015년 중반경 사실상 이미 사드 배치 결정을 내렸던
것으로 알려졌다.[42] 상당수 한국인은 사드가 방어용 레이더이며 실

제 레이더 탐측 거리도 한반도 내라고 알고 있다. 그럼에도 불구하고 중국이 과도하게 흥분하여 미국에게는 한마디도 못 하면서 애꿎은 한국에게만 압박을 가한다고 생각했다. 그리고 사실 이 생각은 사드의 탐측 거리가 중국 내륙 깊이까지 도달한다는 것만 빼면 틀리지 않았다. 하지만 그런 식으로 생각하면 중국인이 이상한 사람이고 중국은 비정상적인 국가라는 결론에 다다를 뿐이다.

필자는 사드의 핵심 장비인 X-밴드 레이더는 탐지거리가 1,000km인 종말 단계 요격 모드TM와 2,000km인 전진 배치 모드FBR로 구분되는 것이 사실인지, 또는 그것이 무슨 의미인지 정확히 알지 못한다. 하지만 중요한 것은 중국 입장에서 볼 때 한국의 사드는 필요시 중국의 영토 내 깊숙이 탐측하여 항공기와 미사일의 움직임을 알수 있고, 더욱 중요한 것은 중국에서 미국을 향해 발사하는 대륙 간 탄도 미사일을 조기 탐지하고 격추하는 데 매우 중요한 역할을 하게 된다는 것이다. 즉 미국이 중국에 의한 2차 핵 공격 능력을 방어하게 될 수 있다는 의미이다. 핵잠수함이 사실상 봉쇄되어 있는 중국 입장에서는 전략적으로 매우 불리하게 된다. 다시 말해 미국은 중국에 대한 유효한 핵 공격과 2차 보복 능력을 가질 수 있지만, 현재로서는 중국은 미국에 대해 유효한 핵 공격을 하기도 어렵고 2차 보복능력을 실행하기도 어렵다는 뜻이다.

이에 대해 중국이 지금 당장 해결할 수 있는 방법은 한국에서 사드를 들어내는 일이다. 물론 미국에게 이야기해봐야 소용없는 일이다. 하지만 한국의 경우 가능성이 작기는 해도 아주 없는 것은 아니다.

2022년 8월 왕원빈汪文斌 중국 외교부 대변인은 왕이王毅 국무위원 겸 외교부장이 2022년 8월 산둥성 칭다오_青島_에서 박진 한국 외교부장을 만나 가진 한중 외교장관 회담 내용을 설명하면서 중국은 한국 정부의 사드에 대한 입장을 '한국이 사드 추가 배치를 하지 않고, 미국의 미사일 방어 시스템에 참여하지 않으며, '한·미·일 군사 동맹을 하지 않는다'의 3불(3不)과 '사드의 운용 제한'의 1한(1限), 즉 3불1한으로 이해한다고 밝혔다. 그러나 한국 외교부는 이를 반박했고 사드가 북한의 핵과 미사일 위협에서 국민을 보호하기 위한 자위적 수단이며 협상 내용으로 사용할 수 없다는 입장을 밝혔다. 이른바 3불 정책이 중국과의 합의가 아니라는 입장도 공개적으로 밝혔다. 이번 한중 회담을 통해 사드 문제에 대한 양측의 입장 차이도 재확인되었으며, 양측은 그것이 한중 관계에 영향을 미칠 수 없다는 점을 인지하고 있다고 했다. 사드에 대한 한중의 시각 차이는 분명하다. 그리고 중국은 사드에 대한 한국 정부의 설명을 받아들이지 않는다. 필자가 보기에도 한국 정부의 설명은 납득하기 어렵다. 그러나 한국인 대부분이 한국 정부의 입장에 동의하고 있는 것이 현 상황이다. 이는 다시 한국인 대부분이 중국의 사드로 인한 한한령을 중국 정부의 일방적이고 고압적인 행위로 생각하도록 만들고 있다.

중국은 한국이 미국의 속국이라고 본다

중국은 언제나 한국에게 외부 간섭을 따르지 말라고 지적한다. 여기서 외부 간섭이란 미국의 간섭이고 한국에게 미국의 지시를 따르지 말고 자신이 결정하라고 압박하는 것이다. 그런데 한국이 명확하게 외부의 간섭을 받지 않고 있다고 말한 적이 있는가? 미국의 의사가 아니라 한국 자신이 필요해서 사드를 도입하기로 결정했다고 한 적이 있는가 말이다. 필자가 아는 한 없다. 그러면서 중국에게 믿어달라고 한들 의심 많은 중국이 받아들일 리 없다.

그런데 한국은 한술 더 뜬다. 박진 외교부 장관은 2022년 8월 동아시아 정상회의 외무장관회의에 참석해 한국 측이 타이완 해협의 긴장 고조에 대해 깊이 우려하고 있다고 말했다. 그는 한국 측이 '하나의 중국' 원칙을 지지하며 타이완 해협의 평화와 안정이 한국과 지역 전체의 안보와 번영에 결정적이라고 강조했다. 그러니까 '하나의 중국' 원칙은 인정하지만 양안이 싸우는 것은 반대라는 입장이다. 그는 또 현 지역 및 국제 정세에 대해 무력 사용은 용납할 수 없다고 말했다.[43] 박진 장관은 타이완 문제를 자국 내정이라고 주장하는 중국 외교부장에게 무력 사용은 용납할 수 없다고 말한 것이다. 무력 사용을 용납할 수 없으면 어떻게 하겠다는 것일까? 한국이 군대를 보내 중국을 혼내주겠다는 뜻이어야 할 텐데 말이다.

게다가 이번 윤석열 정부는 국제 및 지역[44] 문제에서 중국과 협력할 의사가 없다고 영국의 「파이낸셜 타임스」는 보도한 바도 있다. 윤석열 신임 한국 대통령의 취임식에 온 중국 부주석 왕치산은 윤석열 대통령을 만났을 때 중국은 한반도 비핵화에 대한 의지를 갖고 있다고 강조했다.[45]

윤석열 대통령은 중국의 의사 타진에는 반응하지 않았고 기본적으로 미국과의 보다 포괄적인 동반자 관계 구축을 전제로 중국과의 관계를 발전시키겠다는 전략을 세웠다. 쉽게 말해 한국은 중국과 사이좋게 지내고자 하지만 미국이 우선이라는 말이다. 윤석열 대통령은 중국 측이 제안한 "국제 및 지역 문제에 대한 의사 소통과 조정을 강화하고, 다자주의와 자유 무역 시스템을 유지하기 위해 함께 협력하며, 지역 및 글로벌 발전과 번영을 촉진하자"는 중국 측의 제안을 단호하게 거부했다. 이렇게 들으면 거부의 대상이 다자주의, 자유 무역, 무엇보다 '의사소통과 조정'이 된다. 그렇다면 중국은 윤석열 정부가 완전한 미국 편인 것은 물론이고, 중국에는 반대하는 정권이라고 판단할 수밖에 없는 것이다. 한국은 결국 나중에 중국의 이 제안을 수용했는데 나중에야 당초의 반응에 문제가 있다고 판단한 것이 아닐까 싶다. 중국으로서는 이런 한국의 외교를 보며 한국에게 독자적인 외교가 있을 것 같지 않다는 생각을 할 수밖에 없을 듯하다.

중국도 한국을 잃고 싶지 않았지만

그러면 중국은 한국을 포기할 생각인가?[46] 한국은 점점 중국을 싫어 하고 있지만 한중 경제 협력은 한국 경제에 매우 중요하며 일본처럼 노골적으로 적의를 드러내기 어렵다. 문재인 정부는 트럼프 행정부로부터 수차례의 굴욕을 맛보았다. 그리고 중국은 거만하고 압박하는 태도로 한국민의 지지 여론을 잃었다. 중국 입장에서 이런 식으로 한국이 중국에 완전히 등을 돌리게 되면 결코 그들에게도 이로울 것이 없다.

한국을 대하는 중국의 전략은 당근과 채찍이다. 당근은 경제 협력이고 채찍은 북한이다. 그러나 이 당근과 채찍은 때로 반대 효과를 보기도 한다. 경제 협력은 한국만 의지하는 것이 아니라 중국도 의지한다. 한국 기업들이 메모리 반도체를 공급하지 않으면 중국도 곤란할 수 있다. 경제 협력은 어느 한쪽만 이익을 보는 것이 아니기 때문이다. 북한도 한국을 견제하고 제어하는 역할만 하는 것이 아니다. 중국에게 핵 문제 같은 골칫거리를 주기도 하며 중국의 말도 잘 듣지 않는다. 중국으로서는 인내심을 가지고 남북한 양쪽을 잘 관리할 수밖에 없다.

남북한을 시계추처럼 왔다 갔다 하는 중국 방식의 한 예를 들어 보겠다. 2021년 5월 문재인과 바이든이 한국의 미사일 사거리와 파괴력에 대한 제한을 풀었다. 미국은 공동성명에서 강경한 표현을 사용하고자 하나 문재인은 중국의 격한 반응을 일으킬 수 있는 표현의 사용에 탐탁해하지 않았다. 미국 입장은 '쿼드[47] 안보 대화'라는 표현을 넣고자 했는데 한국으로서는 사드 등의 보복을 당한 바 있어 우려했던 것이다.[48] 조지타운대학의 빅터 차Victor Cha[49]는 한국이 어느 한쪽을 선택하고 싶어 하지 않지만, 시간을 끌면 동맹 관계가 악화되고 동시에 중국의 분노를 초래할 수 있다고 경고했다. 미국도 문재인이 당시 스가 요시히데菅義偉 총리와 같은 수준의 표현을 할 것으로는 예상하지 않으나 가능한 강경한 대중 표현을 이끌어내려 했다.

이에 대한 중국 언론의 반응도 격렬했다. 이 중 한국 언론들이 주로 인용한 「환구망」의 경우 보도 제목은 "중국 내정 간섭! 문재인 방미 바이든 회담에서 양안 및 남중국해 언급"이라는 다소 자극적이었지만 기사 내용을 보면 한미 정상이 타이완 해협의 안정을 중시한다는 사실 보도와 함께 지난번 스가 일본 수상이 바이든과 가진 회견에서 타이완을 언급한 것에 대한 공격적인 내용이 있었을 뿐, 한국이나 문재인에 대해서는 일체의 언급이 없었다.[50] 중국 매체인 「관측자망」의 경우 정부의 매체가 아니라 중국 공산당의 매체인데 한미 정상 회담 결과는 미일 정상 회담 결과에 비하여 온건하다는 평가를 하고 있다.[51] 전반적으로 중국 매체의 논조는 한국이 적극적으로 중국의 편에 서지 않는 데 대한 아쉬움이나 원망이 있어 보인다. 하지만 한국에 대한 유감이나 반발보다는 미국의 압박에 한국이 굴복하였다는 해석을 하고 있다. 이때까지만 해도 중국은 한국을 공격하는 것을 자제한 것이다.

다만 중국은 '채찍'을 구사하여 며칠 만에 북한과의 '전통적인 우정'을 재확인했다. 중국 관영 「신화통신」에 따르면 왕이 외교부장은 베이징에서 리룡남 북한 중국 대사를 만나 '고위급 전략적 소통'을 유지하겠다는 중국의 입장을 재확인했다.[52] "한반도 상황에 대해 의견을 교환하고 이에 대한 조정과 협력을 강화하기로 합의했다"라고도 전했다. 이 '채찍'은 동시에 북한의 마음을 어루만지기 위한 것이기도 할 터였다.

이어서 2021년 9월 한국을 방문한 왕이 외교부장은 한국을 파이브 아이즈Five Eyes 동맹에 가입시키려는 미국을 비난했다. 김흥규 아주대학교 정치학과 교수는 왕이 부장의 방한은 한국이 아시아-태평양 지역에서 미국 주도의 방위 네트워크에서 '린치 핀'[53]으로서 중요성이 커지고 있다는 점을 강조한다고 말했다.[54] 확실히 이 '린치 핀'이라는 단어는 현재 미중 사이에 끼어 있는 '과거' 한국의 위치를 잘 표현하는 말이다. 현명하게 행동한다면 양쪽 모두에게 존중과 지지를 받을 수 있지만 자칫 잘못하게 되면 양쪽 모두로부터 버림받을 수도 있는 것이 바로 한국의 위치이기 때문이다.

이미 시작된 전쟁

이제 한국이 바이든 행정부와 더 밀접해질 것으로 예상되면서 중국의 우려가 커지고 있다.[55] 바이든은 인도-태평양 전략을 공포하면서 사실상 일본과 한국을 동원하여 중국의 군사력에 대항하겠다는 의지를 표명했다. 따라서 한국과의 동맹은 동북아시아 지역에서 미국의 접근 방식에 중요한 역할을 할 것으로 예상되는 것이다.

문제는 이제 윤석열 정부가 들어섰고, 이 정부는 근본적으로 중국과 대화할 생각이 없다는 것이다. 윤석열 정부 주중 대사로 부임한 정재호 대사의 경우 중국 쪽에서 환영하는 인물로 보기에 무리가 있다. 그는 미국에 유학한 후 줄곧 대학 교수로 있었고 중국의 런민 대학에서도 근무한 바 있다. 런민대학은 베이징대학, 칭화대학과 함께 중국 최고의 대학이며 그중에서도 이념 성향이 가장 강한 곳이다. 정재호 대사는 런민대학에서 노골적으로 반중 정서를 드러내어 런민대학 교수들이 기피하는 인물이라는 말을 들었다. 이런 인물을 주중 대사로 임명한 것을 보고 중국 정부는 기본적으로 윤석열 정부는 중국과 대화할 의사가 없다고 판단했다는 말도 들었다. 게다가 정 대사의 성격은 부드러운 편이 아니어서 베이징 주재 한국 언론사의 특파원들과도 충돌했고,[56] 그 원인을 "대사 처음해서 잘 몰랐다"라고 했다. 그 후 국감장에서 특파원들이 서로 말이 통하지 않는 '불통'을 얘기했지만 정 대사는 언론의 룰 위반 때문이라는 인식을 고수했다.[57] 정 대사는 국감 마지막 맺음말 순간까지 "(특파원들이) 룰을 지키지 않는다면 우리가 제시할 수 있는 양과 질은 떨어질 수밖에 없다. 상호 신뢰가 있어야 정보가 교환될 수 있다"라며 갈등 원인을 기자들에게 돌렸다고 한다.

누가 옳고 그르고를 떠나 주중 대사라는 자리는 서로 첨예한 이해관계 대립 중에서도 국운을 걸고 소통해야 하는 자리다. 박진 외무부 장관의 언행과 정 대사의 소통 스타일은 앞으로 한중 외교 소통이 쉽지 않을 것임을 우려하지 않을 수 없게 한다.

윤석열 대통령 또한 왕이, 왕치산, 리잔수 등 중국 지도부 인사들이 방문하였을 때 동문서답하는 모습을 보였다. 왕이나 리잔수가 전하는 메시지를 해석할 만한 능력이 윤석열 정부에는 없었는지, 아니면 알고도 무시한 것인지는 알 수 없다. 그러나 중국 정부 입장에서 이렇게도 자신들의 의사가 무시되는 상황에서 한국을 설득하고 대화로 문제를 풀 생각을 하기는 어려울 것이다.

필자의 국내 소식통에 의하면 미국은 한국 정부에게 양안 전쟁 발발 시 참전하라는 압박을 하고 있다고 한다. 윤석열 정부는 아직 버티고 있는 모양이지만 정작 한국 군부는 이에 동조한다는 것이다. 바이든 행정부와 미 군부는 견해차가 조금 있지만 한국군을 양안 전쟁에 투입하면 좋다는 데에는 이해관계가 완전히 일치한다. 윤석열 정부가 어떤 결론을 내릴지 현시점에서 알 수 없지만 과연 견딜 수 있을지 의문이다. 그리고 무엇보다 우려되는 것은 그 결론이 밀실에서 소수자에 의해 결정되고 있다는 것이다.

결국 시진핑 정부와 윤석열 정부는 앞으로 그 간극은 더욱 커질 가능성은 보여도 좁혀질 가능성은 잘 보이지 않는다. 그리고 그 결과 중국은 한국에 대해 유화책보다는 강경책, 평화적 수단보다는 무력에 의한 수단을 더 고려하게 될 것이다.

이미 시작된 전쟁

양안 전쟁에 말려드는 한국

북한이 한반도의 미군과 한국군을 잡아놓고 있는 동안 중국은 타이완을 공격한다. 이 장면에서 미국의 대응은 무엇일까? 바이든이 타이완을 방어하기 위해 군대를 파견하겠다고 밝힌 지 하루 만에 「동아일보」는 주한미군 사령관 폴 라캐머라Paul J. LaCamera 장군이 중국이 타이완을 침공할 경우 한국이 타이완을 방어할 것을 지지한다고 보도했다. 현직 주한미군 사령관이 중국의 타이완 침공에 대응하기 위해 주한미군의 필요성을 언급한 것은 이번이 처음이다. 라캐머라 장군은 한국은 베트남, 이라크 및 아프간에서 미국과 어깨를 나란히 하고 작전을 했다고도 부연했다. 「동아일보」의 분석에 의하면 중국이 타이완을 침공할 시 한국이 타이완을 방어할 필요가 있다는 암시이다.[58] 주한 공군 사령관은 중국이 타이완을 공격한다면 주한미 공군은 즉시 날아가서 참전한다는 말을 하기도 했다.[59] 문재인 정부 시절 주한미군이 한국 외 군사 행동을 하려면 한국 정부의 동의를 얻어야 한다는 한미 간의 합의를 보았다. 이제 미군이 공개적으로 양안 전쟁의 참전을 이야기하는 것은 윤석열 정부가 주한미군의 양안 전쟁 참전에 동의했거나, 미국이 이제 한국 정부의 동의 여부와 관계없이 양안 전쟁 참전을 결정했다는 것을 의미한다. 여러분이 보기에는 어느 쪽일 것 같은가?

그리고 미국의 국방부 차관인 캐서린 힉스Kathleen Hicks가 수립한 '진보적 가치 전략'이나 미군의 '지속 가능한 군대 전략The Sustainable Army Strategy' 등에 의하면 미군이 직접 양안 전쟁에 대규모로 참여하고 싶어 할 리가 없다. 오히려 가능한 참여하지 않고 현지에 있는 동맹의 손을 빌리려 할 것이다. 바로 일본과 한국 말이다. 일본은 이미 이를 내다보고 있으며 적극적으로 활용하고 있는 것 같다.

하지만 그래도 미군은 참여할 것이다. 왜냐하면 미군이 양안 전쟁에 소규모라도 참여하면 한미 군사 협정에 의하여 한국도 이 전쟁에 참여해야 한다는 논리가 성립하기 때문이다. 즉 미국이 이렇게 인계철선을 당기면 한국은 양안 전쟁에 참여하게 된다.

2022년 2월 12일 블링컨 미 국무장관, 하야시 요시마사林芳正 일본 외무상, 정의용 한국 외교장관은 양안 평화와 안정의 중요성을 또다시 강조했다. 일본의 입장은 뚜렷했고 한국의 입장을 추궁했다. 파크 스트라티지스Park Strategies의 션 킹Sean King은 "아마도 미국의 가장 큰 전략적 자산은 자체 군사 장비와 인력을 제외하고 어떤 위기에서도 군사력을 배가할 수 있는 민주주의의 광대한 동맹 네트워크일 것이며, 이 경우 우리는 타이완 우발 상황에서 각 국가에서 일부 군대를 활성화할 수 있다는 생각으로 한국과 일본이 합류하기를 원한다"라고 분명한 입장을 밝혔다.

그러나 하와이에 있는 다니엘 K. 이노우에 아시아-태평양 안보 연구센터의 알렉산더 부빙Alexander Vuving 교수는 한국은 북한을 적국으로 보는 데 더 초점을 맞추고 있으며, 타이완에 대한 미일의 입장을 항상 공유하는 것은 아니라고 평가했다. 션 킹도 '미국의 압박'이 없다면 한국은 양안 분쟁에서 '대체로 배제'할 수 있고, 일본은 양안 전쟁에서 미군의 물류 허브가 될 수 있다고 말했다. 말하자면 외국의 전문가들도 한국이 미중 군사 충돌에 참여할 의사가 있는 것으로는 보지 않지만 미국의 압박이 있으면 어떻게 될지 모르는 것이다.[60]

이미 시작된 전쟁

한국이 양안 전쟁에 참여할지는 정권과 여론을 진보와 보수 진영 중 어느 쪽이 주도하느냐에 따라 결정될 것이다. 그리고 한국은 언제나 진보와 보수가 대립하고 경쟁하고 있다. 전쟁 시점이 윤석열 정부 기간 동안 발생한다면 윤석열 정부의 스타일로 볼 때 국민들의 여론 수렴이나 전문가 토론 없이 결론으로 직행할 가능성이 크다. 그리고 그간의 동향으로 볼 때 아마도 전쟁 참여 가능성이 크지 않을까?

자본주의를 대표하는 패권 국가 미국의 경우는 양상이 많이 다르다. 20세기 냉전시대에 세계를 이끌어오던 미국은 수많은 전쟁에서 꼭 패배는 아니더라도 몇 차례 승리하지 못했다. 베트남전의 패배는 그렇다 치더라도 이라크 전쟁의 결과가 이라크의 민주화와 경제 발전은 아니었다. 파나마의 노리에가 대통령을 법정에 세우고 리비아의 카다피를 죽게 하는 데 성공했어도 파나마나 리비아라는 국가를 미국이 지향하는 '가치를 공유하는 국가'로 만드는 데 성공하지 못했다.

중국의 타이완 침공이 일어나면 미국은 기본적으로 이런 배경에서 탄생한 '진보적 가치 전략'에 기초할 것으로 보인다. 미국에게 타이완은 가치를 공유하는 우방이며 자국을 방위하려는 의지에 충만해 있어 진보적 전략에 걸맞은 대상 국가이다. 다만 타이완의 경우에 문제가 되는 것은 중국과의 전력 차이가 너무나 크다는 것이다. 단순히 무기와 정보를 제공하는 것만으로 타이완을 보호할 수 있을지 의문이다. CSIS가 수행한 양안 전쟁 워게임에서 타이완은 개전 초기에 해군과 공군을 잃고 영토 또한 수개월 내에 완전히 점령된다. 게다가 우크라이나는 점령이 되어도 그 뒤에 NATO가 미국 앞에 있지만 타이완이 점령되면 당장 하와이, 괌, 사이판 등이 노출되고 일본, 한국, 필리핀, 싱가포르, 호주 등이 노출된다. 아시아와 미국 간의 공급망이 당장 문제가 되며, 특히 타이완의 반도체 공급망이 끊기면 미국은 너무나 곤란해진다.

그러면 미국은 어떻게 해야 하는가? 아시아에는 미국의 맹방이 있다. 바로 일본과 한국이다. 일본은 전쟁할 수 있는 국가가 되기 위하여, 그리고 아시아에서 미국의 가장 큰 맹방이 되기 위하여 싸울 의사가 있다. 일본의 군사력은 공군과 해군에 집중되어 있다. 그리고 그간 미군의 지휘에 따라 후방에서 정찰과 보급 등을 하도록 훈련되어 있다. 공격전에 앞세울 수 없는 나라인 것이다. 더욱이 일본이 앞장서서 중국과 무력 충돌하면 양안 전쟁이 전면적인 중일 전쟁으로 확전될 수 있다. 긁어 부스럼이 될 수 있는 것이다.

그래서 가장 눈이 가는 동맹이 한국이다. 한국은 한국전쟁 이후 수십 년간 국가 전체가 전시 체제로 살아왔다. 재래식 무력은 세계 6위에 이르며 오랜 기간 미군과 훈련해왔고 연합사로 통합되어 있어 일사불란한 지휘통제가 가능하다. 미국과 일본은 바로 이 한국의 무력을 중국과의 전쟁에 투입하고 싶은 것이다.

미국은 인도-태평양 전략에서 한미일 협력을 강화하여 중국에 맞서겠다고 선언하고 있다. 이미 문재인 시절 미국은 한미일 군사 동맹을 맺을 것을 한국에 요구한 바 있다. 당시 문재인은 "미국은 우리의 동맹이지만 일본은 아니다"라며 거절했었다. 반면 지금의 윤석열 정부는 한미일 군사 훈련을 독도 근해에서 했고, 일본 해군 관함식에도 참석하여 우리 병사들로 하여금 욱일기에 경례하도록 했다. 기시다 일본 총리는 이즈모 함에서 한국군의 사열을 받았다.[61] 미일의 입장에서 보면 한국이 드디어 자신들의 희망대로 움직이고 있는 것이다.

그리고 이러한 한미일 군사 협력이 의미하는 바가 양안 전쟁에 한국이 투입되는 것을 전제로 한 것임을 고려할 때 아무리 대통령이라 하더라도 혼자 결정할 수 있는 일이 아니다. 이 일은 엄밀한 분석과 광범위한 토론을 통해 국민의 의지를 모아야 하는 일이다. 어떤 이들은 어떻게 군사작전에 대한 광범위한 토론이 가능한가라며 반대한다. 그러나 필자가 말하는 것은 군사 정보를 노출해가며 언론 카메라 앞에서 하는 그런 토론이 아니다. 군사적 분석은 전문가들에게 맡기고 기밀을 유지하는 것이 당연하다. 하지만 양안 전쟁에 대한민국이 참전할 것인지는 국민의 뜻으로 결정할 일이지, 소수의 사람이 밀실에 앉아서 결정할 일은 절대 아니라는 뜻이다.

한국 정부의 입장이 무엇이든 중국은 최악의 상황을 대비할 것이다. 중국은 '최악의 상황을 설정하고 대비한다'를 이미 국가 방침으로 결정해놓았다. 중국의 눈앞에 한미일 군사 협력 또는 동맹의 움직임이 이어지고 있으니 중국은 최악의 상황을 상정한다. 그리고 중국이 설정하는 최악의 상황은 한국이 한미일 군사 동맹에 참여하여 (형식적이든 사실이든) 양안 전쟁 시 미국과 함께 중국과의 전쟁에 앞장서는 것이다. 한미 정상은 이미 협력 초점을 한반도를 넘어 확대하겠다고 발표했다.[62] 양측 간의 정치, 경제, 안보 및 인적 관계를 심화 및 확대하기 위한 공동의 결의라고 한다.

중국으로서는 이러한 전제하에서 타이완을 침공해야 하며, 가장 효과적으로 한국의 무력과 주한미군을 무력화할 수 있는 수단을 강구해야만 한다. 그리고 아마도 그것은 지금까지 필자가 설명했듯이 북한을 통한 한반도 무력 사태 조성일 것이다.

한국 정부가 만일 북한을 원점 타격하며 상황을 키우면 그대로 남북 전쟁으로 확대된다. 그렇다고 참고 인내하면 북한은 상황의 규모를 키워갈 것이다. 그야말로 진퇴양난의 상황에 처하게 될 가능성이 크다. 만일 북한에 대한 공격에 주한미군이 참여하면 중국은 조중 군사 동맹에 의하여 한반도 전쟁에 다시 참여할 것이다. 이때 중국의 참여는 미국의 진보적 가치 전략처럼 제한적으로 미국의 개입 수준에 맞추어 가능한 소규모의 직접 참여가 될 것이다. 반면 북한이 마음 놓고 한미 연합군과 지구전을 벌일 수 있도록 식량, 물자, 무기, 자금 등을 충분히 공급할 것이다.

미국은 전략적으로 이런 사태에 대비하여 사드를 배치해놓았다. 미국 입장에서도 중국이 한반도 상황에 휘말려 국가 자원을 소모하게 되는 일은 나쁘지 않다. 한국은 지난 수십 년간 전략 물자를 비축해왔으니 중국이 이에 대항하여 북한에 물자를 공급하고 소비하게 되면 중국의 전쟁 수행 능력에 큰 손실을 입힐 것이다. 그러나 아무도 중국이 지난 수십 년간 비축해온 전략 물자가 얼마나 되는지 모른다. 하지만 한 가지는 분명하지 않은가? 중국이 자신들이 준비한 비축 전략 물자가 부족한 상황에서 한반도에 사태를 만들지는 않을 것이다. 러시아의 사례를 목격하고 있지 않은가?

The
War
That
Began

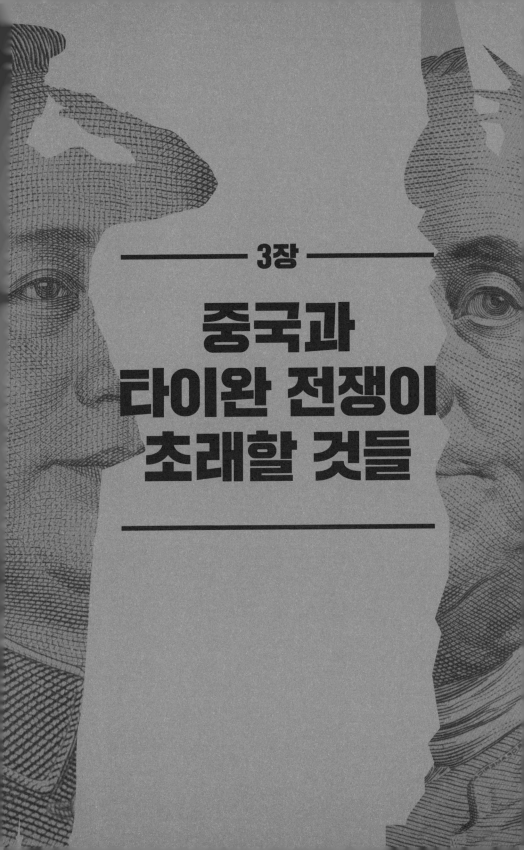

— 3장 —

중국과 타이완 전쟁이 초래할 것들

CHINA AMERICA WAR G2

놀랍게도 아직도 중국이 타이완을 공격하지 않을 것이라고 생각하는 사람들이 있다. 타이완에서도 어떤 사람들은 우크라이나에 대한 러시아의 공격을 보고 중국도 타이완에 대해 유사한 공격을 할 수 있다고 생각하는 반면, 다른 사람들은 우크라이나 전쟁의 교착 상태를 보면 시진핑이 다시 생각할 수도 있다고 희망하기도 한다. 하지만 러시아의 우크라이나 침공은 잘 준비된 전쟁이 아니었고, 중국의 타이완 침공은 오랜 기간 주도면밀하고 신중하게 준비되고 있다. 필자는 아직도 중국이 타이완을 공격하지 않을 것이라고 생각하는 사람들에게 중국 헌법의 다음 구절을 들려 드리고 싶다.

"타이완은 중화인민공화국의 신성한 영토의 일부분이다. 조국통일의 대업을 이루는 것은 타이완 동포를 포함한 모든 중국 인민이 마땅히 져야 할 신성한 책임이다."[63]

중국 공산당이 지원하는 중화전국청년연합회中华全国青年联合会의 위원인 레이시잉雷希颖이 설립한 홍콩의 중국해협연구원中国海峡研究院은 양안 간의 군사적 긴장이 역대 최고조에 이르렀다고 전했다. 이 싱크탱크는 양안 간의 긴장 관계를 인덱스를 만들어 모니터링하고 있는데 1978년에는 4.55까지 내려갔지만 2000년 이후 지속 상승하여 2018년 6을 초과하였고 이제는 7을 넘어 8에 접근하고 있다는 평가이다.[64] 7을 넘으면 언제라도 전쟁이 날 수 있는 숫자라고 한다.

양안 리스크 지수 추이

중국도 나름대로 평화 통일을 위해 노력했다

중국도 평화 통일을 위한 노력을 해야 한다고 생각했다. 그런 의미
에서 타이완의 국민당 정부 시절 체결한 '1992 합의九二共识'는 중요
한 이정표이다. 1992년 당시 집권당이던 타이완의 국민당은 형식상
민간 기구인 해협교류기금회财团法人海峡交流基金会를 홍콩에 보내 역시
비정부 기구의 형식을 갖춘 중국 측의 해협양안관계협회海峡两岸关系协

쑹와 비공식 합의를 했다. 기본적으로 타이완 기업과 국민들이 중국 대륙에 진출하여 경제 활동을 할 수 있게 하려는 타이완 정부의 목적과 타이완을 경제적으로 종속시켜 영향력을 확보하고자 한 중국 정부의 목적이 만난 것이다. 이들은 '하나의 중국' 원칙에 동의했지만 양측은 "양안 비즈니스 협상은 정치적 문제와 관련이 없어야 하며 하나의 중국이 갖는 정치적 함의는 무관할 수 있다"는 데 동의했다. 2000년 퇴임한 전 타이완 본토문제회의 의장인 쑤치苏起가 처음으로 '1992년 합의'라는 용어를 제안했다. 이렇게 해서 양안 간에 경제적 협력이 시작되었다.

중국은 이 협력을 활용하여 타이완을 경제적으로 대륙에 종속하는 결과를 추구하였다. 타이완의 국민당은 대륙에서 넘어간 외성인들이 중심이며 타이완의 아이덴티티를 중국인으로 생각한다. 반면 현재 타이완의 집권당인 민진당은 전부터 타이완에서 살던 내성인들이 주류이며 자신들의 아이덴티티를 타이완 사람이라고 생각한다. 그리고 내성인들은 주로 타이완의 중부와 남부에 거주하며 농민들이 많다.

단순히 생각하면 타이완의 독립 추구 세력은 민진당 지지 세력이고 농민들이 많으니, 중국이 타이완의 농산물을 많이 수입해주면 타이완 농민들의 반중 감정도 없앨 수 있다. 결과적으로 경제적 종속이 심화되면 타이완 농민들이 중국 대륙이라는 고객을 떠나서는 살기가 어려워지는 것이다. 중국은 타이완 국민당의 마잉지우马英九 총통과 2008년부터 협상에 들어가 2010년 양안 간 경제 협력 합의인 ECFACross-Strait Economic Cooperation Framework Agreement를 맺는 데 성공했다. 그리고 중국은 대규모로 타이완의 농산물을 수입해갔다. 또한 각 지방 정부는 자체 예산을 동원하여 많은 인민을 타이완으로 관광을 보냈다. 타이완을 같은 중국으로 취급하기 때문에 농산물, 수산물, 공업 제품에 있어서도 관세가 없다. 타이완 기업들은 이런 중국의 정책에 많은 혜택을 받았다.

그러나 타이완 독립을 지향하는 민진당 정부가 들어서면서 양안 간의 갈등은 다시 시작되었다. 중국 공산당은 타이완이 독립을 선언하면 바로 그날 타이완을 공격하겠다고 공언해왔다. 그래서 역대 민진당 정권은 타이완 독립을 공언하지 못했다. 하지만 미중 관계가 틀어지면서 민진당의 타이완은 힘을 얻었다. 미국과 서방의 지원하에 타이완도 목소리를 내기 시작했다. 홍콩이 중국 공산당의 강경한 수단으로 민주 제도가 압살되며 중국식 일국양제의 면모가 드러나자 타이완의 민심이 결정적으로 완전히 돌아섰다.

중국의 반응은 간단했다. 2021년 2월 중국이 타이완과 정치, 무역, 코로나바이러스 백신 공급을 둘러싸고 긴장이 고조됨에 따라 해충에 대한 우려를 핑계로 타이완 파인애플 수입을 금지했다.[65]

타이완 정부는 이 결정이 세계 무역 규정을 위반했다고 비난했다.[66] 타이완 정부의 공식 집계에 따르면, 타이완은 매년 약 42만 톤의 파인애플을 생산하고 있으며, 코로나 이전 기준 약 12%가 수출이었다고 한다. 2020년 타이완 파인애플 수출의 97%가 중국이었고, 2%가 일본, 1%는 홍콩이었다.

2021년 3월 경제 타격을 받은 타이완 정부는 양안 간의 교류 재개를 요청했다. 타이완에서 대중국 관계를 전담하는 창구 부처인 육위회의 치우타이산邱太三 주임은 단계적 교류 회복, 중국인의 상업 목적 타이완 방문 허용, 방역·위생·농산물 검역 검증 등에 대하여 협의체를 통한 소통 등을 요청했다.[67] 하지만 이미 그 시점에 중국 공산당의 마음은 닫혔다. 사실 예정된 수순을 밟은 것으로 생각된다.

이는 단지 시작이었다. 중국은 타이완으로부터의 농산물 수입을 단계적으로 중지했다. 더 이상 관광객도 보내지 않았다. 중국이 예상한 대로 타이완의 경제, 특히 민진당의 지지 기반인 농민들의 타격이 컸다. 하지만 타이완 민중들은 굴하지 않았다. 누구나 예상할 수 있었던 결과였고, 누구도 이 때문에 타이완 정부를 비난하지 않았다. 사실 중국 공산당에게 타이완에 대한 햇볕 정책이라는 것은 침공 전에 명분을 쌓기 위한 통과 의례인지도 모른다.

그 후 타이완의 대기업 위엔동 그룹遠東集團의 중국 법인이 토지 사용 및 과세에 관한 법률 및 규정 위반으로 적발되어 중국 당국으로부터 3,650만 위안의 벌금을 부과받고 건설 부지를 다시 매립해야 하는 사건이 2021년 11월에 발생했다. 중국의 타이완 판공실 대변인은 위엔동 그룹은 중국이 타이완 독립 강경파로 분류한 쑤정창蘇貞昌 행정원장의 선거를 지원하기 위해 돈을 기부한 바 있다며, 중국은 결코 타이완 독립 분자들이 중국에서 돈을 벌도록 하지 않을 것이라고 말했다.[68] 이 일과 관련하여 타이완 탄장淡江대학의 양안관계연구센터 소장인 장우위에張五岳는 중국 국무원 타이완 판공실은 위엔동 그룹에 대한 처벌이 타이완 독립 때문이라는 사실을 부인하지 않았다고 지적했다.[69] 그는 중국이 타이완 선거에서 민진당에 기부하는 자금을 차단하기 위한 목적이라고 해석했는데 조금은 좁은 시야다. 필자가 보기에는 중국의 대타이완 정책에 변화가 생긴 것이다.

중국이 타이완을 공격하지 않을 것이라고 보는 사람들은 중국의 타이완 위협을 대내 선전용이라고 말한다. 타이완 탄장대학 린잉유林穎佑는 인민해방군의 이런 지속적인 군사 시위는 실질적인 군사적 가치는 없을 수 있지만 내부 선전 효과는 매우 좋은 결과를 보여주고 있다고 해석했다.[70] 그러나 시진핑이 타이완 문제에 대한 미국의 개입을 경고한 것의 의미를 잘 생각해보라. 이들은 따뜻한 물에 담긴 두꺼비처럼 중국의 점증 수법에 익숙해져가고 있는 것이다. 미국방부도 중국이 2021년부터 외교적, 경제적, 정치적, 군사적 압박을 강화했다고 보고 있다. 심지어 타이완에 대한 해상 봉쇄부터 전면 공격까지 모두 가능하다고 말하고 있다.

장우위에 교수는 미중이 강대국 경쟁에 휩싸인 상황에서 중국은 이제 타이완 문제에 대한 외부 간섭에 저항하는 데 점점 더 집중하고 있다고 말했다.[71] 지난 3년 동안 중국은 타이완 통일을 위한 일련의 계획을 시작하여 대중에게 새 시대가 도래했음을 알리기 시작한 것이라는 해석이다. 중국의 국가 교통 네트워크 프로젝트에 2035년까지 완료될 중국 본토 푸저우福州와 타이베이台北를 연결하는 철도계획이 들어 있는 것이 그 예이다. 2035년까지는 타이완이 합병될 것이라는 전제가 아주 당연한 듯이 들어 있는 것이다. 그러니 필자는 시진핑이 말하는 외부 간섭은 곧 미국이며, 중국이 타이완 통일을 위해서 '미국에 대한 대처'에 노력하고 있다는 뜻으로 해석한다.

이런 상황에도 불구하고 전 중국 국방부 관리이자 칭화대 선임연구원인 저우보周波는 중국은 여전히 전략적 인내심을 갖고 있으며 이

것이 미국에게는 기회라고 말했다. 자오춘산趙春山 타이완 본토 문제 수석고문도 시진핑에게 있어 중화민족의 위대한 부흥과 함께 통일은 이뤄져야 하지만 그것은 변증법적 관계여서 민족 부흥의 목표를 상실하면서까지 감행하지는 않을 것이라고 전쟁의 가능성을 절하했다.

의견이 엇갈리는 것은 미국도 마찬가지다. 코넬대학 교수인 제시카 첸 와이스Jessica Chen Weiss는 트위터에 바이든이 말한 미군이 타이완을 방어하겠다는 발언은 위험하고, 미국은 타이완과 중국을 영구적으로 분리하는 전략적 이해관계가 없다는 점을 분명히 해야 한다고 말했다. 반면 해리 해리스Harry B. Harris 전 미 제독은 바이든은 진정으로 타이완을 방어하기를 원할 것이라고 말했다.[72] 다분히 정치적 발언이겠지만 로이드 제임스 오스틴Lloyd James Austin III 미 국방장관도 CNN에서 중국이 군사력을 행사해 타이완 통일을 도모할 가능성에 대해 침공이 임박하고 있다고는 생각하지 않는다고 말했다.[73] 그러나 중국군이 타이완 주변에서 자주 군사 연습을 거듭하고 있는 것에 관해서는 중국이 일상화(뉴노멀) 상황을 만들고자 한다고 경계감을 드러냈다. 말하자면 Yes도 No도 아닌 말을 한 것이다.

가장 상징적인 것은 타이완 국방부조차 2021년 3월 국방평가보고서QDR에서 중국의 타이완에 대한 군사적 행위 수준 평가를 도발이나 위협이 아닌 괴롭힘으로 낮추었다는 것이다.[74] 미국 버지니아의 프로젝트 2049연구소[75] 에릭 리Eric Lee 박사는 중국의 타이완에 대한 무력 행사 가능성은 1979년 중국이 타이완에 세 가지 조건을 제시하면서 이미 희석되었고, 이제 홍콩, 티베트, 신장新疆 위구르 자치구 문제 등을 고려할 때 막대한 비용과 희생을 무릅쓰고 강행할 이유가 없다고 단언하였다. CSIS의 보니 글레이저_{Bonnie Glaser} 박사도 중국의 타이완 침공은 최악의 시나리오에 따른 가정일 뿐이라고 주장하였다.

이제 중국은 타이완을 공격하려 한다

하지만 잘 생각해보면 중국은 그동안 타이완을 무력으로 공격하지 않겠다는 말은 한 번도 한 적이 없다. 그리고 갈수록 입장이 보다 노골적이고 보다 강경해지고 있다. 결국 2022년 10월 20차 중국 공산당 전국대표회의에서 "타이완 독립을 단호히 반대하고 견제한다"라고 중국 공산당 당헌이 개정되면서 처음으로 포함되었다. 당연히 타이완의 각계각층은 크게 주목했다. 중국 공산당 20차 전국대표대회는 '중국 공산당 당헌(개정안)' 결의안을 통과시키며 "중국 특색의 군사력을 강화하는 길을 견지하고 일국양제의 꾸준하고 장기적인 실천을 추진해야 조국 통일을 추진하는 데 도움이 된다"고 했다. 호주국립대학의 정치학자인 송원디宋文笛는 기존 당헌은 수사적일지라도 타이완을 단결해야 할 동포로 묘사한 반면, 새 당헌은 타이완 인민의 잠재적인 희망이 경계해야 할 리스크라고 강조한다고 우려했다. 미국 세인트토머스대학 국제학 교수인 예야오위안叶耀元은 시진핑이 타이완을 무력으로 공격하게 만드는 세 가지 요소가 있다고 지적했다. 중국 공산당 내부 여론, 전쟁과 계엄령을 이용한 반대 파벌 인사 제거, 그리고 시진핑의 객관적인 정보 파악 능력 부족 등이다.[76] 필자는 이렇게 많은 전문가가 이제 중국이 타이완 침공을 공언하기 시작했다는 것에 주목한다.

타이완 국방부장 추궈정邱國正은 이상과 같은 20차 중국 공산당 전국 대회의 결과를 보고 중국의 대타이완 군사 정책이 더 강경해진 것이라고 걱정했다. 그는 새로운 중국의 군사위원회 멤버들이 상대적으로 젊고, 아마도 중국이 장기간 육성한 인재일 것이므로 타이완은 이에 대한 대비를 해야 한다고 말했다.[77] 그는 현재 상황이 엄중할 뿐만 아니라 조금만 잘못해도 위험한 결과를 초래할 수 있다고 했다.

중국의 마샤오광馬曉光 타이완 판공실 대변인이 베이징에서 열린 정례 브리핑에서 '우리는 역사상 그 어느 때보다 타이완 통일에 가까워졌다'며 통일 실현에 자신감과 능력이 있다고 말한 것을 보라.[78] 시진핑도 역사의 수레바퀴가 타이완과의 통일을 향해 굴러가고 있다고 말한 바 있다.

이렇게 중국이 타이완을 공격할 것인지에 대한 결론은 이제 상당히 명확해 보이지만 아직도 논란은 진행 중이다. 베이징대학 왕지스王緝思 교수는 칭화대학이 주최한 세계평화포럼에서 학계와 외교관들에게 중국의 타이완 공격 계획에 대한 두려움이 과장된 것일 수 있다고 말했다.[79]

반면 1991년에서 1995년 사이에 주중 미국 대사를 지낸 제임스 스테이플턴 로이James Stapleton Roy는 타이완에서 전쟁이 발발할 위험에 대해 우려를 표명하면서 미중 양측이 타이완을 전략적 바둑돌로 간주할 수 있다고 말했다.

타이완의 상황을 우려하는 것은 다른 나라들도 마찬가지이다. 「산케이」의 보도에 따르면 공동 통신사가 2022년 3월 이틀에 걸쳐 실시한 일본 전국 전화 여론조사 결과 러시아의 우크라이나 침공을 계기로 중국이 타이완이나 센카쿠 열도에 무력 행사를 할 것을 우려한다는 응답이 무려 75.2%에 달했다.[80]

어떤 이들은 러시아가 우크라이나 전쟁에서 소기의 성과를 내지 못하고 오히려 패배하는 양상을 보임에 따라 중국도 감히 타이완을 공격하지 못할 것이라고 본다. 윌리엄 번스William Burns CIA 국장은 중국이 러시아의 우크라이나 침공을 주의 깊게 주시하고 있으며, 무력을 통해 타이완을 통제하려는 계획을 조정할 수 있다고 보았다. 번스는 「파이낸셜 타임스」가 주최한 컨퍼런스에서 러시아군의 좌절과 우크라이나의 강력한 저항에 중국이 놀랐다고 분석했다. 그러나 번스는 중국이 이에 대해 어떤 결론을 내렸는지에 대해서는 여전히 물음표라고 말하며 결론을 유보했었다.[81] 이랬던 번스는 2022년 12월이 되자 중국이 2027년에 전쟁을 할 수 있도록 준비하고 있다고 말했다.[82] 필자가 보기에는 중국이 전쟁의 방법을 조정할 수는 있어도 전쟁 자체를 포기할 리는 없다.

아산정책연구원의 이동규 연구위원은 우크라이나 사태는 타이완 문제와 관련해서 다음과 같은 인식을 확산시켰다고 주장했다.[83]

첫째, 블라드미르 푸틴Vladimir Putin 대통령의 범슬라브주의가 일정 부분 러시아의 침공에 영향을 미쳤다는 점에서 민족 통합을 위한 중국의 침공을 자극할 수 있다.

　　　　　　　　　　　　　　이미 시작된 전쟁

둘째, 미국과 유럽 국가의 경제 제재 위협에도 불구하고 러시아가 침공을 감행했을 뿐 아니라 강력한 경제 제재하에서도 전쟁을 지속하고 있다는 점에서 중국과 타이완, 기타 국가 간의 경제적 상호의존성이 중국의 타이완 침공을 예방하는 데에 한계적일 수 있다.

셋째, 양국 간의 군사력 차이가 한 국가의 일방적인 군사 침공을 초래할 수 있다.

넷째, 미국이 우크라이나 사태에 군사적으로 개입하지 않은 것과 같이 타이완에 유사 사태가 발생해도 미국이 군사적 개입을 하지 않을 수도 있다. 이에 따라 타이완 해협의 불확실성과 불안정성이 커지고 있다.

결국 중국의 타이완 침공 가능성이 높아졌다는 이야기이다.

독일 「르몽드」에 따르면, 독일 자민당은 타이완에 대한 중국의 지속적인 위협이 나치와 같은 '새로운 수준'에 도달했다고 비판했다.[84] 중국 관영매체 「글로벌 타임스」는 '마침내 타이완 문제 해결'이라는 트윗을 올리며 다시 한번 침공을 암시했다.

이렇게 많은 사람이 중국의 타이완 침공을 걱정하는 반면, 중국인 대부분은 타이완 침공을 심각한 일로 생각하지 않는다. 중국인들은 타이완의 통합은 대세이며 단지 시간의 문제라고 생각한다. 게다가 중국은 사실상 징병제도 아니고 대부분의 사람에게 군대나 전쟁은 자신과는 직접적 관련이 없는 저 멀리 있는 일이다. 그리고 중국인들의 경우 기본적으로 타이완을 대상으로 하는 양안 전쟁에서의 실패 가능성을 생각하는 경우는 없다. 워낙 양쪽의 체급 차이가 크다고 생각하는 것이다.

중국 군사 칼럼니스트 천펑晨风은 미국의 타이완 군사 지원의 모순을 지적한다.[85] 기본적으로 미국은 타이완 해협에서 해전을 한다는 개념을 가지고 있는 반면, 중국은 전쟁 영역을 북태평양 전역으로 생각하고 있다는 것이다. 북태평양까지 확대된 영역에서의 전쟁이라면 필연적으로 미 영토인 괌 등까지도 영향을 받을 것이다. 타이완은 고슴도치 전술을 채택하고 있는데 타이완의 무기와 전술은 대부분 인민해방군의 상륙을 대비한 것이다. 하지만 천펑은 인민해방군이 전면 상륙을 감행하는 시점에서는 이미 전쟁은 종결되는 상태라고 말한다. 비교할 수 없는 전력 차이가 있기 때문이다. 천펑의 표현대로라면 인민해방군이 상륙하는 순간, "타이완은 영원히 조국의 품으로 돌아갈 것이다."

그래서 천펑은 '미국에게 타이완은 중국을 움직이지 못하게 하는 마지막 자물쇠'라고 표현한다. 이 자물쇠가 열리면 중국의 인민해방군에게 태평양과 전 세계가 활짝 열린다는 것이다. 따라서 천펑은 '미국으로서는 타이완 해협에서 현상 유지를 유지하는 것이 최대 이익이다'라는 결론을 내린다.

확실히 미국의 타이완 지원을 보고 있으면 방어용 무기에 한정해서, 그것도 일정 사거리 이내로 한정해서 지원하고 있음을 알 수 있다. 커트 캠벨Kurt Campbell 미국 국가안보회의 인도-태평양 담당관은 미국이든 중국이든 타이완의 현상 유지가 양국의 최대 이익에 부합한다는 데는 이견이 없다고 말했다.[86] 2022년 11월 발리의 G20에서도 바이든은 미국의 '하나의 중국 정책'은 변함이 없으며, 현상 유지에 대한 일방적인 변화를 반대하며 타이완 해협의 평화와 안정을 유지하는 것이 세계 이익에 부합한다고 강조했다. 결국 미국은 현상 유지를 원한다는 것이며 천핑의 지적은 일리가 있는 것이다.

2022년 10월 블링컨 미 국무장관은 중국이 꽤 조기에 타이완 통일을 추구하는 결정을 내렸다고 지적했다.[87] 블링컨은 중국이 타이완 통일 때문에 평화적인 수단이 통하지 않으면 위압적인 수단을 이용하고, 그것이 통하지 않으면 아마 강경 수단을 사용할 것이라고 말했다.

이제 시진핑은 2022년 11월 '군사훈련과 전쟁 준비를 전면적으로 강화하고 전군의 전력을 전투에 집중할 것'이라고 강조하기에 이르렀다. 중국 CCTV 뉴스는 시진핑 중국 공산당 총서기의 세 가지 직함[88] 뒤에 과거에는 볼 수 없었던 '군사위원회 합동 총사령관'이라는 직함을 추가했다. 시진핑에게 합동 총사령관이라는 군대 직위를 추가한 것이다. 시진핑은 이어서 중앙군사위원회 합동작전사령부를 시찰했을 때 '새로운 중앙 군사령부 위원회는 군사 훈련과 전쟁 준비를 전면적으로 강화할 것'이라고 지시했다.[89] 여러분은 중국이 전쟁 준비를 하고 있다는 것을 이런 보도를 보면서도 믿지 못하겠는가? 중국은 2020년 13차례의 해상 군사 훈련을 했고, 2021년에는 20회 넘게 해상 군사 훈련을 했다. 그리고 2022년 1~9월 사이에 120회가 넘는 해상 훈련을 실시했다.

타이완 국방안보연구소 쑤즈윈蘇子雲이나 호주국립대학의 송원디 같은 학자들은 시진핑의 논조가 강화되었다고 걱정한다. 하지만 미국 학자 레프 나흐만Lev Nachman은 단지 수사일 뿐이라고 생각한다.[90] 텍사스주 샘휴스턴 주립대학 웡뤼중翁履中은 시진핑의 목소리가 더 커지면 더 큰 성과가 있어야 한다고 우려한다. 즉 시진핑의 목소리가 커질수록, 그 내용이 적극적일수록 결국 타이완을 공격할 것이라는 의미다.

그래서 필자는 중국이 타이완을 공격할 것이라는 말을 미국 경제학자 누리엘 루비니Nouriel Roubini의 말을 빌려 여러분들에게 전한다. 그는 독일 간행물 「슈피겔」과의 인터뷰[91]에서 이렇게 말했다.

"사실상 제3차 세계대전은 실제로 이미 시작됐다."

그에 따르면 미국의 국가 안보 보좌관들은 우크라이나 상황에 대한 NATO의 개입, 이란과 이스라엘 간의 충돌 가능성을 우려하고 있다. 그는 또한 조 바이든 미국 대통령 행정부가 조만간 중국이 타이완을 공격할 것으로 예상하고 있다는 뉴스를 언급했다. 그리고는 솔직히, 특히 우크라이나와 사이버 공간에서 제3차 세계대전은 실제로 시작되었다고 결론지었던 것이다.

타이완은 끝까지 싸울 작정이다

이렇게 증가하는 중국의 공격 위협을 대하고 있는 타이완 사람들의 심정은 이루 말할 수 없을 것이다. 북한과의 경쟁에서 이미 사실상 승리한 한국인들은 이 심정을 헤아리기 어려울 것이다.

타이완 국민당 주석으로 주리룬朱立倫이 선출되었을 때 시진핑은 축전을 보냈다. "구동존이求同尊異, 양당은 같은 것을 추구하고 다른 것은 존중한다"라는 내용이었다.[92] 시진핑의 시각에서 국민당은 하나의 중국이라는 범주 내에서 공산당과 뜻을 달리하는 존재이고, 민진당은 하나의 중국이라는 범주를 인정하지 않는 분리주의자, 반역자들이다. 그러므로 그가 말한 구동존이는 하나의 중국이라는 점을 국민당과 같이 추구하고 사상과 이념이 다른 점은 존중한다는 뜻이다. 그리고 이는 곧바로 일국양제라는 중국 공산당의 허울 좋은 단어로 이어진다. 시진핑이 이러한 축전을 국민당에 보낸 것은 타이완에도 조국 통일을 원하는 세력이 있다는 인식을 널리 보이고 싶어서일 것이다.

그러나 타이완 사람들은 모두 홍콩에서 일어난 일들을 목도했다. 중국 공산당이 말하는 일국양제가 어떤 것인지 두 눈으로 보았다. 타이완 사람들은 중국이 홍콩을 탄압하고 시민의 자유를 파괴하는 것을 보았고, 중국의 타이완 자치 인정 약속은 믿을 수 없다고 생각한다. 그 결과 2022년 기준 통일을 원하는 타이완 사람은 10%가 되지 않는다. 그 점을 대륙의 중국인들은 이해하지 못한다. 바다에 사는 물고기에게 하늘을 나는 새들의 세상은 똑같은 세상으로 비춰질 수 있다. 하지만 새들은 결코 바닷속으로 들어가서 살지 않을 것이다.

중국 루샤예卢沙野 주 프랑스 대사는 2022년 8월 중국이 타이완을 통일한 뒤 애국심을 키우기 위해 타이완인들을 '재교육'해야 한다는 생각을 밝혔다.[93] 이 루샤예의 발언은 신장 위구르의 통치 모델을 타이완에 적용할 가능성을 보여준 것으로 받아들여져 SNS 등에서 비판이 잇따랐다. 이런 상황에 어떤 타이완 사람이 통일을 바라겠는가 묻지 않을 수 없다.

이렇게 중국의 위협이 커지면 커질수록 자신의 아이덴티티를 중국인이 아닌 타이완인으로 생각하는 타이완 국민들이 늘고 있다. 30년 전에는 25%가 자신을 중국인으로 생각했지만 이제 타이완 사람의 2%만이 자신을 중국인으로 생각하며 자신을 타이완인으로 생각하는 사람들이 60%가 넘는다.[94]

이런 흐름 속에 프랑스의 「르몽드」는 타이완 사람들이 중국의 침략 위협에 직면해 최악의 상황을 조용히 대비하고 있다고 보도했다.[95] 예전에 타이완 사람들이 보였던 태평함이 서서히 걱정으로 바뀌고 있으며 타이완 사람들은 스스로에게 묻기 시작했다는 것이다. '중국이 공격한다면 어떻게 해야 하나? 중국군이 상륙해오면 어떻게 대처해야 하나?'라고 말이다.

한림대학 국제학대학원 김태호 교수는 기본적으로 타이완의 전략은 중국과 싸워 본토를 수복하는 게 아니며 타이완은 중국의 침략을 물리치거나, 최소 중국이 타이완을 공격하면 상당히 비싼 대가를 치르게 하면 충분하다고 했다.[96] 일종의 최소 억제 전략이라고 하는데 필자는 대체로 동의하지 않는다. 왜냐하면 시진핑과 중국 공산당은 이러한 타당성 분석이나 경제적 이해 득실을 따져서 타이완 공격을 결정하는 것이 아니라고 보기 때문이다.

심지어 타이완의 세계 3위 파운드리 기업인 유나이티드 마이크로일렉트로닉스UMC의 창업주 차오싱청曹兴诚은 300만 시민군을 양성해야 한다며 민방위 훈련기관인 '흑곰학원黑熊學院[97]'을 설립하고 30억 NT(한화 약 1,260억)를 내겠다고 제안하는 일까지 발생했다. 전 특수부대 출신인 민진당의 에노크 우Enoch Wu 같은 사람은 타이완의 군대와 경찰, 그리고 소방대를 합치면 인구의 1%가 넘는 30만 명이라며 일반 시민과 이들이 협력하는 체제를 만들어야 한다고 주장했다. 일부 미국 우파 인사들은 타이완에게 전 국민 게릴라전을 할 것을 주장하기도 하는데,[98] 필자는 정말이지 가소로운 일이라고 생각한다. 자국의 이익을 위해 중화민국과 단교하고 타이완의 방위를 제대로 지원하지도 않고 방치해온 미국이 무슨 권리로 남의 나라 사람에게 전 국민 게릴라전을 하라 말라 한단 말인가? 타이완 국민들은 스스로 자신들을 지키려는 준비를 하고 있으며, 이들 외국 정객들의 훈수는 지나친 것이다.

이런 중국의 위협에 타이완 사람들이 얼마나 긴장 속에 살고 있는지를 보여주는 해프닝이 있다. 타이완 국영 TV 방송국 CTS에서 중국의 타이완 침공을 알리는 뉴스티커가 실수로 방송되어버린 것이다. 이에 대해 두 명의 고위직 TBS 천위셔우陳郁秀 회장과 CTS 본부장 대행 천야링陈雅玲이 이에 대한 책임으로 사임했다.[99] 방송된 내용에는 '전쟁 직전', '타이베이 항구에서 선박 폭발, 시설 및 선박 파괴', '인민해방군이 신베이시를 미사일로 공격' 등이 포함되어 있었다.

하지만 타이완에 선택의 여지는 없다. 미 하원의장 낸시 펠로시Nancy Pelosi가 타이완을 방문한다고 하여 양안 간에 긴장이 일어났을 때 타이완 외교부장 우자오셰吳釗燮는 명확하게 타이완을 방어하는 것은 타이완 자신의 책임이라고 말했다.[100] 그는 또 펠로시 의장의 방문이 중요하며 중국의 대응이 미래의 민주 정치지도자들이 타이완을 방문하도록 초청받는 것을 막지는 못할 것이라고 결연한 태도를 취했던 것이다.

군사분계선 타이완 해협은 미국이 지키고 있다

타이완 정부 관계자가 결연한 태도를 취하는 것은 할 수 있겠지만 실제 상황이 타이완 마음대로 될 리는 없다. 타이완 해협에는 인민해방군의 군함과 군용기들이 출몰하기 시작했고 이에 대응하여 견제에 나선 것은 타이완군이 아닌 미군이었다. 타이완군에는 타이완 해협에 나가 인민해방군에 맞설 군함조차 변변치 않다. 중국의 압박으로 한국을 포함하여 그 어떤 나라도 타이완에 제대로 된 무기나 군함을 공급하지 않았던 것이다.

이제 중국의 타이완에 대한 압박은 드디어 무력시위로 발전하였다. 처음에는 한두 대가 타이완 해협이라는 암묵적인 중간선까지 접근하는 것이었는데 조금씩 그 중간선을 넘기 시작했다. 중국의 속담 중에 "한 치를 얻으면 한 척을 더 들어간다得寸进尺"라는 말이 있는데 바로 이 상황을 나타내는 말이라고 할 수 있다. 즉 야금야금 경계선을 침식해가며 점점 그렇게 침식되는 상태를 일상적인 것으로, 나아가 당연한 것으로 인지하게 만드는 방법이라고 할 수 있다. 그렇게 일상화하는 것을 중국어로는 상태화常态化라고 부른다.

바이든 행정부가 들어서고 나서 중국은 타이완의 영공과 영해를 침범하기 시작했는데 거의 매일이다시피 일어나고 있다. 타이완 국방부는 아예 일지를 만들어 기록하였고 웹 사이트에 이를 올려놓았다. 여러분도 방문해서 최근의 상황을 확인해볼 수 있다. 2022년 11월 10일에는 인민해방군 군용기 18소티[101](이 중 9소티는 서남 공역으로 침범)와 함선 4소티가 침범했음을 확인할 수 있다.

처음에는 구형 전투기가 타이완 서남의 파시 해협 근처를 접근 비행하는 정도였다. 하지만 바이든 행정부와의 갈등 고조와 함께

타이완 국방부 웹 사이트에 게시된 중국의 영공 침범 기록

(자료원: 全球資訊網-即時軍事動態)

미-타이완 간 접근이 이루어지자 점점 더 항공기의 수나 유형이 공격적으로 변해갔다.

2021년 1월 중국 국방부가 타이완 독립은 전쟁을 일으킬 뿐이라며 바이든 행정부의 타이완 지지를 경고했다.[102] 타이완 국방부에 따르면 중국은 이때 타이완 해협의 남쪽 끝에 13대의 전투기를 보냈다. 여기에는 Y-8 수송기, 8대의 H-6K 폭격기와 4대의 J-16 멀티롤 전투기 등이 포함되었다. 이런 비행이 일상화되면 타이완은 중국 군용기의 접근에 상시 대응 출격을 해야 하는 부담이 발생한다. 이것은 단순한 위협 비행이 아니라 소모전을 겸한 것이다.

타이완이 새로운 국방장관과 정보국장을 발표한 2021년 2월, 중국은 방공식별구역 남서부 동사 제도의 타이완 영토인 섬 쪽으로 군용기를 보내 침범했다. J-16 전투기 네 대, JH-7 전폭기 네 대, 그리고 전자전기 1대로 구성되었고 타이완은 이에 대응하여 긴급 발진했다.

2021년 3월 타이완이 20대의 전투기로 구성된 인민해방군의 최대 규모의 영공 침범을 보고했다. 이번 조치는 타이완 해협 전역의 긴장을 극적으로 고조시켰으며, 미국과 타이완이 해안 경비대 간의 협력을 증진하기 위한 양해각서에 서명한 직후에 이루어졌다.[103] 2021년 4월 12일 중국의 항공기 25대가 타이완 해협 이남 공역의 타이완 방공식별구역을 침범했다. 이는 타이완 국방부가 2020년 9월 17일 '즉시적 군사 대응'을 발표한 이후 역대 최대 기록이다. 당시 최고 기록은 2021년 3월 26일의 20대였다. 이번 중국의 항공기 구성은 Y-8 대잠기 2대, KJ-500 조기경보기 1대, J-10 전투기 4

이미 시작된 전쟁

대, H-6K 폭격기 4대, 14대의 J-16 멀티롤 전투기 등이다.[104] 대체로 이 시점 이후 중국은 전과는 달리 타이완 공역을 침범하기 시작했다.

이에 대응하여 2021년 5월 미국이 군함을 보내 타이완 해협을 항행하자 중국은 타이완 해협의 평화와 안정을 위협했다고 미국을 비난했다. 이에 대한 미 해군 7함대의 반응은 알레이 버크급 유도 미사일 구축함 USS 커티스 윌버가 국제법에 따른 일상적인 것이라며 타이완 해협 통과를 실시한 것이었다.[105]

2021년 6월에는 전투기와 전략 폭격기를 포함한 중국의 군용기 28대가 타이완의 방공식별구역에 들어갔다. (이러한 도발이 계속 증가하고 있는 것에 주의하라.) G7의 중국에 대한 경고 후 이 일이 발생했다. 중국은 타이완 문제에 대한 외세의 독립이나 개입을 결코 용납하지 않을 것이고 이러한 공모 행위에 대해 강력한 대응을 할 것이라고 발표했다.[106]

2021년 7월에는 중국 인민해방군이 타이완 주변에서 군사 연습을 시작하기 이전부터 남서 제도 주변에서는 중국 해군의 측량함과 무인기에 의한 정보 수집 활동을 했고, 하순에는 남서 제도 주변에서 중국군의 움직임이 있었다.

2021년 8월에는 중국 해군의 측량함이 가고시마·야쿠시마 남방에서 일본의 영해에 침입해 약 3시간 반 후에 구나가라부섬 서쪽으로 나왔다. 전 해상자위대 간부는 "태평양으로 나오는 해협에서의 측량은 군사적인 의의가 크다. 실제로 사용할 가능성이 있다"고 지적했다.[107]

2021년 10월에는 인민해방군이 새벽부터 밤까지 수십 대의 폭격기 비행을 포함하여 타이완 근처에서 56번의 출격을 했다. 당시 3일 동안 무려 93회의 출격을 했다. 동시에 17척의 군함이 타이완에서 멀지 않은 오키나와 남서쪽 해상과 공중에서 훈련을 실시했다. 프로젝트 2049 연구소의 이안 이스턴Ian Easton은 타이완에 관해서는 많은 불투명성이 있으며 이는 위기나 계산 착오의 가능성을 높인다고 경고했다.[108]

2021년 11월 28일에는 중국 군용기 27대가 타이완 방공식별구역에 일시 진입했다. J-16 등 18대와 폭격기 5대, 조기 경보기 2대, 전자전기 및 공중 급유기 각 1대 등이다.[109] 완전히 전쟁을 수행할 수 있는 구성이었다.

2022년 1월 미국과 일본이 오키나와 남쪽에서 6일간의 합동 해상 훈련을 마친 지 하루 만에 39대의 인민해방군 전투기가 타이완의 방공식별구역으로 날아갔고, 타이완 공군은 긴급 발진했다. 타이완 국방부에 따르면 전투기 34대, 전자전 항공기 4대, 폭격기 1대를 포함한 전투기가 타이완 방공식별구역 남서쪽에 진입했다.[110] 대수가 늘어난 것도 보통 일이 아니다. 점점 규모를 늘리고 있는 것이다.

이윽고 중국은 푸젠福建성에 바짝 위치해 있는 진먼다오金門島에 드론을 보내기 시작했다. 2022년 8월 진먼에 있는 타이완 병사들은 공격 명령을 받지 못한 상태에서 드론을 발견했을 때 어떻게 대응해야 할지 판단하기 어려웠다. 결국 병사들은 중국의 드론을 향해 돌을 던졌다. 그리고 병사들이 돌을 던지는 모습은 드론의 카메라에 의해 동영상으로 포착되었다. 이 영상은 타이완의 부족한 무기 체계

중국의 방공식별구역 침범 발표 지도 사례

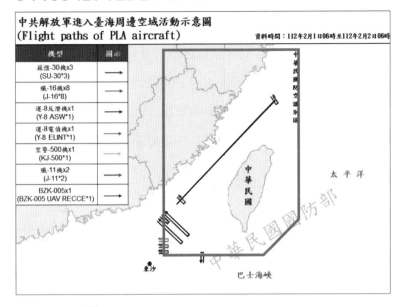

출처: 타이완 국방부[111]

와 무력한 병사들을 중국의 인민들에게 보여줄 목적으로 중국이 전국에 방영하였다.

세계의 웃음거리가 된 타이완 군부는 자국 여론에 의해서도 맹비난을 받았다. 대륙에 근접해 있는 진먼 등 군사 요충지에 대한 정부의 정책이나 전략은 있는가라는 비난도 들끓었다. 여기에 민진당 정부는 진먼이 공격을 당할 경우 타이완 본도에서 지원할 방법이 없으며 "최전선의 병사들은 죽을 때까지 싸워주기 바란다"라는, 정말 듣는 사람들로 하여금 경악을 금치 못하게 하는 발언까지 있었다. 하지만 이 말이 사실임을 부정할 수도 없는 안타까움이 전 타이완을 몰아쳤다.

그 후 타이완 정부는 대응 지침을 적극적으로 변경했고 타이완 군은 진먼도에 접근하는 중국군 드론을 발견하면 사격을 가했다.[112] 2022년 8월 30일 중국 드론이 진먼 군도의 일부인 얼단섬Erdan, 二膽 島에 접근했을 때 타이완군은 즉각 발사를 시작했고 드론은 퇴각했다. 중국 드론은 그 후에도 타이완군 기지에 접근했는데 결국 9월 1일 타이완군에 의해 격추되었다.[113]

이 드론 사태는 중국의 공격에 타이완이 얼마나 무력한 상태인지를 보여준다. 그리고 최전방에 나가 있는 병사들이 공격을 받아도 아무것도 할 수 없는 것이 현 상황이라는 것도 타이완 사람들이 뼈저리게 알게 된 사건이기도 하다.

미국의 경우, 제2차 세계대전 이후 무력 또는 억제력을 사용하지 않는 '강제력 미사용 원칙Principle of Nonuse of Force or Coercion, PONFC'과 '자유로운 해양Principle of Freedom of the Seas, POFOS', '또는 항행의 자유Freedom of navigation, FONOP'라는 원칙을 견지해왔다. 미국 시각에서 중국의 해양 활동은 이 두 원칙을 모두 침해하는 위협이다. 미국이 이 항행의 자유 작전으로 남중국해와 타이완 해협 등 민감한 수역을 돌아다니고 있는데 그 기록을 미 해군 웹사이트에서 쉽게 찾아볼 수 있다.

이들 미군 함정이 남중국해를 포함하여 중국을 자극하고 다닌 기록은 하나하나 말하기에는 너무 길다. 2020년 7월 항모 니미츠, 레이건호 훈련, 2021년 4월 항모 루스벨트호 인도-태평양 배치, 2022년 1월 20일 USS 벤폴드Benfold, 2022년 9월 USS 히긴스

Higgins, 2022년 10월 미-캐나다 합동 훈련, 2022년 10월 캐나다, 일본에 이은 호주의 참여 등 끊임없이 중국을 자극하고 있다. 절대로 중국의 바람대로 남중국해가 중국의 내해화되도록 방관하지 않겠다는 뜻이다. 여기에 중국 입장에서는 공포스러운 림팩RIMPAC(환태평양 훈련)과 같은 동맹국과의 대규모 해상 훈련을 지속적으로 벌이고 있다.

중국에게 양안 전쟁은 내전이다

중국 외교부 러위청乐玉成 부부장은 2021년 4월 「AP통신」과의 인터뷰에서 중국은 영원히 타이완의 독립을 허용하지 않을 것이며, 미국은 타이완 카드를 포기해야 한다고 말했다.[114] 또한 국제 사회에서 모든 국가는 평등하므로 특정 국가가 높은 곳에 올라서서 남들을 이리저리 구분하며, 심지어 무뢰한 국가 등의 딱지를 붙여서는 안 된다고 하였다. 결국 미국에게 타이완 문제에서 손을 떼라는 말인데 미국이 순순히 물러날 리가 만무했다.

중국은 언제 타이완을 공격하나

2021년 10월 타이완을 마주 보고 있는 푸젠성 3개의 인민해방군 공군 기지가 확장 및 강화를 위한 작업을 시작했다는 것이 위성을 통해 확인되었다.[115] 10월 2일에 촬영된 롱티엔龙田 공군 기지에서 건설 중인 강화된 격납고 4개를 보여주는 이미지에 따르면 방공 부지, 활주로, 에이프런 및 벙커에 대한 확장 및 업그레이드가 포함되었으며, 모두 빠른 출격을 위해 활주로에 직접 연결되었다.

2022년 9월 러시아 국립 고등경제학연구대학National Research University Higher School of Economics의 바실리 카신Василий Кашин은 중국과 타이완 간의 무력 충돌은 향후 2~3년 내에 발생할 가능성이 매우 크고, 드론 사고는 더 빠르게 확대될 수 있다고 말했다. 그는 드론은 인명 손실 없이 상대방의 방공망을 탐색할 수 있어 이상적이라며, 이런 드론의 활동은 무력 충돌의 에스컬레이션이 훨씬 더 빨리 일어날 수 있게 한다고 말했다.[116]

쑤즈윈은 양안 전쟁의 시간표는 고정된 것이 아니라고 강조했다. 과거에는 2020년과 2021년에 주로 타이완 외곽 섬들이 공격받을 수 있다고 보고되었으나 나중에는 양안 전쟁 시점은 2027년이라고 변경되었고 지금은 또 2023년이라고 한다는 것이다.

타이완 국방부는 민진당의 차이잉원이 재선된 이후 중국군이 타이완 무력 통일을 상정한 군사 압력을 한층 강화해왔다고 분석하며 강한 경계감을 표명해왔다.[117] 이는 입법원에 제출한 2021년 중국군의 군사력에 관한 보고서에 명시되어 있다. 타이완으로서는 언제가 될지 모르는 중국의 공격에 지금부터 대비하고 있는 수밖에 다른 선택이 없다.

2022년 설

타이완 매체인 「신토우커新頭殻, 영문명 Newtalk」는 입수한 러시아 연방보안국의 내부 문서를 인용하여 러시아 분석가에 따르면 중국이

2022년 가을 타이완을 완전히 합병하는 것을 고려했다고 보도했다. 이 내부 보고에 의하면 시진핑은 연임에 성공하려면 승리가 필요했기 때문에 타이완에 대한 전면적인 공격을 고려했다. 하지만 러시아의 우크라이나에 대한 침략 때문에 시진핑은 타이완을 공격할 기회가 사라졌음을 깨달았다는 것이다.[118]

2023년 설

주미 중국 대사관의 징콴井泉 공사는 미 국무부 고위 관리인 수잔 손튼Susan Thornton과의 인터뷰에서 중국 정부가 타이완을 통일할 시간적 여유가 없다고 말했다. 그러나 미국 해군 작전 책임자인 마이클 길데이Michael Gilday 제독은 아틀랜틱 카운슬Atlantic Council이 주최한 토론에서 중국 공산당이 지난 20년 동안 항상 예정했던 일정보다 앞당겨 목표를 달성했다면서 2027년을 이야기하지만, 잠재적으로 2022년이나 2023년이 될 수 있다고 말했다.[119] 필자도 2027년이 가장 가능성이 큰 시점으로 보고 있다. 하지만 현 상황의 전개는 그 시기가 앞당겨질 수 있으며 어쩌면 우리가 생각하는 것보다 훨씬 앞당겨질 수도 있다고 생각한다.

2024년 설

타이완 국가안보국장 천밍퉁陈明通은 의회 답변에서 차이잉원 임기 내에는 중국이 타이완을 공격하지 않을 것이라고 말했다.[120] 다음 타이완 총통 선거는 2024년 1월이므로 적어도 2023년까지는 공격하지 않을 것이라는 뜻으로 해석된다. 당시 천밍퉁은 중국의 제20차 중국 공산당 전국대표회의와 관련해서 일부 정보를 입수했음을 암시했다. 그러므로 2023년 이후 가장 빠른 시간을 상정한다면 2024년이 될 것이다.

샘휴스톤 주립대학 웡뤼중 교수는 타이완 해협에서 가장 위험한 시기는 2024년 3월부터 11월까지, 즉 타이완 총통 선거 이후와 미국 선거 이전이 될 수 있다고 예상한다.

2025년 설

타이완 국방부 장관은 중국이 2025년부터 타이완을 전면 공격할 수 있을 것이라고 말했다.[121] 타이완 국방부는 2025년 중국군이 무력통일을 위해 타이완을 공격할 것이라고 판단하고 타이완군에 대한 대응책을 제안했다.[122]

2026년 설

필자는 2027년 설을 주장해왔는데 최근에는 더 빨라질 수도 있다고 본다. 2024년 정도부터는 시진핑이 기회라고 판단한 순간 언제라도 양안 전쟁이 발발할 수 있을 것으로 본다. 2025~2026년에도 양안 전쟁이 발생할 수 있는 시기로 추정할 수 있겠다. 이는 마이클 길데이가 '우리가 2027년을 이야기하고 있지만 중국은 언제나 목표를 앞당겨 달성해왔다는 것을 주의하라'고 지적한 것과 같은 맥락이다.[123]

2027년 설

CNN 기자 아나 카브레라Ana Cabrera는 2022년 9월 자신의 트위터를 통해 시진핑 중국이 2027년까지 타이완에 대한 군사적 통제를 확립하고 싶다고 중국군에 말했다고 전했다. 그러나 카브레라는 현재 미국 정보부가 중국이 적절한 결정을 내렸는지 확신하지 못한다고 말했다.[124]

2021년 3월 당시 미국 인도-태평양 사령부 필립 데이비슨 사령관은 상원에서의 질의에서 인민해방군이 6년 내에 타이완을 공격할 가능성이 있다고 발언했다.[125] 그는 당시 "사태는 더욱 절박하고, 수년 내에 일어날 가능성도 있다"고 말했다. 릭 스코트Rick Lynn Scott 공화당 상원의원은 '미군은 중국의 타이완 공격을 필히 방어하는 데 동의하는가'라는 질문에 '인도-태평양 작전 지휘관으로서 타이완 관계법을 지지할 의무가 있다'고 답했다. 또 인도-태평양 사령부가 타이완군의 한광漢光 훈련에 협조하고, 타이완 국방·훈련 활동에 대해 옵서버를 파견하겠다는 입장을 처음으로 밝혔다. 그가 말한 6년 이내는 2027년 내이다.

데이비드 코헨David Cohen CIA 부국장은 시진핑이 군에 2027년까지 타이완을 무력으로 통일할 수 있는 능력을 갖추라고 지시했다고 아나 카브레라의 트위터 내용을 확인해주었다.[126] 그러나 CIA는 중국이 무력으로 통일할지 여부를 결정했다고는 아직 믿지 않는다는 입장이다. 전술한 번스 국장도 2027년을 지적한 바 있다.

미 국방부가 2022년 11월 초에 발표한 보고서에 따르면 2027년 '군 창건 100주년'을 맞아 인민해방군이 '통일을 위해 무력을 사용할 것'이라고 밝힌 바 있다.

타이완의 우자오시에吳釗燮 외교부장 또한 2027년 중국이 타이완을 공격할 수 있음을 우려했다. 필자도 이에 동의한다. 현재로서는 2027년이 가장 유력한 시기이다.

타이완은 어떻게 전쟁을 준비하고 있는가

타이완은 기본적으로 아무도 믿을 수 없다. 전 세계 국가가 그들과의 외교 관계를 끊었고, 중국의 압박 속에 어떤 국가도 타이완을 군사적으로 지원하지 않았다. 최근 들어 중국과 서방 간의 갈등이 증폭되면서 타이완을 지원하겠다는 움직임을 보이지만 그 또한 언제 변할지 알 수 없는 일이다. 그래서 타이완은 기본적으로 자력갱생, 자주국방을 하는 수밖에 없다.

물론 그렇다고 해서 타이완이 자주국방이 가능한 상태라는 말은 아니다. 오히려 자주국방과는 매우 멀다. 하지만 그들을 탓할 수 없다. 세상 그 어떤 나라가 중국의 무력 공격 압박을 혼자만의 힘으로 물리칠 수 있겠는가. 타이완은 타국의 협력과 지원을 뿌리칠 이유도 없거니와 매우 아쉬운 상태이다. 그리고 현재 전 세계에서 중국에 대항해서 타이완을 보호해줄 수 있는 힘과 의지를 가진 나라는 미국 하나뿐이다.

미국 해군전쟁대학Naval War College의 앤드류 에릭슨Andrew Erickson 교수는 인민해방군 해군의 실력은 아직 충분하지 않다고 본다. 그는 저서 『중국의 해군 건설Chinese Naval Shipbuilding』에서 중국은 아직 병력 운송 능력과 공습 방어 능력이 충분치 않다고 지적했다. 『오늘의 중국군The Chinese Army Today』의 저자인 데니스 블라스코Dennis Blasko는 인민해방군 육군의 경우에도 아직 준비가 충분하지 않다고 평가한다. 인민해방군의 상륙이 현실성을 가지려면 더 많은 헬리콥터, 낙하산병, 특전병, 수륙양용 기갑부대, 그리고 해병이 있어야 한다는 것이다. 그리고 보다 많은 수의 하사관이 있어야 하며, 전체 병력이 일사불란한 작전 수행이 가능하도록 명령 및 통제 체계가 잘 훈련되어야 한다고 보았다. 킹스 컬리지 런던Kings College London의 로렌 딕키Lauren Dickey는 타이완이 수년에 걸쳐 인민해방군의 공격을 격퇴할 수 있는 능력을 연마해왔다고 지적하고 있다.

미국의 입장에서 이론적으로 상정 가능한 선택지는 다음과 같다고 볼 수 있다.

1. 군사적인 개입은 하지 않고 타이완에 물자와 무기 등을 공급하는 간접적 지원을 하는 방식
2. 전쟁이 일어날 경우 군사력을 동원하여 개입하는 방식
3. 전쟁을 예방하기 위하여 주기적으로 타이완에 군사력을 파견하는 등 순찰하는 방식
4. 타이완에 미군을 잠시 또는 영구히 주둔하는 방식
5. 타이완 국군을 강화하는 방식

간접적 지원 방식은 지금까지 장기간 미국이 취해온 입장이다.

하지만 미중 간의 긴장이 높아지면서 이 간접적 지원의 내용이나 수준에 대한 의문도 일어나고 있으며, 간접적 지원 방식의 유효성에 대한 논의도 일어나고 있다.

트럼프 정부에서 USTR(미국무역대표부) 대사를 지낸 피터 나바로 Peter Navarro는 타이완 방문 시 타이완으로부터 수차례 받은 요청이라고 하면서 "타이완은 미국의 C4ISR 시스템에 통합되기를 원한다"고 했다. 그렇게 되면 타이완이 운영하고 있는 중국 대륙 내부까지 탐색 가능한 레이더 망, 그리고 중거리 미사일 시스템 등이 미국 및 동맹국들로부터 제공받을 수 있다. 물론 그렇게 되면 미국이 한국에 사드를 배치했을 때 중국의 반응에 비추어 훨씬 더 큰 파장이 올 것임을 생각해야 한다.

이러한 움직임들은 미국이 이미 1의 간접 지원으로는 충분하지 않다고 느낀다는 점을 의미한다. 그리고 2의 전쟁 발발 시 개입은 이미 기정 사실화되어 있다. 문제는 중국이 타이완을 침공해서 타이완이 견딜 수 있는 시간이 어느 정도인지이다. 미국과 타이완 간의 묵계는 '2주일'인 것으로 알려져 있다. 즉 중국으로부터의 군사 공격을 타이완이 버텨내고 있으면 미국이 병력을 구성하여 파견하는 데까지 2주일이 소요된다는 의미이다.

이에 대해 중국은 타이완 점령에는 1주일도 걸리지 않는다고 호언 장담하고 있다. 필자가 만났던 인민해방군 퇴역 장교는 인민해방군은 모두 타이완의 한 구역을 점령 대상으로 선정해놓고 있으며, 한 달에 한 번 인공위성 사진 및 기타 정보들을 업데이트받아 해당 구역의 전술 계획을 수정하고 있다고 했다. 그는 지금은 아마 일주

이미 시작된 전쟁

일이나 수일 단위로 계획을 수정하고 있을 것이라고 덧붙였다. 다시 말해 인민해방군은 언제든 타이완을 공격하여 자기가 맡은 지역에서 어떤 작전을 벌일지 준비되어 있다는 뜻이다.

중국이 조기 타이완 함락을 군사 전략으로 채택하고 장기전을 도모하면 미국은 개입이 어렵다. 그렇다고 타이완 외의 지역 국가에 중국을 견제할 군병력을 추가 배치하는 것도 어렵다. 현재 중국에 가장 가까운 미군은 주한미군이며, 타이완에 가장 가까운 미군은 오키나와의 주일미군이다. 만일 해방군이 장담하는 것처럼 1~3일 내에 타이완 상륙 및 점령이 가능하다면 미국이 군사적으로 개입할 시간이 없다. 그렇다. 2주일은 너무 길다. 그래서 미중 간의 긴장이 고조되면 즉시 3의 타이완 해역에 군함을 보내는 행동을 취하고 있는 것으로 생각된다.

하지만 지금과 같이 한두 척을 보내는 것은 상징적이고 정치적인 의미를 줄 수는 있겠지만 만일 중국이 대규모 타이완 공격을 감행할 경우 인민해방군의 군사력을 물리적으로 저지하는 데에는 역부족일 것이 당연하다. 그러므로 미국은 다시 4의 미군의 타이완 주둔을 고려할 수 있다. 그러나 미군의 주둔은 그대로 미중 전쟁을 선전포고하는 행위로 여겨질 수 있다. 그래서 타이완의 옌더파严德发 국방부장이 미국이 원한다면 타이핑다오太平岛의 접근을 제공하겠다는 제의에도 미국의 존 리처드슨John Richardson 제독은 당시 선뜻 받아들이지 못했던 것이다.

결국 미국은 5의 타이완 자주국방 능력을 향상하는 방법을 실행 중이다. 물론 미국의 속내와 계산은 복잡하다. 먼저 미 국방부는 타이완이 방어에 전념하기를 원하지만 타이완은 최선의 방어를 위해서는 미사일 등을 동원한 본토 타격 능력을 갖추어야 한다는 판단을 하고 있는 점을 들 수 있다. 또 타이완은 수차례 남미에 있는 협력 국가 방문을 위해 진주만에서 기항하고 보급할 수 있기를 희망했지만 미국은 모두 거절하고 있다. 2001년에는 미국이 타이완에게 잠수함을 판매하겠다는 약속을 지키지 않은 일도 있다.

이러한 미국과 타이완의 움직임에 중국은 어떻게 대처할 수 있을까? 그동안 중국에서는 '封, 打, 登 전략(봉쇄, 공격, 상륙으로 이어지는 군사 작전 개념)' 운운하며 타이완의 점령은 마치 누워서 떡 먹기라는 식의 여론이 많았는데, 필자가 보기에 이런 시각은 비전문적인 호언장담에 불과하다.

중국의 인터넷상에도 상당수 대타이완 전략을 논의하는 글들이 많이 돌아다니는데 이 중에는 나름 깊이가 있는 것도 있다. 그중 하나를 소개하자면 타이완의 통합 전략으로 타이완을 내륙으로 끌어들여 통일을 도모한다는 전략이 있다. 타이완의 국민당과 같이 아이덴티티를 중국인으로 생각하는 정당과 협력하여 광동, 푸지엔 등 남부 소수의 성을 개방하여 양당제 내지는 다당제를 도입하여 운영한다는 생각이다. 결과적으로 일정 부분 정협, 인민대표, 지방 정부의 포스트 등을 국민당 인사들이 장악해나가면 이들은 점진적으로 대륙의 정치 체계 안으로 들어오게 되고 정치적 수혜를 받게 된다. 이를 통해 많은 타이완 사람이 중국인으로서 의식이 동화되어나갈 것이고 상당 시간이 경과하면 결국 중국에 흡수될 것이라는 생각이다.

하지만 양당제, 다당제는 필연적으로 선거를 통한 민주주의를 도입하게 되는데 그 결과는 중국의 타이완 흡수가 아니라 타이완의 중국 흡수가 될 가능성도 있다고 필자는 본다. 그렇기 때문에 중국 공산당이 이런 방책을 진지하게 받아들일 가능성은 작을 것이다. 그러나 2023년 2월 시진핑이 왕후닝王沪宁 중국 공산당 중앙정치국 상무위원에게 일국양제가 타이완 국민들의 호응을 받지 못하고 있으니 새로운 정책을 개발하라는 지시를 했다는 소문이 있다. 이는 무력 통일을 포기한다는 것이 아니라 무력 행위 이전, 그리고 이후에도 타이완 인민들의 마음을 사야 하기 때문인 것으로 보인다. 이러한 맥락에서는 앞에서 말한 부분 지역의 다당제 도입이 전술적으로 가능할 수는 있겠다.

2022년 5월 미국의 전·현직 관리들은 중국에 대응하여 바이든 행정부는 중국의 잠재적 공격을 저지하기 위해 인도-태평양 지역에 더 강력한 미군 주둔을 계획하고 타이완의 방위 시스템을 재편하려는 노력을 가속화했다고 말했다. 그들의 목표는 타이완을 고슴도치로 만드는 것이라고 한다. 미국 정부는 파병을 자제하더라도 무기의 치사율을 높이기 위한 정보를 제공할 수 있다. 즉 이번 우크라이나 전쟁에서 보듯이 미국이 적의 위치, 동선, 동태 및 무기 판별 등을 제공하거나 발사된 미사일의 유도에 미국의 위성이나 드론을 사용하는 등의 방식이 고려될 것이다.

일부 분석가들은 이러한 행동이 오히려 시진핑이 타이완에 대한 공격을 명령하도록 만들 위험이 있다고 말한다. 미국의 독일 마셜펀드의 보니 S. 글레이저는 중국을 억누르는 요인과 자극하는 요인에 대한 충분한 이해 없이 이런 식으로 추진하는 것은 위험하다고 지적

하고 있다.[127]

타이완의 무장 현황

타이완에게 가장 시급한 것은 당장 군의 방어 태세를 갖추는 것이다. 그간 타이완은 중국의 개입으로 인해 서방으로부터의 무기 구매를 제대로 할 수 없었다. 그 결과 무기의 양과 질의 수준이 인민해방군과 비교조차 할 수 없는 정도로 열세에 있다. 보유하고 있는 무기도 상당 비중이 매우 노후화된 상태이다.

중국와 타이완을 가르는 타이완 해협은 이제 군사 충돌의 가능성이 가장 높아지고 있는 지역으로 주목되고 있다. 양안 간의 군사적 역량의 차이를 확인해보면 세계 각국의 군사지수를 평가하는 글로벌 파이어파워Global Firepower는 2021년 6월 3일 현재 중국의 군사력 지수를 0.0854로 140개국 중 3위로, 타이완의 경우 0.4154로 140개국 중 22위로 평가하고 있다.[128] 이렇게 양안의 군사력 차이는 명백한 것이어서 타이완이 중국의 군사적 침공이 있을 시 방어 가능한가, 또는 얼마나 버틸 수 있는가, 미국 및 기타 국가가 타이완의 방어를 지원할 것인가 등이 주 이슈로 거론되고 있다.

2022년 중국의 국방 예산은 약 2,319억 달러, 타이완은 약 131억 달러로 17.7배 차이가 난다. 전략 핵무력은 타이완의 경우 전무하다. 인민해방군의 정규군은 타이완의 12배다. 해군은 중국이 타이완의 5배 이상이며, 잠수함의 경우 중국은 재래식 잠수함이 56척인 반면 타이완은 4척에 불과해 격차가 크다. 중국의 대형 및 중형 수상함은 타이완의 3.7배, 잠수함은 타이완의 16배 이상이다. 양측 공군의 격차도 뚜렷하다. 중국은 타이완의 4배가 넘는 1,600대의 공대공 항공기를 보유하고 있다. 동부 전구와 남부 전구의 항공기만 해도 타이완의 1.7배 이상이다. 중국은 또한 동부 및 남부 전구의 250대를 포함하여 450대의 폭격기와 공격기를 보유하고 있으며, 타이완에는 전략 공습 부대는 존재하지도 않는다.

중국의 공격 탐지를 위한 타이완의 PAVE PAWS 레이더[129]는 러산樂山기지에 설치되어 있는데 원래 해상에서 발사되는 핵 미사일을 발견하기 위하여 만들어진 레이더이며 탐지 거리는 3,000km에서 최대 5,000km이다. 중국 서북부까지 모두 탐지가 가능하다. 이 레이더는 고속으로 움직이는 대륙 간 탄도탄의 요격용으로 사용은 불가능하지만 대규모 공군이나 해군의 움직임은 탐지할 수 있다고 한다. 그러나 2022년 발리섬에서 미중 정상 회담이 열렸을 때 미중 양측이 전자전을 벌이자 타이완의 레이더 등 장비들이 모두 불통되었다고 한다. 이 레이더는 그간 수차례에 걸친 업그레이드를 해왔다고 하는데 이 모양이니 사실상 이런 레이더는 전자전에서는 속수무책인 상태로 봐야 할 것 같다.

그렇다고 타이완이 군사적으로 약체일 것이라고 단정할 수도 없다. 해협 양안의 군사력 차이가 타이완이 무방비 상태라는 의미는 아니라는 것이다. 타이완의 전 참모장 리시밍李喜明 장군은 우크라이나 전쟁을 언급하면서 타이완이 지나치게 비관적이고 절망적일 필요는 없다고 지적했다.[130] 대량의 러시아군 탱크와 전투기가 우크라이나의 재블린 같은 경량화기로 반격을 받아 막대한 손실을 입는 것이야 말로 비대칭 전투의 전형이라는 것이다. 양안 양쪽 모두를 오랜 기간 접해온 필자는 리시밍의 이 말에 동의하지 않을 수 없다. 전쟁은 결코 숫자로 결정되는 물량의 게임이 아니다. 마오쩌둥과 중국 공산당 자신들부터 물량전에서 밀렸지만 게릴라전으로 승리하지 않았는가?

하지만 타이완의 방어 의지에 대한 의구심을 표하는 사람들도 있다. 비대칭전은 약하거나 기술력이 떨어지는 상황에서 적들이 예상치 못한 수단과 혁신적인 전술을 사용하여 더 강한 적의 취약한 영역을 공격하는 것을 의미한다. 그리고 미국의 비대칭 '전략'과 타이완의 비대칭 '전술'은 다르다. 미국의 비대칭 전략은 중국이 타이완을 공격할 경우 타이완이 중국 본토에 대해 장거리 미사일 등 비대칭 무기를 사용하여 본토 깊숙이 보복 타격을 해야 한다는 것이다. 타이완의 비대칭 전술은 비대칭 무기를 사용하여 타이완을 공격해오는 중국 무력에 대항하는 것으로 중국 본토를 공격 대상으로 삼지는 않는다.

그래서 마이클 헌제커Michael Hunzeker는 2021년 12월 타이완이 비대칭 방어 전략을 보류했다고 주장했다.[131] 중국이 공격해오면 미국은 병력을 소집하고 개입할 때까지 타이완이 충분히 오래 버틸 것을 기대하고 있는데 타이완이 비대칭 방어 전략을 포기했다는 것이다. 타이완이 자력 안보를 진지하게 노력하기보다는 미군의 희생에 무임승차하기를 원한다는 것이다. 엘브리지 콜비Elbridge Colby 같은 일부 분석가들[132]은 타이완이 이런 식으로 미국의 요구를 충족하지 않는다면 미국은 타이완을 포기해야 한다고 주장한다. 이런 주장들은 타이완이 2017년 전체 방어 개념으로 비대칭 방어 전술 추진을 시사하면서 비롯된 것이다.

이미 시작된 전쟁

이에 대해 레이몬드 쿠오Raymond Kuo는 미국의 소위 전략적 모호성이 타이완으로 하여금 자국 병력 손실을 최소화하고 미군의 개입 가능성을 최대화하는 방향으로 전략을 수립하게 하였다고 지적한다. 즉 미국이 개입할지 알 수 없기 때문에 타이완은 승산 없이 중국 본토 등을 적극적으로 공격하는 방식은 채택할 수 없으며, 방어에 집중하여 인명과 재산의 손실을 최소화하는 방식을 채택하게 되었다는 것이다. 그렇기에 그는 미국의 대타이완 전략을 명확하게 해야만 타이완이 비대칭 전략으로 전환할 것이라고 말했다. 이 문제가 해결될 때까지 타이완은 항상 미국과 함께 싸울 수 있는 최선의 방법을 찾기보다는 미국이 개입할 것인가라는 문제에 집중할 것으로 보는 것이다. 필자 또한 레이몬드 쿠오의 이 시각에 동의한다. 이제껏 타이완의 방위력 향상 노력을 방치했던 서방이 이제 와서 중국의 위협이 현실화되자 타이완이 충분히 싸울 의지가 없다고 비난하는 것은 말도 안 된다. 타이완은 충분히 전쟁에 진지하게 임하고 있다고 본다.

미국 정부는 중국의 침략에 맞서 타이완이 생존할 수 있는 최선의 기회는 비대칭 방어라는 고슴도치 전략에 있다고 믿고 있다. 타이완이 대함 미사일, 대전차 무기, 대공 방어 무기로 가득 차야 생존과 소모전의 장기화가 가능할 것이다. 그리고 이렇게 하면 중국의 침공을 완전히 막아내지는 못하더라도 심각하게 저하시켜 중국이 승리하기 전에 미국이 개입할 시간을 벌 수 있다는 것이다. 그러나 비대칭 전략은 어디까지나 미국이 개입한다는 전제하에 성립하는 전략이다. 미국이 개입하지 않는 경우를 생각하면 타이완은 자국의 손실을 최소화하면서 버텨내는 전략을 세울 수밖에 없다. 그러려면 쿠오의 표현대로 '상대적으로 소수인 고가의 하이테크 역량'에 유혹받을 수밖에 없는 것이다. 하지만 중국과의 절대적인 전력 차이는 타이완이 방어에 성공할 가능성을 희박하게 만든다.

타이완이 비대칭 전략을 포기했다는 지적은 2017년 타이완이 발표한 ODCOverall Defense Concept에 근거한 것이다.[133] ODC의 세 가지 원칙은 전력 보존, 재래식 전력, 그리고 비대칭 전력이다. 타이완은 인민해방군이 미사일, 공습, 사이버 작전을 수행해올 때 스스로를 방어하고 반격할 수 있는 전력을 보존해야 한다. 전력 보존에는 이동성, 위장, 은폐, 기만, 전자 교란, 예비 전력, 신속한 수리 및 폭발 완화 조치가 포함된다. 즉 미국의 비대칭 전략은 중국에 반격하여 본토를 공격한다는 발상임에 비해, 타이완의 ODC는 반격이 아닌 수비에 집중한다는 의미인 것이다.

타이완의 ODC 정책하에서 타이완은 최근 조달한 66대의 F16 전투기나 108대의 탱크 등 재래식 전력이 어느 정도 보충되었기 때문에 화려하지 않지만 전시에 필수적인 비대칭 전력[134]을 확보한다는 생각이다. 첨단 무인 항공기UAV, 해안 방어 시스템, 단거리 정밀 유도탄 및 이동식 해안 방어 순항 미사일, 타이완 곳곳의 어항에 숨겨놓은 200개가 넘는 스텔스 고속 공격 선박과 소형 미사일 공격 보트, 기뢰와 수뢰의 부설 등은 소리 소문 없이 인민해방군의 공격에 큰 타격을 준다는 것이다. 또한 예비군들이 이동성, 분권화 및 생존 가능성을 원칙으로 분권하여 각 지역 방어에 투입될 것이다.

타이완 ODC의 문제는 승리하는 방법이기보다는 피해를 최소화하는 방법이고, 미국의 개입 없이는 승리할 가능성이 크지 않다는 것이다. 결국 타이완은 2021년 4분기 국방 검토와 중화민국 110년 국방 보고서에서 이 계획을 확고히 보류했다. **결국 타이완의 생존은 미국의 참전 여부에 달리게 된 것이다.**

이러한 타이완의 비대칭 전략에 대하여 사람들은 고슴도치 전략, 독개구리 전략 등의 말로 표현하고 있는데 정식 명칭은 아니다. 타이완의 군사 전략은 '확고한 방어, 다층의 억제력'이라 부르며 그 목적은 3군의 합동 전력을 발휘하고, 전 국민의 힘을 모아 적의 공격적인 행동을 물리치고 국토 안보를 지키는 것이다. 군사 측면에서의 중점은 소규모, 대규모, 지능형, 은밀하고 기동성이 있으며 대응하기 어려운 비대칭 전투력을 구축하고 혁신적인 전술을 개발하는 것이다. 적의 우위를 피하고, 적의 약점을 공격하거나 이용하며, 적의 전투 중심을 교란하는 비대칭 작전이 강조되고 있다. 동시에 적의 핵심을 공격하여 전쟁 계획을 차단하고 맥을 끊어 전투 능력을 마비시키고 비대칭 전투의 특성을 최대한 발휘하여 적이 신속하게 전투를 끝내고 후퇴할 수 없게 하는 것이다.

육상 무력

타이완은 중국에 대항하여 1950년대에는 군인 60만 명, 1990년대에도 40만 명을 징병제로 유지했었다.[135] 2000년 이후 단계적으로 모병제를 도입해 2018년 12월부터 모병제를 실시하고 있다. 직업 군인이 아닌 일반 남성은 4개월간 군사 훈련을 수료하고 예비군이 된다. 2013년 병력 모집 2만 8,000명을 목표로 했지만 지원자는

8,000명에 그쳤고, 2014년 병사 급여를 평균 성인 소득 이상으로 올린 뒤에야 1만 5,000명을 모집할 수 있었다. 중국의 인민해방군 병력 규모가 200만 명 이상인데 비해 타이완의 병력은 17만 명 정도에 불과하다. 결국 타이완 총통부는 2022년 12월 군 복무 기간을 1년으로 연장한다고 발표했다.[136]

그러나 현대전은 병력의 숫자만 가지고 결정되지 않는다. 그보다는 무기 체제, 훈련, 보급, 그리고 무엇보다도 전쟁 지휘 통제 체계, 군인과 국민들의 사기에 의해서 결정된다. 우크라이나 전쟁이 바로 그 좋은 예가 될 것이다. 중국 인민해방군도 본토를 비우고 모든 병력이 동원될 수는 없다. 그리고 인민해방군 내에 진정한 전투 인력의 비율도 높지 않다. 시진핑의 부인 펑리웬彭丽媛도 인민해방군 장성이다. 군 소속으로 노래하고 춤추는 이 인력들을 전투 병력 수에 포함시킬 수는 없지 않겠는가?

그리고 타이완의 동원 체계에 의하면 전쟁 발생 시 예비군을 동원할 것이고 이때 대상 인력은 100만 명에 달한다. 이들 시민들은 타이완의 절대적 약세를 잘 이해하고 있기에 전쟁에서 도피하면 모를까 일단 전쟁터로 나가 자신의 집과 마을을 지킨다면 끝까지 저항할 가능성이 크다. 그리고 이 좁은 섬나라 어디에 도망갈 곳이 있겠는가?

서방 다른 나라와 마찬가지로 미국 또한 타이완에는 무기를 공급하지 않았다. 미국의 경우에도 한국의 제공호처럼 명분상 타이완이 독자 개발한 전투기인 경국호经国号의 개발을 돕는 형식으로 우회적인 방법을 사용했다.

타이완의 포병 무기 체계는 제2차 세계대전 때부터 사용되던 구식 무기 이후 타이완 자체 개발 공펑工蜂 다연장포 등이 있으며 사정 거리는 대체로 15km에서 30km에 이르고 일부는 45km에 달하는 것도 있다고 한다. 여기에 바이든이 2021년 8월 취임 이후 타이완에 처음 무기를 판매했다. M109A6 팔라딘Paladin 자주포 40기의 타이완 판매를 승인한 것이다.[137] 이 팔라딘 자주포의 타이완 배치는 단순한 무기 공급의 의미를 넘어 미군의 대중국 전략 배치와 관계가 있다.

타이완이 미국에서 도입하는 무기로 우크라이나에서 활약하여 유명해진 HIMARS도 있다. 타이완 국방부는 2021년 6월 17일 미국으로부터 96억 달러 규모의 장거리 정밀 사격 시스템 HIMARS M142 다중 발사 로켓 시스템 시마스터Seamaster 구매 계약을 체결했다고 밝혔다. 씨마스터 로켓은 42~300km 범위의 유도 탄두 또는 무유도 탄두를 탑재할 수 있으며, 타이완 서해안과 중국 본토 남동해안까지로 공격 범위를 갖출 것으로 예상된다. 하지만 2027년이 되어야 인도될 예정이다. 린잉유林穎佑 교수는 타이완에서 구입한 무기의 관건은 미국의 군사 정보 통제 시스템과 연동되는지 여부라고 분석했다.[138] 앞서의 팔라딘과 같이 미국의 방어 체계에 통합될 수 있는지를 지적한 것이다.

타이완은 제3세대 전차인 M1A2 에이브러햄 탱크 108대를 미국에 주문해놓고 있다. 그리고 1,560만 달러를 들여 구 장비인 M60A3 탱크 460대의 업그레이드도 주문한 상태다.[139] 원래 2024년 38대, 2025년 42대, 2026년 26대라는 일정이었다. 하지만 주문한 지 1년 후인 2022년 7월에야 에이브러햄 탱크 두 대를 처음 인도받을 정도로 미국의 공급 능력은 문제를 보였다. 그리고 2024년 인도는 이루어지지 못할 것이라고 한다. 게다가 미국이 전쟁 중인 우크라이나에 에이브러햄 탱크를 먼저 공급하기로 했다. 그러면 2025년에 에이브러햄 탱크가 타이완에 도착할 수 있을지 분명하지 않고, 그나마 몇 대나 도착할 수 있을지도 알 수 없는 상태다.

타이완의 목숨이 걸린 국산 미사일

타이완이 가장 피땀 흘려 개발한 것이 바로 미사일이다. 미사일은 세계 각국으로부터 아무런 도움을 받을 수 없었던 타이완이 중국 대륙에 대한 반격 수단으로서 유일한 것이었고, 타이완이 가지고 있었던 기존 기술 기반으로도 개발할 수 있는 것이었다. 때문에 전략적으로 선택된 무기이다. 바로 타이완이 선택할 수밖에 없었던 '비대칭 무기'이다.

그러나 말이 쉽지 타이완이 수십 년간 온전히 자기만의 노력으로 피눈물 나게 노력해온 결과이고, 결코 순조롭게 개발할 수 있었던 것은 아니었다. 나라를 구하기 위하여 미사일 개발에 인생을 바친 많은 과학자와 공학자가 있었고 그들 대부분은 높은 연봉과 평화로운 삶을 희생했다. 그중에서는 자신이 맡은 미사일 프로젝트를 수많은 밤을 새워가며 완성하고 나서 과로로 숨진 사람도 있었다. 이 연구원의 묘비가 타이완의 중산과학연구원 마당에 세워져 있다. 그야말로 바라보는 사람의 마음을 처연하게 하는 광경이 아닐 수 없다.

현재 타이완군은 사거리 각각 600㎞, 1,200㎞인 슝펑雄風-2E 크루즈 미사일과 슝펑-2E 개량형 크루즈 미사일을 자체 개발하여 보유하고 있다. 슝펑-2E 개량형 크루즈 미사일은 중국 상하이上海, 광둥广东, 저장浙江 등 중국 대륙의 경제 중심지를 모두 타격할 수 있다. 또 저장성 동부 저우산舟山의 원자력발전소와 원유 비축기지, 고속철도 등 전략적 목표물도 사거리 안이다.

중산연구원이 개발한 사거리 2,000㎞의 윈펑雲峰 크루즈 미사일은 중국의 수도 베이징까지 타격할 수 있다. 고압분사 엔진으로 마하3 속도로 비행해 목표를 타격한다. 중국과 가까운 타이완의 지리적 특성상 중거리 미사일로도 중국의 전략적 급소를 충분히 타격할 수 있다.[140] 공자정Gong Chia Cheng, 龔家政은 윈펑이 고고도 미사일이며 목표물에 수직으로 내려 꽂혀 관통력이 높다고 했다. 그는 또 슝펑-2E는 두 모델이 있는데 각각 사거리가 500km와 1,000km로 상하이와 베이징을 공격할 수 있다고 밝혔다.[141]

실제로 가장 중요한 사실은 타이완이 독자적으로 미사일을 오랜 기간 개발해왔다는 것이다. 이제 타이완은 장거리 미사일의 양산에 들어가며 방어력을 강화하고 있다. 이에 더해 2021년 3월 국립 중산과학기술연구원의 렁진주冷金緖 부원장이 신형 미사일 3종을 개발 중에 있다고 말했다.[142]

때를 놓치지 않고 타이완은 2021년 4월경부터 미국으로부터 장거리 크루즈 미사일의 도입을 추진 중이다.[143] 타이완 국방부의 전략기획사 국장인 리스창李世强 중장은 록히드 마틴Lockheed Martin의 AGM-158의 도입을 추진 중이라고 밝혔다. AGM-158 JASSM 공대지 미사일은 모델에 따라 거의 1,000km의 사거리를 가질 수 있으며, 타이완이 운용하는 F-16을 포함한 항공기에 탑재할 수 있다. CSIS의 워게임도 이 JASSM 미사일이 대함 공격 능력이 있는지 여부가 전쟁의 판도에 매우 큰 영향을 줄 것이라고 지적하고 있다. 중국의 방어 및 반격 거리 바깥에서 공격할 수 있기 때문이다.

타이완의 대공 방어 체계는 고도에 따라 미사일을 개별 운용하고 있는데, 고고도에서는 톈궁-3, 중고도에서는 호크鷹式 미사일, 야전 저고도에서는 FIM-92 스팅어 미사일로 대응하고 있다. 타이완의 대공 미사일 장비들을 보면 구식 사이드 와인더를 지대공으로 개조하거나 견착식으로 개발된 스팅어 미사일을 지지대나 차량에 올려 놓는 정도이다. 또한 레이드 버전의 지대공 미사일을 구매할 계획이라고 발표했다.[144] 패트리어트 3PAC-3, Patriot Advanced Capability-3 미사일의 구매는 2019년 트럼프 행정부에서 계약된 것인데 2025년부터 인도되기 시작하여 2026년부터 배치될 예정이라고 한다(이 또한 우크라이나 우선 지원에 의해 언제 도착할지 알 수 없다). 여기에는 GEMGuidance Enhanced Missile 및 패트리어트 3과 같은 기존 미사일에 대한 지원과 비축된 무기의 신뢰성 테스트도 포함되었다고 한다. 패트리어트 3은 타이완의 톈궁-3와 함께 고고도 방어를 맡게 된다. 곧바로 미 국무성은 2022년 4월 타이완에 지대공 미사일 '패트리어트'를 운용, 유지하기 위한 9,500만 달러 규모의 기술 지원과 관련 장비 매각을 승인하고 의회에 통보했다.[145] 이로써 방어용 무기에 한정되기는 하나 미국의 대 타이완 무기 판매가 시작된 것이다.

2022년 9월에는 미 국무성이 타이완에 대함 미사일 하푼과 공대공 미사일 사이드 와인더 등 총 약 11억 달러 상당의 매각 승인을 의회에 요청했다.[146] 무기 내역은 공중 발사형 하푼 60발과 사이드 와인더 100발, 감시 레이더 프로그램용 후방 지원 계약이다. 하푼 해안 방어 시스템은 방어용이라 해도 중국의 함대와 항공기를 향한 공격에도 사용될 수 있는 무기들이다. 싱가포르 난양공대 군사학연구소의 벤 호 왕 벵Ben Ho Wang Beng 연구원은 중국의 압도적인 힘에 대항하기 위해 타이완은 비대칭 전력을 구사해야 한다며, 적 함정에 미사일을 발사한 후 재빨리 이동하는 해안 방어용 미사일이 비대칭 전력에 안성맞춤이라고 평했다. CSIS의 워게임에서도 하푼이 전쟁 전에 타이완에 도착할 수 있는지 여부가 전쟁에 큰 영향을 끼친다는 결과가 나왔다.

중국군의 공격 시 타이완군이 공세적 작전으로 할 수 있는 것은 비대칭 전략 무기인 크루즈 미사일로 중국 공군의 항공기지 등 군사 거점을 공격하여 항공기 운용을 방해한다는 예상이 많다. 타이완의 미사일 전력이 우월한 것도 아니어서 그렇게 점잖게 서로 군사 기지 폭격을 교환한다면 땅이 넓고 미사일과 항공 기지도 많은 중국 측이 유리하다. 미국 랜드연구소의 보고서에 따르면 양안 전쟁 시 로켓군이 보유한 1,500발의 단거리 탄도미사일이 타이완 공군 기지들을 공격할 것으로 예상된다. CSIS의 워게임에 따르면 개전 수일 내에 중국은 타이완에 1만 발 이상의 미사일을 퍼붓는다.

육상 항공 전력

타이완 육군은 AH-1W 슈퍼 코브라 61대와 AH-64E 아파치 가디언 29대를 보유 중이다. 헬기의 경우 중국 대륙을 공격할 능력이 없는 방어용 무기로 간주되기 때문에 미국이 상대적으로 용이하게 제공할 수 있었다. 일반적으로 상륙 작전이 가능한 타이완의 지형이 8~12개소인 점을 고려할 때 이들 전투 헬리콥터들은 한 곳에 약 8대 정도가 배정될 수 있다. 대탱크 작전에 투입되어야 할 것이지만 이는 타이완이 제공권을 장악한 상태여야 가능할 것이다.

공군 전력

1990년대까지만 해도 타이완의 공군 전력은 중국의 공군 전력보다 우위에 있었으나 2000년대에는 그 우위를 상실했다. 과거에는 공중전에서 미군이나 주변국의 지원 없이는 타이완 공군이 12~24시간 내로 괴멸하고 제공권을 아예 상실한다는 절망적인 평가도 있었다. 심지어 2~3시간 내로 타이완 공군은 완전 제압될 것이라는 평가도 있었다.

미국은 타이완에 F-35는 물론 F-15 같은 구형기도 제공하지 않고 있었지만 미중 갈등이 고조되면서 미국은 타이완에 무기를 제한적으로 공급하기 시작했다. 타이완이 가장 원한 것은 F-35 스텔스 전투기라고 알려졌는데 미국이 공급을 거절했다고 한다.[147]

실제 중국은 미국의 스텔스 전투기의 동북아 배치에 대하여 매우 신경질적인 반응을 보여왔다. 미군의 F-22 두 대가 한국에 왔을 때 중국은 격렬하게 항의했었다. 당시 중국은 사전에 조율한 대로 F-22 두 대가 온 것이 아니라 네 대가 왔다고 항의했는데, F-22의 최소 작전 편제가 네 대이기 때문이라고 한다. 즉 두 대가 왔을 경우에는 그나마 전투와 같은 작전 목적이 아니라고 인정할 수 있지만

이미 시작된 전쟁

네 대라면 이야기가 달라진다는 것이다. 당시 정말로 한국의 오산 비행장에 도착한 F-22는 네 대였다고 한다. 미 행정부의 명령과는 달리 미 군부는 F-22 네 대를 보낸 것이고, 이를 한국 군부가 눈 감아준 것이다. 미 군부는 중국이 F-22를 탐지해낼 수 있는지 시험해보고 싶었을 수 있다. 우리들은 군은 당연히 정부의 명령을 따른다고 생각하지만 현실 세계에서는 군부는 군부의 생각이 있는 것이다. 낸시 펠로시의 타이완 방문에서도 이를 엿볼 수 있었다.

미국은 F-35같이 곧바로 중국의 반발을 살 수 있는 기체가 아닌 재래식 F-16을 2018년 10월 타이완에 제공했다.[148] 하지만 가장 업그레이드된 V 버전이었고 타이완이 창정비를 하도록 허용해서 타이완으로서도 만족할 만한 결정이라고 할 수 있다. 다만 미국이 제공한 F-16의 가격은 통상적인 가격보다도 상당히 높았다고 한다. 미국이 후속 군수도 성의껏 제공[149]하고 있어 이제 상황은 제법 달라졌다.

그러나 상당한 무리도 있었던 모양으로 2022년 1월에는 타이완의 F-16V 전투기가 지상 공격 훈련을 하던 중 타이완 동해 해상에 추락하는 사고가 발생하기도 했다.[150] 바다에 떨어진 F-16V 단좌 전투기 '6650'은 자이嘉義 기지에 주둔한 공군 제4비행단이 2021년 11월 '불사조 전시 프로젝트'에 따라 성능 개선을 완료한 바 있다.

타이완 공군은 F-16V, 미라주 2000, 미국의 동맹국 지원용 F-5 모델인 징궈经国 등이 주력이다. 중국이 침공해올 경우 요격에 나설 수 있는 기종은 F-16V일 수밖에 없다. 게다가 F-16V에는 매일 미군이 제공하는 암호를 입력하지 않으면 기동할 수 없어 중국에 대한 공격이나 미국의 승인을 받지 않은 비행은 원천적으로 차단된 상태이다.

종합하면 전체적인 항공 전력은 중국과 비교하기에는 차이가 크다. 심지어 타이완 공군이 하루도 못 버티고 전술 단위의 항공 작전이 원천적으로 불가능하다고 평가하는 이들도 있다.

해군력

타이완의 해군력은 보잘것없는 상태로 알려져 있다. 전 세계 어느 나라도 타이완에 군함을 제공하지 않기 때문이다. 프랑스가 한번 재래식 군함을 제공하는 계약을 맺었다가 중국의 엄포에 모든 무기를 빼고 빈 껍데기만 제공한 일도 있다.

타이완이 보유하고 있는 함정은 지룽급基隆级驱逐舰 4척, 청공급成功级巡防舰 8척, 치양급济阳级巡防舰 4척, 캉딩급康定级巡防舰 6척이다. 1,000톤 이하의 연안 함정으로 타장급沱江级巡逻舰 수 척, 진장급锦江级巡逻舰 12척, 광화6호급光华六号导弹快艇 31척이 있다. 잠수함으로는 네덜란드에서 도입한 해룡급海龍(즈바르디스)급 2척, 해신급(텐치/구피)급 2척이 전부다. 대잠 초계기 P-3C 오라이언 4대, 노후화되고 있는 S-2 트래커 11대가 있고 대잠 헬기로 500MD가 9대, 시코르스키 S-70C 시호크가 19대 있다. 이들은 대부분 노후 함정들이며 부분적으로 개량되었으나 인민해방군의 무력과는 비교가 되지 않는다. 타이완은 2026년까지 최신예 초계함 12척을 건조해 실전 배치할 예정이다.

타이완은 배수량 685톤에 불과한 초계함 타장塔江함을 이용하여 유사시 중국 항공모함과 강습상륙함을 격침해야 한다. 일견 말도 안되는 것 같지만 이 타장함은 최대 사거리 400㎞인 슝펑雄風-3 초음속 대함미사일 4발, 하이젠海劍-2 단거리 방공미사일 12발이 주력 무기이고 3D 방공레이더와 76㎜ 함포 및 벌컨포, 최신형 어뢰도 탑재하고 있다. 이 타장함의 가장 큰 강점은 작기 때문에 레이더에 포착되지 않고 접근할 수 있다는 것이다. 이를 위해 기상이 악화돼도 파도를 뚫고 고속 항해할 수 있는 파도 관통식 선체를 채택했다. 최고 속도 45노트의 고속 기동성을 갖추고 있어 고속으로 항해하며 미사일을 쏘고 빠지는 전술을 구사해 중국 항모와 강습상륙함을 공격하겠다는 것이다. 타장함 6~7척을 그룹으로 동급 함정 여러 척이 중국 항모를 포위해 미사일을 동시 발사하는 것이다.[151]

물론 제대로 된 군함을 갖추지 못한 타이완으로서는 선택의 여지가 없겠지만 제2차 세계대전에서도 통하지 않은 이런 옥쇄 작전이 수십 년간 전쟁을 준비해온 중국의 항모 전대를 만나 통할 것 같지는 않다. 애꿎은 인명만 희생되는 것이 아닐까? 일부 중동 국가들처럼 처음부터 자살 공격을 하는 것도 성공 가능성이 높지 않은데 말이다.

이러한 상황을 해결하기 위한 비대칭 전력으로 개발되고 있는 것이 타이완의 국산 잠수함이다. 2021년 3월 바이든 정부가 잠수함 핵심 기술을 타이완에 제공하는 데 청신호를 보냈다. 타이완의 자체 잠수함 함대 구축 프로그램은 미국이 3대 핵심 기술 판매를 승인한 후 활기를 띠고 있다. 확실치 않으나 해당 세 가지 기술은 디지털 소나 기술, 통합 작전 체계, 그리고 잠망경 등으로 알려졌다. 첫 번째 시제품은 494억 NT(약 17억 달러)의 예산이 투입되며 2024년 7월 진수될 예정이다.[152] 이 잠수함이 미국의 통합 작전 체계와 연동되면 미국은 앉아서 중국 잠수함들의 정보를 얻을 수 있을 것이다.

2021년 12월 「로이터」 조사 보고에 따르면 타이완의 잠수함 건조 계획은 미국과 영국을 제외한 호주, 한국, 인도 및 기타 5개국에서 엔지니어와 퇴역 장교를 고용했으며 타이완 국제조선공사CSBC가 엔지니어링 자문을 제공했다.[153] 보고서는 또한 다양한 국가에서 엔지니어를 모집한 핵심 인물은 퇴역한 영국 해군 잠수함 함대의 이안 맥기Ian McGhie 제독이라고 밝혔다.

같은 시기 타이완이 160억 달러에 달하는 예산을 들여 8척의 잠수함을 건조할 예정이라는 보다 구체적인 보도가 나왔다.[154] 첫 번째 함이 원래 2025년 인도 예정이지만 타이완 해군은 2024년으로 조기 인도받을 것이라고 한다.

드론

타이완과 중국 양쪽 모두 유망하게 보고 있는 것이 드론이다. 드론은 타이완 해협 같은 바다가 상대와의 사이에 있는 경우 은밀하게 잠입해서 치명적인 피해를 입힐 수 있는 무기이다. 동시에 가난한 나라가 부자 나라를 상대할 때 매우 효과적인 방법이기도 하다. 타이완 입장에서는 중국이 그 부자 나라가 될 터이고, 중국 입장에서는 미국이 그 부자 나라가 될 터이다. 더구나 타이완은 TSMC를 비롯하여 첨단 정보기술을 보유하고 있는 나라이다. 그리고 튀르키예보다 앞서 드론을 개발했다. 개발 과정 중 여러 곡절을 겪었으나 지금은 상당한 수준에 이른 것으로 평가된다.

타이완은 중샹Albatross, 中翔 시리즈를 32대 보유하고 있는 것으로 알려졌다. 최대 속도 180km, 최대 고도 4,000m이다. 작전 반경이 150km이어서 짧은 편으로 연안에 접근한 해상 목적물을 정찰하는 용도로 보인다.

2007년 중국과학원은 미군의 RQ-11 레이븐Raven 무인 정찰기를 참고하여 휴대용 소형 UAV 홍췌Cardinal II, 紅雀微型無人機를 개발하였다. 2013년 현장 테스트를 거쳐 2014년 말에 투입되었다. 8km 정도를 정찰할 수 있다고 하며 현재 30대 정도가 운영되고 있는 것으로 알려졌다.

2022년 5월 장거리 비행 시험을 완료한 텅윈Teng Yun, 腾云 2는 화롄花蓮의 치아산 공군 기지에서 이륙해 거의 3시간 동안 바다 위를 비행했다. 텅윈은 대함전에 사용될 수 있을 것으로 기대되고 있다.

텅윈 2 외에 중산연구원은 육상 전용의 다른 드론들도 개발했다. [155] 그중 텐셔天蝎는 헬리콥터형 드론으로 2022년 28대를 배치했고 2023년 72대가 계획되어 있다. 특히 강풍 속에서도 임무 수행이 가능한 것으로 알려져 태풍이 자주 오는 타이완의 환경에 적합하다고 한다.

또한 방사포처럼 트럭 뒤에 운반을 하다가 대량 발사가 가능한 자살 드론 젠샹劍翔도 있다. 미사일처럼 발사하면 삼각형 날개로 비행기처럼 날아가서 목표물로 돌진한다. 전문적으로 적의 레이더를 노리며 작전 반경은 500km이다. 500km를 날아가 500km를 선회하며 대기하다가 적의 데이터가 작동하면 돌진하는 방식도 가능하다. 타이완은 이 드론을 대량으로 생산하여 보유하고 있다고 한다. 2019년부터 6년 내에 104대를 생산할 예정이라고 한 것으로 보아 현재 수십 대 보유하고 있을 것으로 추정된다.[156] 이 타이완의 드론은 이미 우크라이나 전쟁에 적용되어 그 성능이 검증되었다고 한다.

타이완은 2022년 9월 중국 본토 무인 항공기의 빈번한 침입을 막기 위해 1억 4,300만 달러 상당의 무인 항공기 방어 시스템을 배치할 계획을 발표했다.[157] 원격 제어 무인 항공기 방어 시스템은 국립 중산과학기술연구소NCSIST에서 개발 중이다.

미국은 무기 공급 능력이 있는가?

미국의 목표는 지원이 도착할 때까지 타이완이 스스로를 방어할 수 있는 충분한 무기를 보유하도록 하는 것이다. 그런데 신 미국안보센터Center for New American Security의 제이콥 스톡스Jacob Stokes 연구원은 타이완이 버틸 수 있는 시간을 연장해야 한다는 견해가 있다고 한다. 기존에는 타이완이 버텨야 하는 시간은 대개 1주일이라는 것

미군의 무인정찰기를 참고해 개발한 드론 홍췌(紅雀)

이미 시작된 전쟁

이 공론이었다. 그런데 최근에는 2주일이라는 말도 나오고 있다. 미국의 무력이 1주일 내에 전쟁 준비를 갖추고 타이완에 도착하기 어렵다는 정황이 아닐 수 없다.

2022년 9월 블룸버그는 타이완을 둘러싼 미중 전쟁은 이미 미국이 진 것 같다고 보도했다. 군사 예산만 보면 미국이 당연히 승리할 것처럼 보이지만 모든 국가가 방위비를 현명하게 사용하는 것은 아니라는 것이다. 미국의 전략가 할 브랜즈Hal Brands는 현재 우크라이나 전쟁보다 더 좋은 예는 없다고 말한다. 포탄, 미사일, 탱크 및 기타 전쟁 물자가 러시아와 서방이 따라잡기에는 너무 빨리 소진되고 있다. 이 사태를 보노라면 양안 전쟁이 발생할 경우 미국과 중국 중 누가 빨리 무기를 조달할 수 있는지에 승패가 달릴 것이라고 할 브랜즈는 말한다.[158] 블룸버그는 오늘날 미국 경제는 주로 커피와 음악을 만들지만 중국은 여전히 세계의 공장이라는 것을 상기시켰다. 그러면서 조 바이든 미국 대통령은 중국의 침략에 맞서 미국이 타이완을 방어할 것이라고 했지만 지금 준비를 시작하지 않으면 전쟁이 시작되기도 전에 패배할 것이라고 경고했다.

그러면 미국과 타이완 간의 무기 거래를 한번 살펴보자. 2022년 8월 타이완과 미국은 탄약과 예비 부품을 제공하기 위한 6년간 4,501만 달러 규모의 계약을 체결했다.[159] 이 거래로 육군의 기갑부대, 포병부대, 미사일 부대용 부품과 탄약, 해군 및 군용 항공기용 무기가 공급될 것이었다. 이어서 같은 달에 바이든 미 대통령이 의회에 타이완에 대한 11억 달러 무기 판매 승인을 요청했다고 「폴리티코Politico」가 보도했다.[160] 이런 뉴스를 보고 있으면 마치 미국이 타이완에 원활하게 무기를 공급하고 있는 것처럼 보인다.

하지만 바이든 행정부가 타이완에 승인한 미국 무기의 첫 번째 배치가 생산 문제로 인해 차질을 빚고 있다는 보도가 이미 2022년 5월에 타이완 국방부를 인용하여 나왔다. 타이완 국방부가 2023년 예정된 곡사포 시스템의 인도가 2026년으로 연기된다는 통보를 받았다는 것이다.[161] 당장 중국이 공격해올지 모를 판에 공급 시점이 3년이나 연기되다니 인내심 많기로 정평이 있는 타이완 정부도 참을 수 없을 정도의 상황인 것이다.

이 보도가 나오기 직전인 2022년 5월 3일 미국 상원의원 마르코 루비오Marco Antonio Rubio는 타이완을 대상으로 신속한 무기 이전, 합동 계획 및 훈련 강화, 중국의 침공에 대한 타이완의 방어 능력을 강화하는 것을 목표로 하는 '힘을 통한 타이완 평화법Taiwan Peace Through Strength Act'을 입안했다.[162] 이 법은 미 국방부가 타이완을 방어하기 위해 미국의 전쟁 계획에 대한 연례 검토를 수행하고 해당 평가를 기반으로 타이완이 획득하도록 승인된 특정 무기 리스트를 미 국방부에 요청하고, 타이완으로의 신속한 이전을 위해 선별된 무기를 사전 승인한다. 이 법안은 또한 포괄적인 합동 훈련 프로그램, 고위급 합동 군사 계획 메커니즘, 미국 방위 산업체에 대한 대중 활동 금지, 타이완에 연간 20억 달러 규모의 군사 자금 지원 등을 승인할 것을 권고했다. 하지만 이렇게 의회에서 지원하고 재촉해도 나아지는 것이 없었던 것이다.

급기야 2022년 11월에는 쑨리팡孫立方 타이완 국방부 대변인이 무기 조달과 관련하여 타이완과 미국은 판매 지연을 어떻게 해결할 수 있는지에 대한 효과적인 메커니즘을 모색하고 있다고 발표하기에 이르렀다. 2021년 12월 주문 잔고가 140억 달러 이상이었는데 1년 후인 이 시점에서 187억 달러로 증가했고, 2015년도에 주문한 208기의 재블린 대전차 무기와 215기의 지대공 스팅어 미사일에 대한 공급도 2022년이 되도록 이루어지지 않았다.[163] 그래서 나온 것으로 보이는 것이 타이완과의 무기 공동 개발이다. 「로이터통신」은 2022년 10월 19일 바이든 미 정부가 타이완과 무기를 공동 개발할 계획을 검토하고 있다고 보도했다.[164] 미국의 방위 관련 기업이 다수 가입하는 '미국–타이완 비즈니스 협의회'의 루퍼트 하몬드 챔버스Rupert Hammond-Chambers 회장은 이 계획에 대해 "일련의 절차의 초기 단계에 있다"고 말했다. 미 국무부의 베단트 파텔Vedant Patel도 미국이 타이완 관계법과 일치하는 방식으로 가능한 한 빨리 무기를 타이완에 인도할 수 있도록 테이블에 있는 모든 옵션을 검토하고 있다고 말했다.[165] 타이완의 중추안조선中船造船과 미국의 록히드 마틴이 타이완이 선박을 만들고 록히드 마틴이 무기를 설치하여 동남아 국가, 예를 들어 필리핀 등에 제공하는 협력을 하기로 했다고도 한다. 이것은 단순히 군수 산업의 협력이 아니라 타이완이 만든 군함을 동남아 국가가 구매하는 것이므로 곧바로 타이완과 동남아 국가들 간의 군사적 협력, 군사적 유대를 강화하는 결과로 이어질 것을 의미한다. 전략적 의도가 있는 것이다. 다 좋은데 이제부터 개발해서 언제 무기가 나오느냐는 말이다.

또 하나 제시되고 있는 것이 비축 무기이다. 전·현직 미국 관리들에 따르면 타이완에 판매할 무기의 수와 유형을 결정하고 있으며, 타이완 측과 미국 무기 제조업체에 더 작고 유연한 무기를 공급하기 위하여 대형 무기 시스템에 대한 일부 주문은 거부할 것이라고 한다.[166]

말은 듣기 좋으나 실상은 능력이 안 돼서 대형 무기는 제조를 안 하겠다는 뜻이다. 국방부 관리인 제레디아 로열Jededea Royal도 미 국방부가 타이완이 '재래식 전력 우위를 가진 침략자에 대한 섬 방어'를 구축하는 것을 돕고 있다고 말했다. 전 국무부 관리 제임스 팀비James Timby와 퇴역 미 해군 제독 제임스 엘리스 주니어James O. Ellis Jr.는 타이완이 분산 방어를 위해 많은 수의 소형 무기가 필요하며, 타이완이 초기 공격에서 중국이 쉽게 파괴할 수 있는 비싸고 세간의 이목을 끄는 재래식 시스템에 자원을 투자하는 것을 중단해야 한다고 주장한다. 이는 요란한 탱크나 전투기보다 견착식 미사일 같은 무기에 주력해야 한다는 것으로 CSIS의 워게임 결과와도 일치한다.

타이완은 소형 무기 비축의 필요성을 인정했지만 주문과 선적 사이에 눈에 띄는 지연이 있다고 지적했다. 실질적 주미 타이완 대사인 샤오메이친蕭美琴은 "우리는 비대칭 전략에 대한 우선순위에 대해 높은 수준의 합의에 도달했지만, 그 속도는 정말로 더 빨라야 한다"고 말했다. 미국의 무기 제조 속도에 타이완의 속이 타는 것이다.

타이완에 무기를 신속하게 공급하는 방법 중 하나는 일본과 괌에 있는 미군 기지에서 기존 비축 물자를 실어 미군 수송기를 타이완 동해안으로 보내는 것이다. 하지만 에릭 웰트시Eric Weltsea 미국 국방 고문은 전쟁이 발발하면 필요한 보급품의 양이 엄청나고 설령 감행하더라도 이러한 보급품을 전달하는 것은 어려울 것이라고 말했다. 그렇다. 중국 인민해방군이 대규모로 공격해 오면 타이완도 대량의 물자가 필요한 것이다. 현재의 미국은 대량의 비축 물자도, 신속한 전쟁 물자 생산도 어려워 보인다.

매체 「1945」는 이 상황을 지적하며 미국이 군수 생산 능력을 제고해야 한다고 촉구했다.[167] 「1945」는 미 전략사령부 사령관 찰스 리처드Charles A. Richard 제독이 중국에 대한 미국의 억제력에 대해 "배가 서서히 가라앉고 있다", "근본적으로 그들은 우리보다 더 빨리 현장에 역량을 투입하고 있기 때문에 우리가 가라앉고 있는 것이다"라고 한 말을 인용하여 미국의 재래식 억제력은 점점 더 급속히 쇠퇴하고 있다고 지적했다. 가장 큰 원인은 예산 부족이며, 그 결과 병력과 무기가 노령화되고 축소되고 준비가 덜 되어 현재 상태에 이르렀다고 지적했다. 그러면서 「1945」는 군수품 생산을 늘려야 하며 우크라이나에 제공되는 스팅어나 재블린, 그리고 140억 달러 규모의 무기 오더를 낸 타이완에게도 기뢰와 해안 방어 순항 미사일 같은 필요한 모든 종류의 비대칭 능력을 제공해야 한다고 강조했다. 누구의 눈에도 현재 미국의 군수 상황은 정상이라고 보기가 어려운 모양이다.

우크라이나 전쟁의 교훈, 비대칭 무기

우크라이나 사태가 심화되면서 타이완 사회와 여론도 타이완의 군사 전략과 훈련 방식을 놓고 열띤 토론을 벌이고 있다.[168] 우크라이나 전쟁에서 야기되는 여러 이슈가 유사한 상황에 놓인 타이완 사람들에게 여러 관점을 제공하였고, 우크라이나가 비대칭전을 채택하여 세계 군사 패권 국가인 러시아를 물리치면서 주목을 받고 있다.

타이완도 중국과의 전쟁에 참고하기 위하여 우크라이나 전쟁을 주시하고 있다. 마윈 중국 정책 고문은 우크라이나군은 비대칭전을 매우 효과적으로 활용해 지금까지 러시아의 진격을 성공적으로 저지하고 있다고 말했다. 라이칭더賴清德 타이완 부통령은 내일의 타이완이 우크라이나가 될지는 말하기 어렵다고 말했다. 그는 현재 여러 나라의 러시아에 대한 공동 제재를 볼 때 중국 본토가 타이완을 공격할 경우 일대일 전쟁이 아니라 일대다 전쟁이 될 수 있음을 알 수 있다고 말했다.

이런 상황에서 타이완이 안보 수단으로 북한처럼 핵을 보유하면 이야기는 간단하겠지만 중국은 물론 미국 등 서방 국가들도 용인할 리 없기 때문에 타이완은 중국의 항공모함을 대상으로 슝펑-3 미사일의 개량형을 개발 중이다.

2022년 4월 타이완 국방부는 타이완이 전투 능력을 강화하기 위해 연간 미사일 생산량을 2배 이상 늘려 거의 500개에 가까운 미사일을 생산할 계획이라고 밝혔다.[169] 타이완은 이미 배치된 슝펑-2E 크루즈 미사일(추정 사거리 약 600km)의 시험 발사를 2023년 2월 실시했고,[170] 개량형인 사거리 1,000~1,200km의 지상발 크루즈 미사일 슝성雄升의 양산을 앞두고 있으며, 탄두는 적 지휘 거점 파괴를 위한 고성능 폭약 버전과 비행장 등을 파괴할 목적의 산탄 버전이 있다고 한다. 슝성은 목표 도달 경로를 설정하고 방공망 돌파 능력을 향상시킬 수 있는 것으로 알려졌다. 일본의 「산케이신문」은 슝성을 100개 이상 생산할 계획이라고 전했다.[171] 왕딩위王定宇 민진당 대표는 2022년 4월 20일 페이스북에 슝성이 언론이 보도한 군 공개 정보를 토대로 가까운 시일 내에 양산 단계에 들어갈 것이라고 밝혔다. 타이완 국가정책 연구 기금의 지에중揭仲 연구원은 슝성 미사일이 상하이나 저장성을 포함하여 인민해방군 동부 전구 대부분의 기지를 공격할 수 있다고 말했다. 타이완이 자체 개발한 티엔궁 3 지대공 미사일은 항공기, 탄도 미사일, 순항 미사일을 모두 저격할 수 있다.

타이완의 한 소식통은 타이완이 미국으로부터 하푼 대함 미사일과 같은 장비를 제공받는 동안 국산 미사일을 개발하여 우크라이나처럼 외국의 무기 공급에 의존하지 않도록 할 것이라고 했다는 것인데, 그는 이를 일종의 리스크 헤징 전략이라고 했다.

여기에 더해서 타이완의 중산연구원은 이번 우크라이나 전쟁에서 우크라이나가 드론을 미끼로 사용하여 적의 미사일 발사 장소를 공격하거나 적의 레이더를 찾아낸 것에 주목하고 있다. 타이완은 이

타이완이 자체 개발한 지대공 미사일 티엔궁(天弓)

를 위해 2025년까지 새로운 드론을 만들기 위해 드론 기지와 정비창을 포함한 4개의 새로운 시설을 건설할 계획이다. 타이완 국방부는 연간 48대의 생산 목표로 드론 제조를 시작할 계획을 발표했고, 미국산 MQ-9 리퍼 드론도 2025년 서비스에 들어갈 것이라고 밝혔다. 2022년 타이완이 계획한 157억 달러의 군사비 중 약 64%는 국내 미사일 대량 생산과 고성능 함정에 배정된 50억 달러를 포함하여 육상 기반 미사일 시스템과 같은 대함 무기를 구매하는 데 사용될 것이다.

이렇게 되면 중국과 타이완 모두 미사일과 드론에 집중하는 양상을 보여 양쪽의 드론이 서로 대결하는 그야말로 SF 영화의 한 장면이 될 전망이다. 차이잉원이 말하는 비대칭 무기(파괴하기 어렵고 정확한 공격을 수행할 수 있는 고도로 이동 가능한 첨단 무기)의 개발 전쟁이다.

타이완은 미국 등 서방을 믿어도 좋을까

미국과 서방은 중국이 타이완을 침공할 때 과연 우크라이나를 도운 것처럼 물심양면으로 도울 것인가? 그리고 우크라이나 사태가 장기화될 때 서방은 과연 두 나라의 전쟁을 모두 도울 수 있는 역량을 가지고 있는가? 우크라이나 전쟁도 벌써 손을 드는 나라들이 나오는 듯한 것을 보면 낙관하기 어렵다.

2022년 3월 한 여론조사에 따르면 워싱턴이 군사적 개입을 할 것이라고 믿는 타이완 사람의 수가 2021년 11월 65%에서 35%로 급격히 떨어졌다.[172] 타이완 사람들은 중국이 공격할 경우 미국보다 일본이 군대를 보낼 가능성이 더 높다고 생각한다. 설문조사 측은 우크라이나가 여론에 지대한 영향을 미쳤다고 말했다.

　타이완 이슈에 있어 전략적 모호성과 전략적 분명성이 이슈가 되고 있다.[173] 2021년 5월 제이크 설리반Jake Sullivan 미 안보 보좌관은 미국은 타이완에 대해 온건하고 분명하게 우리의 시각을 중국에게 전달할 것이라고 하면서, 일방적인 현상 변화는 안 된다고 말했다. 트럼프 행정부 막바지에 이미 전략 모호성을 포기해야 한다는 목소리가 끊임없이 커진 바 있다. 그리고 바이든 행정부에도 전략적 모호성을 해제하라는 요구가 나오고 있다. 그러나 미국 정부는 양안 전쟁에 대한 우려는 하면서도 정책을 바꾸기는 이르다고 보는 것 같다.

　2021년 4월 29일 에이브릴 헤인즈Avril Haines 미 정보국장은 미국 전략은 모호성이라면서 미국이 모호성을 포기할 경우 타이완은 더 독립적이 될 수 있고 그럴 경우 중국은 미국이 중국을 군사력을 포

타이완이 자체 개발한 무인 드론 텅윈(腾云)

함하여 억제하려 한다고 생각할 가능성이 높으며, 이는 미국의 이익을 침해할 것이라고 했다. 런던대학 SOAS의 쩡루이성曾锐生 교수는 모호성과 분명성을 제로섬 게임으로 인식하면 안 되며, 바이든 행정부가 분명성을 띠기는 했지만 약간 움직인 것에 불과하다고 지적했다. 보니 글레이저는 분명성을 선택하게 되면 타이완이 공격당할 가능성이 있으며 타이완도 무모한 행동을 할 수 있고 그 결과는 미국의 어떤 대통령이나 정부도 감당할 수 없을 것이라고 하였다. 커트 캠벨은 「파이낸셜 타임스」 주최 토론회에서 타이완에 대한 미국이 오랜 기간 지켜온 전략적 모호성 정책을 바꾼다면 중대한 단점이 있을 것이라고 말했다.[174] 그는 타이완과 관련하여 어느 정도의 현상 유지가 미중 양국의 이익에 가장 부합한다는 인식이 있다고 말했다. 그는 "미군과 중국군의 근접성을 감안할 때 실제 단기적, 중기적 위험은 사고와 부주의에서 비롯된다"라고도 말했다. 즉 우발적 전쟁 가능성을 걱정하는 것이다.

행정부와는 달리 미국 의회에서는 타이완에 대한 명확한 보장이 필요하다는 목소리가 나오고 있다. 릭 스코트 공화당 상원의원은 이미 이를 위해 의안을 제출했다. 아퀼리노 장군은 인사 청문회에서 전략적 모호성과 관련하여 타이완에 대한 미국의 지지 확보와 양안 및 이 지역의 평화와 안정의 궁극적 실현을 위한 것이라고 말한 바 있다.

아베 전 일본 수상은 프랑스 「르몽드」에 기고하여 미국은 타이완이 중국의 공격을 받을 경우 방어하겠다는 의사를 명확히 해야 한다고 주장했다.[175] 그는 모호한 전략은 미국이 중국에 대해 군사력으로 압도적 우위에 서 있을 때는 기능하고 있었지만 시대는 변하고 있다며 모호한 정책은 인도-태평양의 불안 요인이 되고 있다고 경고했다. 즉 지금은 중국이 힘이 커져서 미국의 태도가 무엇이든 중국은 제 갈 길을 갈 것이어서 중국이 타이완을 공격하면 미국이 전력을 다해 막을 것이라고 분명히 이야기를 해야 중국에 먹힐까 말까 하다는 말이다.

중국은 커트 캠벨의 발언 이후 미국의 타이완 정책 변화를 주시하고 있다. 인민해방군은 미국이 타이완 문제에 대한 전략적 모호성을 조정할지 의문을 가지게 되었다는 것이다. 그 결과 상호 긴장에도 불구하고 양측은 이 지역에서 도발적인 행동을 축소한 것으로 보인다고 중국 정부의 자문이 말했다고 한다.

하지만 필자가 보기에는 이런 혼선은 모두 미국의 대중 전략의 부재에 따른 것이다. 타이완이라는 요소를 놓고 보면 미중의 이익은 충돌할 수밖에 없다. 그렇기에 미국의 전략적 모호성이라는 것은 중국이 타이완 공격을 포기하거나 장기간 연기하는 것을 선택할 수 있는 상황에서나 가능한 것이지, 지금처럼 중국이 시한까지 정해놓고 타이완 병합을 추진하고 있는 상황에서는 불가능하다.

사실 필자와 견해를 같이 하는 사람들은 적지 않다. 예를 들어 사실상 주 타이완 미국 대사관 격인 AITAmerican Institute in Taiwan 부의장 레이몬드 그린Raymond Greene은 2021년 6월 미국과 타이완 관계에는 본질적인 변화가 일어나고 있으며 미국은 더 이상 타이완을 미중 관계에 있어서의 문제로 여기지 않는다고 발언했다. 그는 오히려 지금을 자유와 개방된 인도-태평양에 대한 미국의 비전을 공유하는 기회로 여긴다고 말했다.[176] 필자와 마찬가지로 그 또한 타이완 문제는 이미 미국에게 모호성을 가질 수 있는 상황이 아닌 것으로 인식한 것이다. 사실 현장에 가깝게 있는 사람들에게는 상당한 공감대가 이루어져 있다고 필자는 믿는다.

당연한 일이지만 미중 간의 긴장은 시간이 갈수록 커질 수밖에 없다. 2021년 3월 미일 양국은 중국-타이완 간 군사 충돌이 발생할 경우 협력하기로 합의했다고 소식통이 전했다.[177] 이어서 2023년 1월에는 미일이 2+2 회의에서 미 해병대를 타이완에 인접한 일본의 섬에 배치하기로 하였다.[178] 일본은 이미 류큐 제도 북동쪽의 마게시마 섬에 군사 기지 건설을 결정했다.[179]

2021년 4월 미 국무부는 필리핀과 타이완에 대한 중국의 과격한 움직임을 경고하며 타이완에 대한 미국의 약속을 되새겼다. 네드 프라이스Ned Price 미 국무부 대변인은 타이완에 대한 중국의 위협에 우려를 표시하고 미국의 타이완에 대한 약속은 확고하다고 강조했다. 이어서 블링컨 미 국무장관은 2021년 4월 11일 NBC 방송과의 인터뷰에서 미국은 타이완을 겨냥한 중국의 침략적 행동에 깊은 관심을 갖고 있다고 말했다.[180] 그는 서태평양의 현실을 무력으로 바꾸려는 어떤 시도도 '심각한 잘못'을 범할 것이라고 경고했다. 이제 미국은 타이완을 '확실히 보호'할 것처럼 보였다. 그리고 나서 타이완 외교부가 2021년 6월 G7에서 타이완 해협의 평화와 안전의 중요성을 언급한 것에 대하여 환영과 감사를 표시하는 일도 발생하여 이제 타이완에 대한 서방의 지지가 확고해지는 듯했다.[181]

그러나 2021년 11월 미중 정상 회담에서 미국은 현상 유지의 일방적인 변화에 단호히 반대한다고 발표했다. 말하자면 전략적 모호성을 유지하는 입장을 견지한 것이다. 이 발표를 중국 관영 매체들은 모두 미국이 "타이완 독립을 지지하지 않는다"라고 했다고 전했다.[182] 미국은 분명히 "타이완 독립을 지지하지 않는다"라는 말은 하지 않았고 세계는 혼란스러울 수밖에 없었다. 그러자 다음 달인 2021년 12월 중국이 타이완을 침공하려는 모든 움직임은 끔찍한 결과를 초래할 것이라고 블링컨 미 국무장관이 거듭 말했다. 블링컨은 특히 중국의 타이완 침공 시 미국이 군대를 파견할 수 있느냐는 질문에 수년 동안 타이완이 방어할 수단을 갖고 있다는 점은 매우 분명하고 일관되게 했다며 우리는 그 약속을 계속해서 잘 이행할 것이라고 말했다.[183]

그러나 바이든은 타이완이 침공당하면 대응하겠다고 말하기 시작했다. 2021년 8월, 바이든은 ABC와의 인터뷰에서 "누군가 나토 동맹국을 침략하거나 공격하면 대응하겠다는 신성한 약속을 했다. 일본도 한국도 타이완도 마찬가지다"라고 말했다. 이 발언은 광범위한 우려를 불러 일으켰다.[184] ABC가 바이든의 인터뷰를 방송한 같은 날, 미 국무부 대변인 네드 프라이스는 정부가 전략적 모호성 정책을 포기하는 것을 고려하고 있는지에 대한 질문을 받았다. 프라이스는 정부가 기존 협정 이상으로 타이완에 대한 지원을 강화할 계획은 없다고 말했다. 하지만 그 후로도 바이든은 수차례나 군사적으로 개입해서 타이완을 지키겠다는 발언을 했다.

해가 바뀌고 2022년 3월, 바이든 미 대통령의 지시로 마이크 멀린Mike Mullen 전 미 합참의장을 단장으로 하는 안보 문제에 관한 미

정부 관료들이 3월 초 타이완을 방문했다고 발표했다.[185] 「로이터통신」은 이는 바이든 행정부가 러시아의 우크라이나 침공 상황에서 타이완에 대한 지지를 표명하기 위해서라고 전했다. 우크라이나 전쟁으로 미국의 태도가 바뀐 것이다.

필자는 바이든의 우왕좌왕을 보면서 진보적 가치 전략으로 인한 혼선일 수 있다고 본다. 즉 바이든 행정부는 직접 전쟁 행위에 참여하지 않으면서 진보적 가치 전략에 따라 후선에서 타이완을 지원하는 쪽으로 결정했을 가능성이 높다고 보는 것이다. 그러므로 대외적으로는 우크라이나 전쟁처럼 미군이 그곳에 가는 일은 없을 것이라는, 전쟁에 개입하지 않는 명분을 유지하면서 후선에서는 군사 위성, 무기 제공, 군사 훈련 등 사실상 전쟁 상황에 큰 역할을 하는 것이다. 이 상황이 실무진들은 개입한다는 결정을 한 바 없다는 명분 기준 발언을 하고, 바이든은 "타이완을 지킨다. 그것이 우리의 약속이다"라는 현실 기준 발언을 하게 하는 근본 원인일 수 있다.

미국의 외교 잡지 「포린 어페어즈」 2022년 11월 15일에 실린 "만일 중국이 타이완을 공격한다면 미국은 타이완과 그 부속 영토를 지켜주어야 하는가?"라는 질문에 광범위한 전문가들의 의견을 들었다. 그 결과, 미국이 타이완을 보호하기 위해 중국과 전쟁을 해서는 안 된다는 부정적 의견이 더 많았다. 이런 여론을 중국이 알게 될수록 타이완 공격에 대한 가능성은 더 커질 것이다. 안보는 아무리 미국이 보호를 약속하더라도 자기 힘으로 지켜내지 않으면 안 되는 것이다. 타이완뿐 아니라 한국도 그러하다.

전투에는 져도 전쟁에는 지지 않는다

타이완 리스크

러시아에서 수십억 달러의 손실을 입은 글로벌 금융 회사들은 이제 타이완을 둘러싼 긴장이 고조되면서 중화권에서 사업을 하는 위험을 재평가하고 있다.[186] 소시에테 제네랄Societe Generale SA, JP 모건 체이스JP Morgan Chase & Co. 및 UBS 등 금융기관은 비상 계획을 검토하도록 지시했다고 한다. 마크 윌리엄스Mark Williams 보스턴대학 교수는 미국의 잠재적 제재를 둘러싼 정치적 위험과 중국이 자본 흐름을 제한함으로써 대응할 가능성이 리스크를 재평가하도록 만들었다고 말했다. 그는 또 전쟁은 사업 비용을 크게 증가시키고 미국 은행들이 중국 전략을 재고하게 할 것이라고 했다.

각국의 금융당국 관계자들은 미중 간 무력 충돌 위험은 낮다고 보고 있지만, 금융과 무역에 대한 미중 간 전면적인 제재는 더욱 가능성이 높다고 보고 있다. 2022년 9월, 씨티 그룹 CEO인 제인 프레이저Jane Fraser는 미 의회에서 타이완이 공격받을 경우 중국에서 철수할 것인지에 대해 의원들의 질문을 받고 미 정부의 지도를 따르겠다고 대답했다. 이 대답은 가능한 철수하지 않겠다는 의미로 받아들여야 할 것이다. 한편 보험사들은 중국과 관련된 정치적 위험 보장에 대해 평균 67%의 가격을 인상했다고 윌리스 타워스 왓슨Willis Towers Watson Plc 밝혔다. 이제 차이나 리스크는 현실이 된 것이다.

「니케이」가 타이완 소재 외국 기업 50곳을 대상으로 설문 조사한 결과 23곳이 타이완 유사시 계획을 준비하고 있는 것으로 나타났다.[187] 미국 상장기업의 경영진들도 양안 긴장이 더 고조될 가능성에 대해 점점 더 우려하고 있다.

개개 기업의 리스크를 떠나 타이완은 반도체와 같은 핵심 부품의 주요 공급처이다. 2022년 들어서면서 타이완 리스크를 위험 요인으로 지적한 미국 상장기업 회계 보고서 수가 크게 증가했으며 기술 및 의료 산업 분야의 우려 사항으로 최상위를 차지했다. 2022년 3월에 116개 상장기업이 리스크 요인으로 타이완을 언급했으며, 12개월 이동평균 위험 요인은 16년 만에 최고 수준에 도달했다. 나틱시스Natixis는 중국이 타이완을 사실상 봉쇄하면 고성능 컴퓨팅, 사물인터넷, 데이터 센터 및 전기 자동차와 같이 반도체에 의존하는 산업에 병목 현상이 발생할 것이라고 지적했다.

여기에 블룸버그가 중국은 타이완에서 군사적 충돌이 발생할 경우 일본과 미국의 함대를 격침시킬 능력이 있다고 차이나 리스크를 상기하는 보도를 냈다.[188] 이는 2022년도 펜타곤과 미국 CSIS 전문가들이 개최한 워게임 결과로 알려진 내용이다. CSIS의 마크 캔시안Mark Cansian은 지금까지 치른 22번의 워게임 중 18번 중국 미사일이 미국과 일본 함대의 대부분을 격침하고 지상에 있는 수백 대의 비행기를 파괴했다고 전했다.[189]

타이완도 중국의 침공을 상정한 워게임을 지속적으로 하고 있는데 2021년의 한광37 워게임에서 최초로 중국 인민해방군의 공격을 막아내는 데 성공했다고 한다. 워게임에서 전쟁은 7박 8일 동안 이어졌고 타이완은 그 과정에서 인민해방군의 미사일 1,000발 이상을 맞았다고 한다. 소식통에 따르면 타이완군이 승리할 수 있었던 가장 중요한 요소는 '전투력 유지'와 '분권화'였다.[190] 이에 따라 타이완군은 육군의 각 군단을 작전구 체계로 개편한 것으로 알려졌다. 「연합뉴스」는 2022년 11월 타이완 국방부장이 긴급 상황에서는 해당 작전구가 독자적으로 즉각 대응하라고 지시했다고 보도했는데, 이 지시가 앞서의 워게임 분석 결과일 것임을 추측할 수 있다.

「연합보」 등 타이완 언론에 따르면 3군 사령관 등 군 지휘부가 참석한 가운데 개최된 2022년도 타이완군 전략회의에서 치우궈정 타이완 국방부장은 훈련 업무와 발생 가능한 상황에 대한 표준작업 절차를 수립하고 담당 구역을 구분해 상황에 즉각 대처할 수 있도록 준비하라고 지시했다. 긴급 상황이 발생하면 작전구가 중심이 돼 상부 명령을 기다리지 말고 즉각 처리하라고도 지시했다.[191] 이는 중국의 기습 공격 등이 우려되는 상황에서 타이완 당국이 효율적인 대응을 위해 육해공 3군 합동작전이 가능한 방향으로 군 편제를 개편했다는 해석이다. 그러니 타이완이 수비에 성공할 가능성도 있다는 이야기이다.

타이완은 독립할 것인가

타이완의 90%에 가까운 국민이 중국의 일국양제를 반대하는 것으로 나타났다. 타이완 대륙위원회(일반적으로 줄여서 육위회陸委会라고 한다)가 실시한 여론조사 결과[192]에 따르면 타이완 국민의 88.2%가 중국의 일국양제에 반대하였고, 75.5%가 타이완 정부의 홍콩 민주자유 탄압 중단 촉구를 지지하였다. 타이완 국립정치대학 선거연구센터가 실시한 조사에서도 하나의 중국 원칙에 합의한 1992 합의에 동의하지 않는다는 응답이 74.9%에 달했고, 자기 방위와 주권 수호, 타이완 민주화를 지지하는 응답자가 82.8%였다. 중국이 타이완 정부를 대하는 태도에 대해서는 77.2%, 타이완 국민에 대한 태도에 대해서는 60.6%가 우호적이지 않다고 응답했다.

2022년 2월 말 러시아의 우크라이나 침공 이후 타이완 여론조사에 따르면 중국이 타이완을 공격할 경우 타이완 국민의 74%가 섬을 방어할 의향이 있는 것으로 나타났다.[193]

통일을 말하지 못하는 국민당

지난 20세기 말만 해도 타이완은 국민당이 장기 집권하고 있었고 본토를 수복하려 했다. 화교들이 경영하는 중국집에 가면 카운터에 앉아 있는 주인장 뒤로 두 개의 빨간 글이 대련을 이루며 붙어 있었다. 그리고 그 글의 내용은 '중흥오천년문화中興五千年文化', '수복구만리강산收復九萬里江山'이었다. 즉 오천 년 문화를 부흥시키고 본토 구만리 강산을 되찾아오겠다는 의미이다.

대륙과의 국력 격차가 커져 점차 구만 리 강산 수복의 가능성이 줄어들자 국민당은 '삼민주의에 의한 통일'이라는 개념을 내세웠다. 무력 통일의 가능성이 감소한 만큼 평화 통일의 방법을 모색한 끝에 나온 개념으로 보인다. 내용인즉, 중국이 타이완을 합병하더라도 통일 중국이 삼민주의를 수용하게 된다면 국민당도 받아들일 수 있다는 뜻이다. 국가 체제로서는 중국에 의해 통일이 되더라도 이념과 체제로서 삼민주의가 수용된다면 원하는 바라는 의미이기도 하다. 그러기 위해서는 우선 중국 공산당이 지금의 모양만 다당제가 아닌 진정한 다당제를 받아들여야 한다. 신시대 국공합작이 나올 수도 있었을 것이다.

하지만 이런 국민당의 시도는 중국 공산당에 의해 무시되었다. 중국 공산당으로서는 자신들이 이미 다 차지해놓은 중국 대륙을 두고 언감생심 국민당이 숟가락을 내미는 것처럼 생각했을 수도 있다. 그리고 국민당은 이제 새로운 비전을 내놓지 못하고 있다.

독립을 말하지 못하는 민진당

장제스, 장징궈 두 대륙 출신 국민당 지도자가 세상을 떠난 후 정권을 이어받은 것은 타이완에서 나고 자란 내성인 리덩후이李登輝였다. 그는 내성인이라는 것 때문에 타이완 독립을 시도하는 것 아니냐는 의혹을 받기도 했다. 하지만 타이완 독립을 주장하던 민진당의 천수이볜陈水扁이 총통에 당선되자 타이완 독립은 당장 현실 문제가 되었다. 결과적으로 천수이볜은 타이완 독립을 입에 올리지 못했다. 중국이 타이완 독립을 입에 올리는 순간, 그날 타이완을 총공격할 것이라고 으름장을 놓았기 때문이었다. 그리고 누구의 눈에도 그것은 단순한 으름장이 아니었다.

이후 타이완의 정권이 민진당과 국민당 사이를 오락가락하면서 어느 쪽도 통일에 대한 비전이나 정책을 내놓지 못했다. 현임 차이잉원도 통일 이슈에 한해서는 아무 말도 못하고 있다. 내심은 독립이지만 입밖에 낼 수 없는 처지인 것이다.

신 중화민국

타이완은 지난 수십 년간 민진당과 국민당, 그리고 제3당인 민중당이 출현하여 바야흐로 타이완의 정치권은 삼국지의 형국이다. 그러나 이들 기성세대 정당, 기득권이 무엇을 다투든 진정한 타이완의 변화는 젊은이들의 손에 의해 이루어지고 있다.

타이완에는 진취장金曲奬(골든멜로디상)이라는 음악 행사가 있다. 2022년에는 타이완의 제33회 진취장 시상식이 7월 2일에 있었다. 중국 록의 대부 추이젠崔健이 남자 가수상을 수상했다. 또한 타이완에서 오랜 세월을 살아온 싱가포르 출신 가수 차이젠야蔡健雅는 최우수 여자 가수상을 수상하며 다시 한번 베스트 앨범 등 각종 상을 수상했다.[194]

이날 행사에는 대륙의 조선족 가수, 싱가포르 화교, 장제스와 함께 대륙에서 넘어온 사람들의 후예인 외성인, 청나라 때부터 타이완에 이주한 내성인, 중국의 유태인이라는 객가인, 그리고 까마득한 시절부터 타이완에서 살아온 까오산족高山族까지 모두 나와 각자 자기의 언어, 자기의 처지, 자기의 감정을 노래하였다. 장르는 하드록에서 힙합에 이르기까지 글로벌 장르를 모두 포함하고 있었지만 서로가 융합하고 조화하는 모습을 보였다.

대륙의 망고TV芒果TV의 한 음악 프로그램에서는 중국 대륙 가수, 미국 화교 가수, 타이완 가수, 고산족 가수 등이 함께 노래를 불렀다.[195] 이 모습이야말로 바로 사해동포라고 부를 만한 중화의 모습이었다. 그리고 타이완의 모습이었다.

타이완의 젊은이들은 중국이 자신의 아이덴티티를 결정하게 하지 않는다. 그리고 민진당이나 국민당의 주장에 따라 자신의 아이덴티티를 정하지도 않는다. 그들은 타이완의 땅에서 태어나 자라난 젊은이들이며 과거의 중화민국과는 다른 문화를 가지고 있다. 그리고 이들이 새로운 국가의 모습을 만들어가고 있는 것이다. 새 시대, 새 문화로 서로 사랑과 평화로 함께하는 새로운 국가 말이다. 필자는 이들 타이완의 젊은이들이 만들어가는 새로운 국가의 모습에 큰 기대를 가지고 있으며 이들을 응원한다. 그리고 필자는 그 모습을 과거의 중화민국과는 다른 국가라는 의미에서 '신 중화민국'이라고 부른다. 타이완의 젊은이들은 이렇게 구세대가 물려준 타이완에서 마치 불덩이 속에서 불사조가 알을 깨고 태어나듯 '신 중화민국'을 건국하고 있다.

그 결과 타이완은 예전의 타이완이 아니다. 각 민족, 해외 화교가 과거의 갈등을 해소하고 화목한 하나가 된 국가, 바로 신 중화민국인 것이다. 타이완의 젊은이들은 이미 대륙, 타이완, 싱가포르, 내성인, 외성인, 고산족을 포괄하는 문화를 가지고 있지만 이들은 이미 과거의 차이를 이야기하지 않는다. 이들은 다 같이 타이완이라는 장소와 문화에서 함께 나서 자란 공동체이다. 이들은 문화 공동체이며 서로 다른 사상과 이념을 가졌지만 모두 평화롭게 어울리고 번영하고 있다. 필자는 21세기의 타이완이 이제 신 중화민국에 들어서고 있으며, 이미 과거 20세기의 타이완과는 다른 나라라고 생각한다. 타이완은 이미 신 중화민국으로 독립해 있는 것이다. 그리고 타이완 국민들은 소중한 조국인 '신 중화민국'을 자신들의 손으로 지켜낼 것이다.

2022년 1월, 타이완 정부는 전민방위동원서全民防衛動員署라는 전시 동원 부처를 설립하였다. 국방부 본부 산하에 있던 기존의 국방총동원실을 업그레이드하고 확장하여 만들어진 기관이다. 타이완 정부는 이 부처의 설립 전에 미국을 방문하여 조언을 구한 것으로 알려져 있다. 이어서 타이완 정부는 중국 침략 위협인 전쟁에 대응하는 핸드북을 발행했다. 타이완 국방부가 공개한 문서에는 공습 대피소 찾기 QR코드, 전시 비축품 목록, 예비군 동원 정보 등이 나와 있다.[196] 타이완의 지방 정부들은 현지화된 정보로 업데이트할 것을 권장하고 있다. 모두 타이완의 국민, 비전투원들을 위한 조치들이다.

필자가 볼 때 타이완 국민들은 가만히 앉아서 자신들의 가족인 군인들이 싸워서 지켜주기를 기다리고 있지만은 않을 것이다. 한국이 국난에 부딪힐 때마다 나아가 자신을 희생하며 싸워 승리해온 것도 정치가나 고위 공직자가 아닌 바로 민중이요, 국민이었다. IMF의 국가 환난 속에 가지고 있던 모든 금을 팔아 모자라는 외화 획득에 노력한 것도 보통 사람들이었다.

대한민국의 고위 공직자, 국회의원, 재벌들의 2세, 3세 중 군대를 안 간 사람들이 수두룩하다. 타이완의 상황은 어떨까? 타이완도 다르지 않다. 진정 타이완을 지키려는 의지와 그에 따르는 희생을 감수할 사람들은 바로 타이완의 보통 사람들이다. 그리고 그 징표는 날로 뚜렷해지고 있다. 신 중화민국은 타이완의 국민들이 지켜낼 것이다. 설령 일시적으로 인민해방군의 군화가 타이완 섬을 밟는 사태가 생기더라도 그 어느 세력도 백성들이 원하지 않으면 나라를 유지할 수 없다. 베트남에서도 그랬고, 아프가니스탄에서도 그랬다. 그것은 공산주의의 승리가 아니라 민중의 승리인 것이다. 타이완은 그 어느 누구의 무력이 억누르더라도 타이완 민중들의 정신이 살아 있는 한 신 중화민국은 승리할 것이다.

The
War
That
Began

4장

미국과 일본의 참전은 이미 결정되었다

CHINA AMERICA WAR G2

필자는 미중 전쟁의 전쟁터가 타이완이나 타이완 해협, 넓어야 남중국해로 보는 시각을 받아들이지 않는다. 일단 전쟁이 발생하면 적군의 자원이 있고 동맹이 있는 곳은 모두 공격의 대상이 된다. 그리고 미국과 중국에 있어 그러한 적군의 자원과 동맹이 있는 곳은 전 세계이다. 비록 그 전투가 일어나는 곳은 중국 힘의 범위 안인 말라카 동쪽에서 태평양에 이른 북반구가 되겠지만, 만일 러시아가 참전한다면 유라시아 대륙 전체를 불태우는 제3차 세계대전이 될 것이다.

이런 생각은 시야가 넓고 높은 사람들에게는 공통되게 나타난다. 마크 밀리Mark A. Milley 미 합참의장은 세계 강대국 간의 갈등 위험이 높아졌다며 세계 강대국 간의 충돌 위험을 경고했다.[197] 알렉세이 푸시코프Alexei Pushkov 러시아 의원은 서방의 다극 세계 거부로 인해 핵무기 대결의 위험이 증가하고 있으며, 가까운 장래에 이념 차이에 의해 촉발되는 치열한 경쟁과 결부된 새로운 지정학적 격변이 예상된다고 말했다. 앞서 말했듯이 미국 경제학자 누리엘 루비니는 사실상 제3차 세계대전은 실제로 이미 시작됐다고 말했다.[198] 라이칭더 타이완 부총통도 현재 여러 나라의 러시아에 대한 공동 제재를 볼 때 중국 본토가 타이완 해협을 공격하면 일대일 전쟁이 아니라 일대다 전쟁이 될 수 있음을 알 수 있다고 말하지 않았는가.

이렇게 세계의 많은 사람이 이번 양안 전쟁이 세계대전으로 확대될 것을 우려하고 있다. 그리고 이러한 우려는 애초 중국이 한반도에서 북한이 무력 도발을 할 때 세계 각국이 가능한 인내하는 방향으로 작용할 것이다. 똑같은 이유로 중국이 타이완을 공격할 때 미국은 진보적 가치 전략을 지킬지, 아니면 개입할지 고민하게 될 것이다. 그러나 중국은 미국이 고민하는 동안 타이완을 거세게 공격할 것이고 결국 미국은 개입하게 될 것이다.

그리고 미국의 개입은 차례대로 한국, 일본, 캐나다, 호주 등 동맹의 참전을 부를 것이고, 중국은 러시아와 북한의 개입을 요청할 것이다. 러시아의 개입은 유럽과 NATO의 개입을 부르고 이는 동유럽의 정세와 함께 유럽 쪽에서도 전화戰火가 타오를 가능성이 있다. 이런 상황을 우리는 이미 알고 있다. 바로 제3차 세계대전이다.

그리고 이미 시작되었을지도 모를 이 세계대전을 우리는 아직 잘 인식하지 못하고 있다. 현대의 전쟁은 총칼로 직접 상대방을 죽이는 전쟁이 아니다. 실질적인 전쟁은 그전에 시작되어 있는 것이다. 중국 공산당의 개념으로 표현하면 바로 혼합전쟁混合战争[199]이다. 그리고 혼합전쟁은 외교, 사이버, 자원, 거점 등 직접적인 교전 외에 광범위한 영역에서 일어난다.

미중 전쟁과 진보적 가치 전략

중국이 타이완을 침공했을 때 만일 미국이 개입하지 않는다면 타이완이 견딜 방법은 없을 것이다. 그러나 미국이 개입하지 않는다는 것은 패권 국가의 지위를 스스로 포기하는 행위이며, 중국의 군사적 위협에 자국의 영토를 노출하는 행위이다. 미국이 이런 선택을 할 가능성은 없다고 보아도 좋을 것이다. 천평의 말대로 타이완은 중국을 덮는 뚜껑이다.

중국이 타이완을 침공하고 미국이 개입에 나선다면 미국은 두 가지 선택을 해야 한다. 하나는 타이완 사태에 미국이 직접 개입할 것인지, 직접 개입은 하지 않고 동맹이 지원 또는 개입하게 할 것인지이다. 미국은 직접 개입하지 않고 동맹이 개입하는 것을 가장 바랄 터이다. 하지만 미국이 어떤 선택을 한다 해도 중국의 실질적 상대는 미국일 수밖에 없다. 지금 진행되고 있는 우크라이나 전쟁에서 러시아의 실질적 상대가 미국이듯이 말이다.

타이완 전쟁에 미국이 어떤 방식으로 개입하든 그 결과는 미중 전쟁일 수밖에 없다. 그리고 이는 세계에서 가장 강력한 두 국가가 충돌하는 것이며, 핵 보유국 두 나라가 충돌하는 유사 이래 최초의 상황이 될 것이다.

미중 전쟁은 중국이 그어 놓은 제1도련, 제2도련선[200] 사이를 오가며 진행될 것으로 보인다. 이 전선은 제2차 세계대전 당시 일본과 미국이 싸우던 전선들과 상통한다. 즉 미중 전쟁은 태평양 전쟁의 면모를 띤다.

제2차 세계대전 당시와 큰 차이가 있다면 쌍방의 쟁투가 타이완을 중심으로 대부분의 전투가 남중국해와 동중국해를 중심으로 일어날 것으로 전망된다. 물론 가장 치열한 해전은 타이완 해협이 될 것이다.

제1도련과 제2도련

바이든, 블링컨, 오스틴 등의 입을 통해 나오고 있는 미국의 전략 방향은 모두 기본적으로 진보적 가치 전략이 출발점으로 보인다. 진보적 가치 전략이라는 이름은 군사 안보 전략 이름으로 잘 연상이 되지 않는다. 그러나 이 전략의 내용을 이해하고 나면 고개가 끄덕여질 것이다.

진보적 가치 전략 이야기는 CSIS와 캐서린 힉스로부터 출발해야 한다. 미국의 군사 접근 방식에 관한 이 새로운 대안은 미국의 CSIS가 제시했다. CSIS는 세계적으로 유명한 미국의 싱크탱크다. 대체로 보수 지향이라고 알려졌으나 사실 CSIS는 상당히 균형 잡힌 노선을 유지하고 있다. CSIS는 공화당이 집권하면 민주당의 핵심 브레인들을 연구원으로 초빙하여 현 정권의 문제점을 분석하고 대안 전략을 수립하고, 민주당 정권이 들어서면 역할을 바꾸어 공화당 브레인들을 연구원으로 초빙하여 국가 전략을 연구한다.

진보적 가치 전략의 입안자는 캐서린 힉스 국방부 차관으로 보인다. 캐서린 힉스는 민주당 인물로 트럼프 행정부 시절 CSIS에서 연구원으로 있으면서 미국의 국방 전략을 연구했다. 그리고 트럼프 행정부 말기에 이 진보적 가치 전략을 미 정부의 군사 전략으로 반영하는 데 성공하였다. 미국의 전통에 따라 외교 안보 정책은 민주·공화 양당이 합의하에 수립하며 정권이 바뀌더라도 일관된 정책을 추진한다.

이 전략은 일단 자신이 투쟁할 생각이나 의지가 없는 제3국을 위해 미국이 피를 흘리는 것은 그만한 가치가 없을 뿐만 아니라, 더 중요하게는 원하는 결과를 가져오지 못한다고 지적한다. 즉 자신의 나라를 위해 자신이 피를 흘리는 나라의 경우에만 미국이 개입한다는 것이다. 국민이 미국의 개입을 지지하지 않으면 전투에 승리해도 전쟁에 이길 수 없다. 베트남이 그 좋은 예이다.

미국의 개입 수단 또한 베트남이나 이라크 전쟁처럼 전면적인 병력 투입은 하지 않는 것이다. 그 대신 목숨을 걸고 싸우는 동맹이 있으면 정보와 물자와 무기 지원을 위주로 하겠다는 것이다. 미군의 전투가 불가피하다면 미사일이나 드론과 같이 인명 피해가 없는 방법을 선택하고, 불가피하게 개입할 때는 인명 피해가 적은 항공기

지원 등 제한적으로 한다.

이 진보적 가치 전략은 트럼프의 지지하에 합참을 지휘하게 된 밀리 사령관의 동의를 얻었고, 주창자인 캐서린 힉스는 바이든 행정부에서 국방부 차관이 되었다. 그리고 우크라이나 전쟁에서 이 진보적 가치 전략은 젤렌스키 우크라이나 대통령을 만나 성공적으로 실행되고 있다. 우크라이나가 잘 버텨내고 이제 실지를 회복하고 있을 뿐만 아니라, 러시아의 패배와 민주 진영의 단합을 가져오고 있지 않은가 말이다.

힉스 차관은 진보적 가치 전략[201]은 세계 질서의 구조가 점점 더 다극화되고 있다는 전제에 뿌리를 두고 있다고 한다. 그래서 '경쟁' 상대인 중국과 러시아를 포함한 많은 나라와 '협력'해야 할 것이고, 중국이 국제적 규범과 규범에 부합하는 행동을 보이면 중국의 부상과 러시아의 영향력을 수용하려는 의지를 보여준다고 적시하였다. 한마디로 미국이 주도하는 진보적 가치에 중국과 러시아가 따라준다면 미국은 이 두 나라가 일정 정도 이상의 영향력을 행사할 수 있도록 수용할 것이라는 말이다. 바이든도 줄곧 되풀이하고 있는 메시지이다.

진보적 가치 전략은 우선적인 국가 안보 과제를 해결하는 데 있어 미국의 군사력이 제한적이라고 본다. 그래서 이 전략은 미국의 이익을 군사적 우위를 통해 추구하기보다는 미국이 핵심 지역에 영향력을 행사하고, 위협을 가하며, 최소한의 무력과 사상자로 정치적 목표를 달성할 수 있도록 하고자 한다. 이 전략은 미국의 군사적 사용에 대한 접근법이 정당하고 또 정당하다고 인식되도록 하는 데 중점을 두고 있다. 어지간히 그간의 전쟁에 대한 비난과 실패에 시달린 모양이다. 그래서 의회와 UN 또는 NATO의 승인을 받은 경우에만 최후의 수단으로 무력 사용을 하겠다는 것이다.[202]

미국은 진보적 가치 전략에 따라 아프가니스탄, 이라크, 시리아에 대한 미군의 개입을 종식하고 있다. 그러니까 아프간에서의 철군도 이 전략에 의해 진행된 것이다. 역으로 말해 한국이나 일본의 미군은 당사국에서 원하든 원하지 않든 미군의 주둔을 강화하고 있는데, 이는 이들 군대가 주재국의 이익보다 미국의 이익 때문에 주둔하고 있다는 증거이다. 미국의 이익이 없다고 판단되면 한국에서도 아프간에서처럼 미군은 철수할 것이다.

핵 확산의 위협을 다룰 때 미국은 '글로벌 제로', 즉 모든 핵무기의 제거를 위해 노력하는 것을 우선시한다. 핵을 먼저 사용하지 않는다는 원칙에 따라 군사력을 충분히 유지하려면 미국이 군사 관련 기술개발을 해야 하지만 진보적 가치 전략하에서 미국은 국제 조약이나 다른 의무에 의해 도덕적으로 의심되거나 금지된 무기를 추구하지 않는다는 것이 기본 입장이다. 진보적 가치 전략은 미국의 군사 기술이 군비 경쟁이나 위험한 상승 작용을 초래하지 않도록 신중하게 조정되어야 한다고 강조한다.

그리고 진보적 가치 전략은 다자 간 방어 접근 방식을 추구한다. 이 접근법은 동맹국 간의 협력에 초점을 맞추고 있다. 미국은 일부 공격력을 제공하지만, 동시에 불법 또는 의도하지 않은 군사력 사용의 위험을 줄이기 위해 안보 협력을 구축한다. 쉽게 말해 동맹과 함께 군사력을 사용한다.[203] 지금까지 바이든 행정부가 조직한

AUKUS, IPEF, 쿼드 같은 일련의 조직이 바로 이것이다.

그리고 동맹국들이 훈련, 유지 보수 지원, 군수품 재공급과 같은 분야에서 미국의 원조에 의존하게 하는 것이다. 그러니까 이러한 동맹에 있어서 미국은 과거와 같이 공격의 주력이 되는 것이 아니라 후선에서 전쟁 수행을 돕는 역할을 하되 동맹국들은 미국에 의존하는 방식으로 하겠다는 것이다. 예를 들어 타이완에 F-16을 공급했지만, 매번 미국의 비행 허가 코드가 없으면 이륙할 수 없는 것 같은 일이다. 또한, 진보적 가치 전략은 필요시 최종 사용 협정 및 미국의 원칙이 위반되었는지를 판단하기 위해 이러한 무기를 추적 및 복구할 것을 규정하고 있다.

여기까지의 내용을 일단 한번 정리해보면 힉스가 이야기하는 진보적 가치 전략은 중국과 러시아를 주적으로 상정하고 이들이 미국의 리더십과 규칙을 지킨다면 일정 수준의 영향력 행사를 수용하지만 그렇지 않을 때는 동맹들과 함께 대응한다는 것이다. 군사력은 최후의 수단이며 외교적 영향력과 동맹과의 협력을 통한 압박을 우선적이고 주력 수단으로 활용한다. 그리고 군사력도 동맹과 협력하며 미국은 일부 군사력을 제공하지만, 미국에 의존하는 동맹들이 충분한 군사력을 유지하게 해서 미국의 부담을 줄인다는 뜻이다.

이런 시각으로 본다면 아시아에 있어 미국이 주요 동맹에 어떤 요구를 할지는 분명해 보인다. 일본은 적극적인 무장을 추구하고 있는데 미국의 전략과 매우 일치하는 것이다. 한국의 경우 동북아에서 가장 강력한 군사력의 동맹이지만 자주국방을 통해 미국의 통제를 이제는 상당히 벗어나 있다는 것이 문제이다. 미국이 한국의 군사력을 통제하는 수단은 사실상 전시작전권인데, 미국으로서는 이 진보적 가치 전략하에서라면 어떤 상황에서도 내놓지 않을 것으로 보인다. 별다른 선택의 여지가 없는 타이완에는 무기 공급을 확대해나갈 것이며, 남중국해에 가까운 지역의 기타 국가와의 군사 동맹을 강화, 확대해나갈 것이다.

주요 대응 및 임무

힉스는 미국은 미국과 그 조약 동맹국에 대한 핵 공격을 저지하고 대응할 수 있도록 충분히 보장된 2차 타격 능력을 유지한다는 것을 전제한다. 그래서 미국은 계속해서 조약 동맹국들에 확장된 핵 억제력을 제공할 것이라고 천명한다.

그는 또 중국이나 러시아의 중요한 전 영역 군사 공격에 대한 억제력을 억제, 방어 및 재설정할 준비가 되어 있어야 하지만 연합군이 그러한 공격력을 빠르게 역전할 필요는 없다고 설명한다. 외교적, 경제적 등 비군사적 강제 수단이 억제력을 재정립하고 정치적 해결의 동기를 부여하는 데 상당한 역할을 할 것으로 보는 것이다. 군사력부터 휘두를 생각을 하지 말라는 뜻이다.

하지만 미국은 국제법에 따라 의회가 권한을 부여할 때 강압적 무력 사용 억제, 국제법과 인권 보호를 위한 지원, 비전투적 철수, 인도적 지원, 재해구호 등의 임무를 수행할 수 있는 군대를 확보해야 하고 대량살상무기WMD 확산에 대응하기 위한 외교적, 경제적 노력을 지원해야 한다고 하였다. 그중에서도 특히 테러에 대응하기 위한 외교 및 경제적 노력을 지원한다. 동맹국의 역량 강화를 위한 외교적, 경제적 노력을 지원하고 공통 방위 목표에 의미 있게 기여할 파트너를 선정하며 여기에는 이들 국가의 자위 능력이 포함된다고 하였다. 즉 동맹들의 군사력 확대를 도모하는 것이다.

공통 방위 목표에 의미 있는 기여를 할 파트너, 자위 능력을 포함한다는 것은 바로 미국의 목표 국가인 중국과 러시아에 대항하여 미국과 함께 싸워줄 국가를 의미한다. 일본이나 타이완의 경우 이의가 없을 것이다. 문제는 한국이다.

운영 개념

힉스는 진보적 가치 전략은 비군사적 도구를 효과적이고 조기에 활용하여 무력 충돌이 발발하는 것을 방지하고 동맹 약속을 강화하는 고도로 통합된 국가 보안 기업에 의존하고 있으며, 따라서 가장 중요한 작전 개념은 군사 영역 밖에 있다고 하였다. 쉽게 말하면 용병을 활용하겠다는 생각이다. 그는 상황 확대 방지에 있어 충분한 무력은 신뢰 가능한 억제와 보장에 대한 하나의 주요 요소가 되며 큰 시각에서 방위적이라고 하였다.

힉스는 이어서 당면한 미국의 동맹국들에 대한 위협인 A2/ADAnti-Access/Area Denial(반反접근·지역 거부)에 대해서 이를 부정해야 한다고 했는데 결국 미국은 남중국해에서 중국의 활동은 수용하지 못한다는 것을 확실히 한 것으로 볼 수 있다.

이는 미중의 충돌 발생을 전제한 말로 보이는데 힉스는 미사일, 사이버 및 우주로부터의 방어가 매우 중요하다고 강조한다. 그리고 동맹국들이 직접적인 침략의 타격을 입겠지만 미국은 지원할 것이라고 했다. 이는 중국이나 러시아가 미국의 동맹국을 공격한다는 말이다. 그렇다면 그 대상 국가는 어디일까? 현 상황에서 타이완을 제외하고 다른 국가는 보이지 않는다. 일본이 타이완 유사시는 일본의 유사시라며 참전하면 일본도 대상이 될 것이다. 한국도 지금 성향으로 봐서는 참전하고 중국과 러시아의 공격을 받을 가능성이 크다.

따라서 힉스의 이 말은 중국이 타이완과 일본, 그리고 어쩌면 한국을 공격할 때 미국은 '지원'을 한다는 말이다. 이 '지원'의 구체적인 내용은 무엇일까? 미국의 직접 군사 개입일까?

직접적인 언급은 아니지만 힉스는 이 전략에는 동맹국 방어를 지원하기 위해 주로 공군과 해군을 포함한 일부 전방 병력이 포함되며, 특히 이송, 정밀 타격, 정보, 감시, 정찰$_{ISR}$과 같은 핵심 수단을 통한다고 하였다. 그렇다면 힉스는 중국이 타이완을 공격할 때 타이완을 돕는 방법은 기본적으로 후선에서 돕는다는 것이고, 실제 전투에 참여하는 수단에 대해서는 장거리 정밀 타격 정도를 상정하고 있는 것이다. 일반적으로 정밀 타격이라는 것은 전면전을 의미하는 것이 아니므로 상황에 따라 매우 좁은 범위의 표적에 대해서만 실시할 것으로 봐야 할 것이다. 힉스가 미군 병력은 가급적 민간인과 근접하지 않고 작전을 수행하며, 군사 목표물에 대한 정확한 무력 적용을 강조한다고 한 것으로 보아 틀림없을 것이다.

그러면서 힉스는 미국은 진보적 가치 전략에 따라 동맹국 및 기타 유사한 사고방식을 가진 국가들[204]과 협력하여 외교적, 경제적 도구 및 필요한 경우 비핵 군사력을 별개의 방식으로 적용하면 상대와 갈등을 증폭시킬 가능성이 거의 없다며 미국은 이러한 압력을 통해 적대국들을 설득하여 적대행위를 중지시키고 국제법과 일치하는 정치적 해결을 협상하려고 한다고 하였다. 힉스의 말은 그야말로 지금 바이든 행정부가 하는 일련의 행동들과 100% 일치하고 있다.

미국의 동맹들도 참전한다

타이완을 둘러싼 중국과 미국의 전쟁터는 타이완 해협이다. 항공기와 군함들이 서로 무기를 쏘고 막으며 최첨단 기술을 활용한 전투를 벌일 것이다. 만일 인민해방군이 타이완에 상륙하게 된다면 그때부터는 눈 뜨고 보기 어려운 참담한 전투가 벌어질 것이다.

미국은 전쟁을 할 때 언제나 동맹들을 소집하여 함께한다. 전쟁의 부담을 줄이는 목적보다는 전쟁의 명분을 얻기 위한 목적이 크다. 미중 전쟁이 발발하면 항상 미국과 함께하는 동맹들은 이번에도 참전할 것이다. 특히 미국과 군사 동맹 성격의 AUKUS(Australia, the United Kingdom, the United States, 호주, 영국, 미국의 3자 동맹) NATO, 쿼드 등이 해당되며 파이브 아이즈 국가들도 당연히 연관될 것이다. 이들의 상황을 한번 살펴보자.

영국은 망설이지 않는다

영국은 앞서의 여러 동맹과 관계없이 무조건 미국의 전쟁에 참여할 국가이다. 그래서 영국은 자타가 공인하는 미국의 첫 번째 맹방이다. 2022년 7월 리즈 트러스Mary Elizabeth Truss가 새로운 영국 수상이 되자 바이든은 곧바로 트러스와 원격 회담을 하였고 러시아, 중국, 이란의 위협과 도전을 포함한 다양한 주제를 다루었다. 두 정상은 무엇보다도 NATO를 통해 영미 간의 방위 동맹을 강화하는 것에 대해 논의했다고 한다.[205] 트러스는 곧바로 사임했지만 그 누가 영국 수상이 된다 하더라도 미영 정상은 제일 먼저 회담을 할 것이고, 상호 안보 협력 원칙을 확인할 것이다.

그리고 영국에서도 중국에 대한 적대감은 날로 높아지고 있다. 영국인들의 설문조사 결과 향후 10년 영국에 대한 최대 위협은 중국으로 나타났다.[206] 중국은 영국인들에게 러시아 다음으로 신뢰도가 낮은 국가다. 중국과의 경제 협력을 지지하는 사람들은 22%였으며, 영국의 인프라 건설에 대한 중국의 참여에 동의하는 사람들은 13%였다. 그러나 영국이 인도-태평양에 외교 중점을 두어야 한다는 주장에는 8%만이 동의했다. 그러니까 우크라이나 같은 유럽이면 몰라도 아시아 먼 곳까지 일을 하기에는 이제 영국의 국력이 예전 같지 않다고 생각하는 국민이 많은 것이다.

중국에 대한 영국의 반감이 높아진 것은 영국과 깊은 역사적 유대를 같이 하는 홍콩의 상황이 큰 영향을 주었다. 애초 바이든이 월가에 홍콩에 대해 주의하라는 경고를 던졌을 때, 많은 기업인이 진지하게 그 말을 받아들이지 않았다. 미국 기업들에게 홍콩에서의 입지를 축소하거나 떠나라는 의미인데, 행정부 관료들은 은행들이 아직도 중국 지역에서 당면하고 있는 리스크를 제대로 파악하지 못하고 있는 것 같다고 우려했다. 웰스 파고의 애널리스트 마이크 메이요Mike Mayo는 이는 중국에 대한 향후 10년의 전략 계획을 재고하게 한다고 말했다.[207] 그것은 재고한다는 말이 아니라 그만큼 홍콩을 떠나기 어렵다는 말이다.

하지만 홍콩의 민주화는 그 후 중국에 의해 처절하게 분쇄되었고, 번영하는 홍콩을 만들었다는 자부심이 있던 영국의 민중들은 분노했다. 영국은 홍콩에서 탈출하고자 하는 사람들을 위해 홍콩 거주자의 귀화를 위한 BNOBritish Overseas Nationals 비자를 한시적으로 제공했다. 이 BNO의 입국 시한은 2021년 7월 19일이었다. 홍콩 사람 대부분은 홍콩을 떠나는 이유에 대하여 국가보안법을 지적했다.[208]

이후 영국은 미국의 요청에 따라 남중국해에도 출동했다. 일본과도 협정을 맺었다. 영국 엘리자베스 항공모함 전단이 남중국해 가장자리에 모습을 드러낸 것은 미국의 대중 동맹에 대한 화답의 의미가 분명했다. 영국 함대는 항공모함 외에 구축함 HMS 디펜더와 HMS 다이아몬드 등 2척, 프리깃함 HMS 켄트 및 HMS 리치몬드와 2척의 지원함도 포함되었다.[209] 영국은 필요하면 더 많은 군사력도 보낼 것이다. 하지만 대세에 영향을 주지는 못할 것이다.

일본은 참전을 명분으로 전쟁 가능한 국가로 변모했다

일본 자위대는 수비를 기본으로 하는 무력이다. 일본이 전쟁이 가능한 국가가 되고 싶어 하는 것은 천하가 다 아는 일이다. 그리고 전쟁이 가능한 국가가 되기 가장 쉬운 길이 미국 주도의 전쟁에 참여하는 것이다. 일본은 이 길을 노력해왔고 드디어 전쟁을 할 수 있는 국가가 되었다.[210]

일본이 처음부터 이런 방침을 정하지는 않은 것으로 생각된다.

2019년 2월, 타이완 당국이 중국 군용기의 비행 정보를 즉시 교환하는 체제의 구축을 일본 정부에 요청했을 때, 일본 측은 사실상 거부했었다.[211] 하지만 다음 해인 2021년에는 중국에 대항하여 일본과 베트남이 접근하였다. 기시 노부오 일본 방위상과 베트남 국방부 판 반 장潘文江, Phan Văn Giang 장관 사이의 2021년 9월 회담은 일본 자위대와 베트남군 간에 군사 장비 판매 및 방위 기술 공유를 허용하는 전례 없는 협정을 체결했다.[212] 일본이 베트남에 무기를 판매할 수 있는 길을 준비해놓은 것이다. 또한 합동 군사 훈련을 허용하고 더 깊은 사이버 보안 협력을 통해 양국 관계를 새로운 수준으로 끌어올렸다.

당시 자민당 총재 선거에 나선 기시다 후미오岸田文雄는 최우선 과제로 중국과 싸울 것이라고 말했다.[213] 기시다는 경제에 집중하고 지정학적 이익을 보호하겠다며 임박한 공격을 방지하기 위해 적의 미사일 기지를 원천 공격하는 능력이 필요하다고 했다. 일본 내 우익 세력이 강해지고 여론이 반중으로 치닫자 일본 정계에서도 중국에 대항하는 쪽으로 방향을 잡은 것이다.

일본이 2022년에 발간한 연례 외교 정책 보고서에서 이를 입증한다. 이 보고서에 따르면 일본 정부는 중국의 군사력 확장에 대한 강력한 우려를 강조했다. 2020년 보고서에는 중국의 군사 활동을 공통 관심사라고 표현했고, 2021년 보고서에는 강력한 관심사라는 표현을 사용했다. 중국의 신장 인권 유린 의혹과 홍콩 탄압을 우려의 쟁점으로 꼽기도 했다.[214] 일본과 중국의 국교 정상화 50주년을 맞이할 때도 일본의 「산케이신문」 등은 사설을 통해 일본은 관련 기

념 활동을 취소해야 한다고 촉구하기도 했다. [215]

일본의 2021년 판 「국방백서」는 일본의 안보 보장에서 타이완의 중요성을 명시하고 있다. 이는 중국 본토의 압박을 받는 타이완을 지지하며 미국과 보조를 맞추겠다는 일본 정부의 입장을 반영한 것이다. [216] 이런 일본의 입장은 2022년 국회에 제출하려는 경제 안보 추진 법안에서 대중국 정보 관리를 강화하여 이를 민간이 유출하면 처벌하겠다는 내용으로 이어진다. [217]

이러한 일본의 변화는 중국의 불만을 샀다. 중일 양측의 갈등이 커지자 일본 방위성은 2021년 12월 기시 노부오 일본 방위상과 웨이펑허魏凤和 중국 국방부장이 2시간 동안 전화 통화를 했으며, 양측은 2022년 말 이전에 핫라인을 개설하기로 합의했다. [218] 일본은 한편으로 중국에 각을 세우면서도 다른 한편으로는 중국과의 우발적 충돌을 피하는 조치를 한 것이다.

하지만 일본의 본뜻은 전쟁 가능한 국가가 되는 것이고, '전쟁 가능'이 되기 위해서는 '적'이 필요하다. 그 적은 과거에는 북한이었으나 큰 효과가 없었다. 이제 중국을 적으로 삼으면서 전쟁 가능한 국가로 변화한 것이다. 일본은 2022년 12월 관련 문건 3건을 개정하는 편법으로 공식적인 전쟁 가능한 국가가 되었다. 심지어 적국이 공격하려는 징후가 보이면 선제 타격하겠다고 공언했다. 그리고 연립 여당인 공명당의 하마치 마사카즈 의원이 선제 타격의 사례로 한반도 사태를 거론했으며, 미국의 함정이 공격을 받을 수 있는 상황에도 적용된다는 발언을 했다. [219] 그렇다면 중국이 미군 함정을 공격하는 상황이면 중국에 대해 선제 타격을 할 수도 있다는 이야기가 된다.

일본 방위성은 2022년 10월, 중국·러시아·북한 등 군사적 위협에 대응하기 위해 10년 내 2단계로 방위력을 강화하기로 발표했고, 일본 해상자위대 가야 공군 기지가 미 무인정찰기 MQ-9 부대를 임시 배치했다. 일본도 적 기지 공격 능력을 강화하기 위해 미국의 토마호크 크루즈 미사일을 구매할 계획이다. 2022년 10월 30일, 일본 자민당 정치조사 위원장 신토 요시타카新藤義孝[220]는 후지TV 프로그램에서 억제력을 강화하기 위해 일본 정부가 토마호크 구매를 논의하고 있다고 인정했다.

만일 중일이 충돌한다면 어떻게, 어디서일까? 일본은 중국과 센카쿠 열도 분쟁이 있고 이 센카쿠 열도는 양안 전쟁이 일어나면 매우 중요한 군사적 요충지가 될 것이다. 중국도 결코 양보하지 않고 있고, 앞으로도 하지 않을 곳이다. 이것이 아소 다로麻生太郎가 중국이 타이완을 공격하면 일본은 타이완을 방어하는 미군에 합류할 것이라고 선언한 배경이라고 생각한다. 물론 아소 다로의 발언 즉시 카토 카츠노부加藤勝信 관방장관이 그것은 아소 다로의 개인 의견이라고 했고, 키시 노부오는 일본의 하나의 중국 정책에는 변화가 없다고 말했지만 말이다.[221]

필자가 생각할 때 미중 태평양 전쟁에 있어 일본의 이해관계는 전쟁 가능 국가가 되는 것 외에도 여러 가지가 있다. 센카쿠 열도와 같은 영토 분쟁의 해결, 북한과 같은 잠재적 위협의 제거, 동북아시아에서 미국의 최대 군사 동맹국이 되어 유럽에서의 영국과 같은 지위 및 파이브 아이즈 참여, 그리고 획득 군수 물자 판매 등으로 인한 경제적 이익, 장기적으로는 한반도를 관통하여 대륙에 진출할 수 있는 국가 전략 보급선의 확보 등이다. 하지만 실제 미국이 전쟁을 하면 일본은 그 보조적 역할인 경계, 정보전, 수송, 보급 지원 등을 고려하는 것이지 미국과 어깨를 나란히 하거나 최전방에 나서서 싸울 생각은 없어 보이기도 한다.

센카쿠 열도

일본은 미중 전쟁이 발생하면 자국 영토인 센카쿠 열도를 중심으로 타이완의 서북부 지역을 맡을 가능성이 크다. 일본 관점에서 북한은 한국의 등을 떠밀어 해결하면 손 안 대고 코를 풀 수 있다. 그리고 미국이 결국 승리하면 아시아에서 '일인지하 만인지상'의 자리를 차지한다는 계산일 것이다.

그래서 일본은 대중국 전선에 나서거나 대중국 무력 체계에 대한 투자에 인색하지 않다. 「홍콩 SCMP」는 중국의 인도-태평양 군사력 증강 속에 일본이 지상군 수송선을 확보하고 있다고 보도하였는데[222] 육상 자위대 함정이 2024년 배치돼 외딴섬에 주둔하는 인력에 인력에 탄약과 연료, 식량을 공급할 예정이라는 것이다. 분석가들은 일본 정부가 센카쿠 열도 등에 군대를 파견해야 할 경우 보급을 위한 것이라고 말하고 있다.

중국 입장에서도 타이완의 북부 방향으로 대양에 진출하려면 북쪽에서부터 서해, 대한 해협, 일본 해역, 오키나와를 중심으로 하는 일본의 도서 지역 등을 통과해야 한다. 대한 해협의 경우 한국과 일본의 군사력이 밀집되어 있어 선택하기 어려운 경로이고 오키나와 미군의 감시를 피하여 운항하려 할 경우 선택해야 하는 경로가 타이완 북부와 센카쿠 열도 사이의 해역이다.

예를 들면 2022년 8월 중국 해군 미사일 구축함, 프리깃 함, 보급함이 쓰시마 해협을 빠져 동중국해에서 일본해로 북상했다.[223] 이 3척은 8월 29일 오후 1시쯤 나가사키현의 쓰시마 남서쪽 약 240㎞를 북동쪽으로 나아가 30일에는 쓰시마 해협을 통과했다. 러시아 국방부가 9월 1일부터 극동에서 실시하고 있는 전략적 군사 연습 '보스토크 2022'에 참여할 가능성이 있다고 했다. 일 방위성은 2022년 11월 1일에도 중국 초계기 2대가 오키나와 본섬과 미야코섬 사이를 빠져 동중국해와 태평양을 왕복해 비행한 것을 확인했다고 발표했다.[224] 그리고 중국 항공기가 연일 오키나와 근방을 통과하고 있다. 중국이 부단히 타이완 동북 해역을 정찰하고 있는 것이다. 이런 현상은 중국이 센카쿠 열도 부근을 통과하는 루트를 확보하려는 의도로 해석된다.

일본의 중국 함대에 대한 민감한 반응은 조금은 지나쳐 보이기도 한다. 예를 들면 2022년 7월 일본 방위성은 중국 해군과 러시아 해군의 프리게이트 함 각 1척이 잇달아 센카쿠 열도 영해 외측에 있는 접속 수역에 들어갔다고 밝혔다.[225] 엄밀히 말해 영해 침입은 없었다. 왜 중러가 이렇게 연계 작전으로 보일 수 있는 행위를 했는지 목적은 명확하지 않지만 일본 방위성 간부는 "군사 충돌이 일어날 수 있는 위험한 행위다"라고 말하면서 중러 양군의 움직임에 경계를 강화하고 있다고 했다. 과연 프리게이트 함 1척이 공해를 항행한 것이 군사 충돌이 일어날 수 있는 위험한 행위인가? 일본은 이런 상황을 이용하고 싶을 뿐인 것이다.

타이완과의 무력 충돌이 있을 경우 일차적으로 남쪽의 파시 해협, 그리고 북쪽의 타이완–센카쿠 해역이 제해권을 판가름하는 장소가 될 수밖에 없다. 항공모함 전력과 공군력에서 미군에게 뒤지는 인민해방군으로서는 도서에서의 레이더 및 미사일 기지가 큰 지원 수단이 되는데 그런 시각에서 볼 때 센카쿠는 전략적 요충지라고 하겠다.

일본은 방위력 강화를 위해 이들 섬 전체에 대함 및 지대공 미사일을 배치하였다. 2019년 3월 26일 일본은 아마미, 오시마 두 기지의 가동에 들어갔다. 그리고 미야코 기지도 가동에 들어갔다. 이시가키에도 기지가 건설 중이고 2023년까지 미사일을 배치할 예정이다. 자위대는 P1 초계기에 탑재 가능한 Type 12 대함 미사일을 테스트 중이며 2026년까지 초음속 대함 미사일을 개발할 계획이다.

현재 일본이 설치한 미사일 시스템은 타이완 북부 해역을 완전히 커버하지 못한다. 그래서 일본은 장거리 미사일을 개발하여 이 섬

타이완 부근 일본 도서의 미사일 사정 거리

일본의 남서부 미사일 도달 거리

이미 시작된 전쟁

들 사이의 공간을 메우려 한다. 「요미우리신문」은 일본이 중국에 대한 반격 능력을 강화하기 위해 1,000기의 장거리 크루즈 미사일 배치를 검토하고 있다고 2022년 8월 보도했다.[226] 「요미우리신문」은 정부 소식통을 인용해 이 미사일은 사거리를 100km에서 1,000km로 확장하도록 수정된 재래식 무기가 될 것이라고 전했다. 이 배치가 이루어지면 중국 해군력이 타이완 북부를 통과하려면 일본의 대함 미사일 망을 먼저 해결해야 할 것이다.

이런 시각에서 볼 때 중국이 한국뿐만 아니라 일본을 선제공격할 가능성도 생각해볼 수는 있다. 하지만 북한을 통한 대리전쟁이 가능한 한국과는 달리 일본은 막강한 군사력을 가지고 있으면서도 공식적으로는 군대가 없는 나라이며, 미국이 군사적으로 보호를 약속하고 있는 국가이다. 중국이 일본을 선제공격하게 되면 자동적으로 미국이 개입하게 되어 중국은 타이완 합병은커녕 지구상 최대 무력 국가와 먼저 싸워야 한다. 역시 중국에게는 한반도가 답이다.

대북 억제력 확보

일본의 시각에서는 인근 국가들이 모두 적성국이다. 러시아, 중국, 북한이 바로 그들이다. 이들 나라 중 가장 전쟁 우발성이 크고 호전성을 보이는 나라가 북한이다. 북한은 상시적으로 군사적 도발을 하고, 일본 국민들을 납치한 과거도 있다. 북한은 미사일을 개발하면서 일본의 동쪽과 서쪽에 각각 시험 발사를 하여 일본을 패닉에 빠뜨린 일도 있다. 이제는 핵을 개발하여 사실상 핵 보유국이다.

미군이 한국에 주둔하는 것은 일본으로서는 자국의 안보 상황 발생 지점이 일본이 아닌 한반도가 된다는 매우 다행스러운 상황이다. 그러나 수십 년간 대치하고 있는 남북한의 상태가 북한이 핵무기 개발이라는 비대칭 전략 무기 개발로 넘어간 이상 이전과 같이 남북한 대치 국면만으로 안심하고 있을 수 없다. 북한의 핵무기 개발이 탄도 미사일 개발과 함께 이루어지는 것은 북한의 핵 타격 대상이 남한이 아닌 미국이라는 의미이다. 그렇지만 북한이 미국을 공격할 가능성은 거의 없다. 만일 북한이 핵무기를 사용하여 시위해야만 한다면 일본이 대상이 될 가능성을 배제할 수 없다. 그렇기에 일본의 국가 안보에 있어서 북한은 사실상 중국이나 러시아보다 더 위험한 존재이다.

그런데 북한과 싸워줄 나라가 있는 것이다. 일본 입장에서 한국은 우방이라고 하기에는 다소 멀지만 기본적으로 같은 진영의 국가이다. 전략적으로는 수십만에서 수백만의 잘 훈련받은 병사들이 가득한 저장소이기도 하다. 영악한 일본은 자국의 방위에 한국의 군사 자원을 이용하려는 '사량발천근四兩撥千斤'을 생각하는 것이다. 그런데 미국이 일본과 한국을 군사적으로 연계하려 한다. 이는 일본 정부 입장에서는 절호의 기회이다.

일본 고위층에서 유사시 한반도에 진출하여 보급 지원을 한다든지, 일본은 한국의 수십만 군대를 활용할 방법을 찾아야 한다는 말이 그냥 나오는 것이 아니다. 이런 일본을 상대로 저자세 외교를 하고 있는 윤석열 정부는 일본과의 군사 협력의 결과가 자칫 한국의 젊은이들을 사실상 일본을 위한 전쟁터에 몰아넣을 수도 있다는 것을 알아야만 할 것이다.

아시아에서의 영국 위상

일본 정부는 우크라이나 침공을 계속하는 러시아에 대한 대응과 해양 진출을 강화하는 중국을 겨냥한다는 명분으로 영국과 '자유롭게 열린 인도−태평양 전략FOIP' 실현을 위한 연계 강화를 도모하고 있다. 그 결과 2021년 8월에는 오키나와 남방에서 영 해군의 최신예 항공모함 퀸 엘리자베스를 핵심으로 하는 항공모함 타격군과 자위대가 공동훈련을 했다. 그리고 항공자위대 F2 전투기의 후계기도 일본과 영국에서 공동으로 연구개발하는 방향으로 진행되고 있다.[227]

일본과 영국은 2022년 12월 상호 진입 협정에 서명할 예정인데 이 협정이 이루어지면 인도−태평양 지역에서 미국과 협력을 강화하여 점증하는 중국의 위협에 대한 억제력을 강화할 수 있다. 일본과 영국은 상대 국가에 군대를 투입할 때 필요한 번거로운 절차와 치외법권 문제를 단순화하는 법적 프레임워크를 만들 것이라고 한다.[228] 인도−태평양 전쟁이 일어나면 영국 군대도 미군과 함께 일본의 기지를 사용하게 될 것이다.

미국기업연구소American Enterprise Institute의 잭 쿠퍼Zack Cooper는 아시아 동맹국들이 전에는 바퀴 모양처럼 미국을 축으로 여러 나라가 연대하는 '허브 앤드 스포크 모델'로 미국을 통해 연결되어 왔지만 이제 일본, 영국, 호주를 포함한 일부 미국 동맹국들이 스스로 허브 역할을 하고 있다고 하였다. 미 전략국제문제연구소의 크리스토퍼 존스톤Christopher Johnstone은 일영 협정의 실제 영향은 미미할 것이고, 일본과 필리핀 간의 상호 접근 협정이 전략적으로 훨씬 더 중요할 것이라고 말했다. 필자는 바로 그렇게 실질적이지 않지만 명분상 높은 위치를 주장할 수 있게 되는 것이 일본 정부의 의도라고 생각한다. 바로 아시아에서 영국에 상응하는 위치 말이다.

전쟁 특수여, 다시 한번

키시다 총리가 '방위력의 본질적 강화'를 위하여 '방위비의 상당한 증액을 확보하기로 결의'를 표명하자 바이든이 환영했다.[229] 전격적으로 국방비를 2배로 전격적인 증액을 한 것에 대해서도 미국은 쌍수를 들어 환영했다.

또 「닛케이 아시아」에 따르면 일본 정부는 탱크와 미사일 등의 장비를 아시아 국가에 무료로 수출할 수 있도록 중고 무기 수출 규제를 완화하는 방안을 검토하기 시작했다고 한다. 이것이 가능해지면 일본은 보유하고 있는 미국 무기들을 타이완에 공급할 수 있게 된다. 이것은 일본 또한 중국의 타이완 침공 전후로 직접 군사 개입하기보다 미국의 진보적 가치 전략에 맞추어 무기 및 물자 등을 공급하려는 의도로 해석할 수 있다.

그리고 일본 정치가들이 항상 이야기하는 것처럼 타이완이나 한반도에서 전쟁이 나면 일본은 한국전쟁과 베트남전 때처럼 전쟁 특수를 누릴 수 있을 것으로 기대한다. 일본에게 전쟁은 호황의 보증수표 같은 것이다.

호주의 AUKUS는 남는 장사다

호주가 주도한 것으로 알려진 AUKUS 동맹, 즉 호주, 영국, 미국의 새로운 군사 동맹은 즉각 전 세계를 놀라게 하였다. 더구나 미국이 호주에게 핵 잠수함 기술과 토마호크 등 관련 부대 무기도 공급할 것임이 알려지자 그 충격은 더욱 컸다. 그리고 이렇게까지 하면서 급히 AUKUS 동맹을 맺어야 했던 배경에 관심이 쏠렸다.[230]

당시 호주의 스콧 모리슨Scott John Morrison 총리의 발언 내용을 들어보면 지역적 위협의 증가로 인해 가치를 공유하는 오랜 동맹들과 함께 AUKUS 동맹을 결행했다는 것이다. 특히 지금까지 프랑스와 진행해온 잠수함 프로젝트로는 목적에 부족하기 때문에 핵 동력 잠수함 기술을 영미로부터 제공받기로 했다고 설명하였다. 영국의 보리스 존슨Alexander Boris de Pfeffel Johnson 총리는 AUKUS가 세계 안보를 향한 큰 발걸음이며, AUKUS에 속한 국가는 어깨를 나란히 하며 기술 교류를 위한 파트너십을 만드는 같은 생각을 가진 동맹이라고 강조했다.

그러면서도 그는 AUKUS가 배타적인 것이 아니며, 누군가를 축출하려는 시도가 아니라고 하였다. 또한 중국에 적대적이지 않다고 덧붙였다. 바이든은 AUKUS를 오랜 동맹국과 인도-태평양 지역의 안정을 위한 것이라고 했다. 호주에 제공하는 기술은 '핵 동력'이며 '핵무기'가 아니라는 점을 강조했다. 같은 논리라면 한국이 핵 동력을 확보하려는 것도 미국이 반대할 이유가 없을 터인데 말이다. 그러면서 프랑스와 유럽을 언급하며 존중하는 모습을 보였다. 프랑스의 인도-태평양에서의 지분에 대해 고려한다는 메시지를 전달한 것이다.[231]

그러나 이 AUKUS가 중국을 대상으로 한 것임은 분명해 보였다. 게다가 가장 충격적인 내용은 역시 호주에게 핵 잠수함을 제공한다는 것이었다. 향후 18개월, 즉 1년 반 동안 이를 위한 분석이 진행될 것이라고 했고, 제공되는 잠수함의 규모 또한 상당한 것임을 시사하였다. AUKUS 동맹의 대상으로 여겨지는 중국이 분기탱천한 것은 말할 필요도 없다. 그리고 중국의 분노에는 의문도 포함되어 있다. 호주와 중국이 최근 무역 제재를 하는 등 관계가 악화되고 있었다고는 해도 호주의 이런 행동은 너무 지나쳐서 이해할 수 없다는 것이다. 지금까지 중국의 외교를 보면 중국은 외국 또는 외국인들에게 자신이 어떻게 비추어지고 있는지에 대한 인지 능력이 충분해 보이지는 않는다. 「환구시보」 전 총편집인 후시진胡锡进도 유튜브를 통해[232] 중국과 호주는 서로 멀리 있어 군사적으로 충돌할 일도 없는데 왜 이렇게 호주가 격렬한 반응을 보이는지 이해할 수 없다고 이야기하고 있다. 후시진의 이 발언은 대다수 중국인의 시각을 반영한 것으로 생각된다.

AUKUS의 성립 발표를 보면 몇 가지 유추할 수 있다. 먼저 AUKUS 동맹의 구체적 내용에 대해서 공개하지 않았다. 다만 호주에 대한 핵 잠수함의 제공, 그리고 AI 등 관련 기술을 제공한다는 내용이 공개되었다. 따라서 공개되지 않은 부분이 상당 부분 존재한다는 것을 알 수 있다. 군사 동맹의 경우 의회의 동의를 받아야 하므로 비공개로 하기 어렵다. 핵 잠수함이나 군사용 AI의 경우 제공하게 되면 어차피 알려질 사실이기 때문에 공개했을 것이다. 그리고 가상 적국이나 기타 예민한 내용은 비공개했을 것이다.

이번 사태를 접하는 세계 많은 나라가 모두 놀라움을 금할 수 없었던 것은 핵무기가 아닌 핵 동력이라고 해도 NPT 가맹 국가인 호주에게 핵무기 보유 국가인 영미가 기술을 제공한다는 것은 매우 민감한 사안이기 때문이다. 지금까지 미국이 이란과 북한을 제재하고 이라크를 공격할 때 거론된 것이 언제나 핵과 대량살상무기였다. 실제 이란의 경우 자신들의 핵 개발은 모두 평화 목적이며, 국제 사찰을 수용하겠다고 이야기해도 지금까지 미국은 받아들이지 않았다.

호주는 이미 파이브 아이즈 국가이기 때문에 이러한 AI 등 군사 기술은 첩보용일 리는 없다. 그보다는 무기에 적용되는 기술로 보아야 할 것이다. 실제로 공개 내용에는 군사, 기술, 산업 등의 단어가 사용되었다. 육상 무기에 투자할 가능성은 작아 보이니 AI가 적용되는 무기는 대체로 미사일, 그리고 드론 등이 될 것이다. 결국 미국과 영국이 호주의 요청에 따라 오세아니아 대양을 커버하는 해군력과 공군력을 강화해주는 동맹이다. 존슨 영국 총리가 일자리를 강조한 것으로 보아 이 핵 잠수함 프로젝트에 영국 기업들이 참여하는 것은 분명해 보인다. 그리고 호주가 이 핵 잠수함을 요구했다는 것도 분명하다.

호주, 영국, 미국이 AUKUS 동맹이 인도-태평양 지역에 초점을 맞추고 있다고 아무리 주장을 해도 이제 이 사태는 중동과 북한을 포함한 아시아에 영향을 미칠 것이 분명하다. 미국과 중국 사이 양극화 경쟁의 결과인 이 동맹은 당장 이란이 이 명분을 활용하게 했다. 호주가 더 많은 핵 물질을 보유할 수 있다면 이란은 왜 안 되는가 하고 주장할 것이며, 여기에 북한이 가세할 가능성도 크다. 그리고 새로운 핵무기 경쟁이 시작되고 실행될 가능성이 커지는 것이다.[233]

아세안(ASEAN, 동남아시아 국가연합)도 뒤숭숭하다. 전반적으로 동남아시아 국가들은 "호주가 태평양 지역의 안보를 주요 서방 강대국 -앵글로색슨 국가만이 관리할 수 있는 것으로 간주한다"라고 점점 더 느끼게 될 수 있다는 말이 벌써 나오고 있다. 그중 분명하게 반발 하고 있는 국가가 인도네시아와 말레이시아이다. 인도네시아는 스 콧 모리슨 당시 호주 총리와의 회담을 취소했고, 말레이시아는 이 협정이 '핵무기 경쟁의 촉매'라고 공식적으로 경고했다.[234] 「로이터통 신」에 따르면 히샤무딘 후세인Hishammuddin Hussein 말레이시아 국방 장관은 한술 더 떠서 가까운 시일 내에 중국을 방문해 AUKUS에 대 한 중국의 의견을 수렴하겠다고 밝혔다.[235]

반면 아세안 중에서도 베트남, 싱가포르, 필리핀 등은 AUKUS 의 등장을 환영하고 있다.[236] 즉 아세안 국가들 각각의 입장이 갈리 는 것이다. 싱가포르, 베트남은 조용한 지지, 그리고 필리핀은 공개 적인 지지 입장이다. AUKUS 협정은 11월에 예정된 G20 정상 회 담 및 아세안 회의에서 논의될 것으로 예상되었지만 흐지부지되었 다. 아세안 내부의 입장부터 여러 가지인 것이다. 인도네시아 전 외 무장관 마티 나탈레가와Marty Natalegawa는 아세안의 TACTreaty Amity of Cooperation 규범을 더 넓은 인도-태평양 지역에 적용하는 '인도-태평 양 조약' 아이디어를 제안한 적이 있다. 그러나 이 역시 표류하는 중 이다.[237]

아세안 각국의 반응에 이런 온도 차가 있는 것은 대체로 각국과 중국 사이의 거리와 비례한다. 중국과 가까이에 있는 국가일수록 AUKUS에 동조하고 있으며, 멀리 있는 국가일수록 냉담하다. 그것 은 바꾸어 말해 중국으로부터의 압력을 받는 수준, 영토 분쟁의 수준에 따라 AUKUS에 대한 이해관계가 다르다는 의미가 될 것이다.

AUKUS의 출현은 아세안뿐만 아니라 인도, 일본에 대한 의문도 일게 하였다. 이미 쿼드라는 체제가 있음에도 불구하고 전격적으로 AUKUS 동맹이 나왔다는 것은 AUKUS에 참여하지 않은 일본이나 인도와 견해 차이가 컸기 때문이 아닌가 하는 시각이 있는 것이다. AUKUS가 기존의 쿼드와 다른 점이 군사 동맹이라는 것인데, 그것은 역으로 인도나 일본은 군사 동맹 가입에 소극적이었다는 것인가라는 추론을 하게 만들었다.

호주는 AUKUS 결맹 이후 아시아-태평양 국가 중 그 누구보다도 적극적으로 대 중국 군사 활동에 나서고 있다. 2022년 8월에는 호주 공군이 주최하는 총 17개국의 군사 연습 피치 블랙이 호주 북부에서 거행됐다.[238] 인도-태평양 지역에서 영향력을 확대하는 중국을 의식한 훈련이다. 이 훈련에 일본이 처음 참가해 항공 자위대 약 150명과 F2 전투기 6대를 파견했고, 독일과 한국도 처음으로 합류했다. 한국은 이래저래 이곳저곳에 휩쓸리고 있는 것이다. 이런 활동들은 사실상 중국을 겨냥한 것이기는 해도 형식적으로는 중국을 대상으로 하는 것은 아니라고 말할 수 있다. 하지만 호주의 행동은 거침이 없었다. 노골적으로 중국을 적대하기 시작한 것이다.

2021년 4월 호주는 빅토리아주와 중국 사이의 일대일로와 관련하여 두 가지 협정을 취소하기로 하였다. 중국 대사관은 앞서 호주의 마리세 페인Marise Payne 외무장관의 이러한 움직임에 대해 중국과 호주의 관계를 더욱 악화시키는 도발이라고 지적하였다. 마리세 장관은 이 조치는 호주의 국익과 호주 전역에 걸친 대외 관계의 일관성을 보장하는 데 중점을 둔 것이며, 호주 정부만을 겨냥한 것은 아니라고 말했다. 시드니 대학 경영대학원의 한스 헨드리스케Hans Hendrischke는 중국과 호주 간 일대일로의 어떤 프로젝트도 시작되지 않았고 법적 강제력도 없었기 때문에 협정의 취소가 상업적인 영향을 가져오지는 않을 것이라고 말했다.[239] 호주가 정식으로 중국과의 일대일로 프로젝트를 무효화한 사건은 사실상 중국에 대한 도전을 선언한 것이나 마찬가지였다. 중국도 호주에 대한 대책을 세워야 하는 상황이 된 것이다.

미 국무부는 2021년 10월, 호주에 대한 시호크 헬리콥터 12대의 판매를 승인했다.[240] 피터 더튼Peter Dutton 호주 국방부 장관은 더 나아가 중국 해군 함정이 2021년 11월 배타적 경제수역을 항해하는 것을 추적한 후 중국의 행동이 지역의 평화와 번영을 촉진한다는 말과 일치하지 않는다고 비난했다. 피터 더튼은 중국의 남중국해 군사화, 최근 타이완에 대한 침략, 홍콩 국가보안법 도입 등을 중국의 언사에 어긋나는 행동의 예로 들었다.[241]

그 결과는 곧바로 나타났다. 2022년 2월, 호주 국방부는 중국 해군 함정이 북쪽 상공을 비행 중인 호주 항공기에 레이저를 발사해 위험할 뻔했다고 밝혔다.[242] 미 국방부는 성명을 통해 해상 초계기인 P-8A 포세이돈이 인민해방군 함정에서 발사하는 레이저를 감지했다고 밝혀 호주의 발표를 지원했다. 2022년 5월에는 중국의 정찰선 해왕성호가 호주 해군통신센터 50해리 이내에 접근하는 것을 관측했다고 피터 더튼 호주 국방부 장관이 발표하는 일이 일어났다.[243] 호주 해군은 이 선박이 200해리 안에 들어오면서부터 5일 동안 감시했다고 한다. 이제 호주와 중국의 대결 구도는 분명해진 것이다.

결론적으로 호주는 미중 전쟁 발발 시 미국의 든든한 동맹으로 서남태평양을 지킬 것이다. 그리고 파이브 아이즈 국가의 일원이며, 특히 뉴질랜드가 참전하지 않는 상황에서 전후 아시아 및 남태평양에서 호주의 발언권이나 영향력은 그전과는 비교가 되지 않을 정도로 커질 것으로 예상된다.

호주의 이런 적극적인 자세는 아시아에서 일인지하 만인지상의 위치를 노리는 일본과는 미묘한 관계를 초래할 수 있다. 일본은 AUKUS에 가입하지 않았는데(가입하지 못한 것일 수도 있다) 일본의 경우 형식상으로는 평화 헌법으로 인해 전쟁할 수 없는 국가이므로 특정 나라에 대항하는 군사 동맹을 맺기 어려웠을 수 있다.[244] 동시에 당시 스가 요시히데 총리의 불출마 및 자민당 내부의 혼란으로 일본은 중대한 군사 동맹을 맺을 수 있는 시기가 아니었을 수도 있다. 또는 오히려 미국 쪽이 일본의 군사화를 추진하고 돕는 데 부담을 느꼈을 수도 있다.

그리고 인도의 경우는 비교적 명확한데, 인도는 중국과의 국경 분쟁을 잘 처리하는 것이 중요하지 중국과의 전선을 확대하고 싶어 하지 않는다. 따라서 AUKUS는 실제 군사적으로 작전을 같이 할 능력과 의지가 있는 국가들이 동맹을 맺은 것이라고 할 수 있다. 그리고 모든 동맹은 특정한 적 세력을 대상으로 하는 것이고, AUKUS가 겨냥하는 것이 중국임은 말할 나위도 없다.

당연하게도 중국은 AUKUS 동맹을 맹렬히 비난했다. 그러면서 AUKUS는 뭐고 쿼드는 또 뭐냐며 비아냥하기도 했다. 「환구시보」는 사설에서 미국이 호주에만 특별히 핵 기술을 제공한다면서 인도나 일본은 미국이 핵 관련 기술을 제공할 것을 기대하지 말았어야 했다고 했다. 즉 인도나 일본이 소외당했다고 지적한 것이다. 그러나 러시아 매체인 「이즈베스티야Izvestia」가 인터뷰한 전문가들도 이는 중국의 선전 공작이라고 평가했다.[245] 브리즈번의 호주-인도 협력연구소 소장인 아슈로시 미스라Ashutosh Misra는 「이즈베스티야」의 인도와 일본이 AUKUS의 창설을 후회한다는 말은 순전히 쿼드 회원국들 사이를 이간질하는 중국의 선전이라고 평가절하했다. 인도는 AUKUS를 일본과 마찬가지로 인도-태평양 지역의 강점 강화 요소로 보고 있다는 것이다.

즉 인도나 일본의 시각에서는 AUKUS는 쿼드의 가치를 떨어뜨리는 행위라고 보기보다는 쿼드는 하지 못할 일을 충족시켜주는 부분이 크다고 본다는 것이다. 실제로 일부 전문가들은 쿼드와 AUKUS뿐만 아니라 인도-인도네시아-호주, 인도-호주-프랑스 및 인도-일본-호주와 같은 다양한 연대가 나타날 수 있다고 보고 있다. 구성이 무엇이든 아세안을 중심으로 규칙을 기반한 투명하고 안전한 지역 아키텍처를 강화하는 것이라는 동일한 목표를 가지고 추진될 수 있다는 것이다.

반면 기본적으로 중국과 같은 진영에 서 있는 러시아는 중국과 마찬가지로 호주의 원자력 잠수함 개발이 핵 확산 방지 조약을 훼손하고, 이 지역의 군비 경쟁을 가속할 것이라는 우려를 표명했다. 러시아는 핵 잠수함 함대 건설이 국제원자력기구IAEA의 감독을 받아야 한다고 주장했는데, AUKUS 동맹 국가들은 이를 받아들이지 않았다. IAEA의 감독을 받는 것은 아마 이란이나 북한 같은 나라에 한정인 모양이다.

그런데 재미있게도 러시아는 AUKUS 잠수함 거래를 선례로 여겨 인도-태평양 지역의 국가들에게 핵 잠수함 기술을 제공하려 했다는 것이다. 러시아가 핵 잠수함을 제공한다면 중국이라고 못할 이유가 없다. 바야흐로 인도-태평양 지역에서 어느 국가이든 원하면 핵 잠수함을 구매할 수 있는 환경이 만들어지고 있는 것이다.[246] 한국만이 홀로 기술개발을 통해 핵 잠수함을 만들 수 있다고 생각하면 안 된다. 아예 완성품으로써 핵 잠수함을 구매하는 국가가 나타날 수 있는 것이다.

그리고 AUKUS 발표 전에 프랑스에 알렸다는 미 백악관의 설명과는 달리 프랑스는 전혀 전달받지 못했다는 입장이다.[247] 양측의 발언이 모두 사실이라면 미국은 AUKUS 동맹의 결정 과정까지는 프랑스 등 유럽에 정보를 공유하지 않았고, 발표 직전에야 프랑스에 통보했을 가능성이 있다. 한국도 2021년 9월 호주와 한국 간에 제5차 한·호주 외교·국방 장관회의(2+2 회담)가 있었는데, 필자가 외교부 내의 소식통에게 들은 바로는 그 회의에서 호주는 AUKUS 관련하여 아무런 언급이나 암시가 없었다고 했다. 그러나 정의용 외무장관은 후에 마리스 페인 호주 외교장관이 그에게 알렸다고 밝혔다.[248] 그러니까 이 소식은 비밀로 최고위급들만 알고 있었던 셈이다. 동시에 한국은 알고 있었지만 프랑스는 모르고 있었다는 것이 된다. 그리고 EU의 태도를 볼 때 다른 유럽 국가들도 모르고 있었을 가능성이 크다. 그런 시각에서 볼 때 한국에게는 알렸다는 것도 충분히 의

미심장하다. 그리고 AUKUS에 한국의 참여를 요청했을 수 있다는 가능성이 엿보인다.[249]

지금까지 확인해본 세계 각국의 반응을 종합해보면 AUKUS는 비밀리에 세 나라 지도자 등 최고위층의 비밀 협상을 통해 신속하게 이루어졌고, 그 주동자는 호주의 모리스 총리였다. 그렇지 않아도 군사력을 강화하고 있는 호주에게 핵 잠수함과 토마호크 미사일 등을 제공하는 등 강력한 군사력을 갖추는 내용이다. 그리고 AI, 사이버, 5G 등 하이테크가 거론되었고 타이완 문제가 확실히 중요한 의제가 될 것이라는 분석도 나왔다.[250] 이들의 목적이 중국이라는 것은 삼척동자도 알 수 있는 일이지만, 프랑스의 반발을 사는 등 졸속으로 진행된 감도 있다. 그것은 호주가 주동하고 미국이 급히 AUKUS를 성사시키고 싶었던 것이라고 추측할 수 있다. 그리고 바이든 행정부가 AUKUS에서 보여준 이런 침착하지 못한 태도는 앞으로의 상황 전개에서도 상당히 중요한 요소로 작용할 것이다.

인도는 불참할 것이다

최근 쿼드가 미국에 의해 다시 소환되어 미국, 호주, 일본, 인도의 4개국 정상이 만났을 때 주 논제는 인프라, 의료 및 네트워크를 포함한 여러 영역이라는 것이 공식 입장이었다. 그러나 이 말을 믿는 사람은 아무도 없을 것이다. 익명의 워싱턴 관료는 이 회의에서 코로나 백신이 논의될 것이며, 또한 **이번 회의가 역사상 중요한 의미를 가질 것**이라고 했다. 무엇인가 진행되고 있었던 것이다.[251] 그리고 그것은 중국에 대한 것이 분명했다.

인도는 쿼드는 군사적 목적이 아니라는 점, AUKUS와는 다르다는 점을 주장하고 있다. 요는 설령 인도가 쿼드에 가입하기를 미국이 요청했다 하더라도 쿼드는 군사적 목적이 아니라는 것이다. 그리고 인도의 이 주장이야말로 왜 쿼드 외에 AUKUS가 필요했는지를 설명해준다고 본다. 인도는 중국과의 접경에 분쟁으로 인하여 중국과 싸우고 있지만 확전을 원하지 않는다. 더구나 태평양까지 전선을 확대하려는 의사는 결코 없다. 인도가 미국 등이 주도하는 태평양의 군사 훈련에 참여하는 주목적은 중국의 군사력이 인도양까지 오는 일이 없도록, 말라카 해협 이전 지역인 남중국해에서 멈추도록 하는 것이 국익에 도움이 되기 때문이다.[252] 그렇지만 인도 함대를 태평양까지 보내서 중국과 싸울 생각은 없는 것이다.

돌이켜 보면 쿼드는 2021년 2월, 미 당국이 쿼드 회담을 진행할 것임을 선포하면서 시작되었다. 블링컨 국무장관은 겉으로는 호주, 인도 및 일본의 외무장관 등과 회담을 거행할 것이며, 의제는 코로나19와 기후 변화가 될 것이라고 했다. 하지만 블링컨은 실상 트럼프 행정부의 대중 정책 기조를 받아들이되 우방과 함께 중국에 대처하겠다는 것이며, 중국이 자신들의 호전성에 대한 결과를 받아들여야 한다는 입장이라고 했다.[253] 당시 중국이 타이완이 아니라 인도와 군사 분쟁을 일으킬 가능성이 있다는 의견이 나오기도 했다.[254]

몇 차례의 화상 회의 후 2021년 9월 쿼드 지도자들은 처음으로 직접 만나 몇 가지 이니셔티브를 계획했다. 비군사적 영역인 코로나19 백신, 공급망 보안, 5G 통신, 그리고 기후 등이다. 당시 CSIS의 보니 린Bonnie Lin은 중국의 강경 경제 제재 조치가 역효과를 가져오

는 경향이 있다고 우려하기도 했다.[255]

　그러나 쿼드 국가 중 인도의 중국에 대한 입장은 다른 나라들과는 달랐다. 중국 군함이 인도의 우려에도 불구하고 2022년 8월 스리랑카에 정박했을 때까지만 해도 인도는 크든 작든 중국에 맞서는 진영에 설 것 같았다. 중국이 위성 및 탄도 미사일 발사를 추적하는 데 사용하는 정찰선 위엔양远洋 5호는 남부 함반토타 항구에서 며칠 동안 연료를 보급할 예정이었다. 함반토타 항구는 스리랑카가 일대일로 프로젝트의 일환으로 건설했지만 중국에게 차입금을 갚지 못하면서 중국이 99년 동안 임대하고 있는 중이다. 스리랑카 정부는 당시 추가 협의가 이루어질 때까지 선박의 도착을 연기할 것을 중국에 요청했지만, 중국은 1주 후 중국 선박의 정박을 발표해버렸다. 디펜스 프라이어리티Defense Priorities의 중국 군사 전문가인 라일 골드스타인Lyle Goldstein은 위엔양 5호는 인도가 강력하게 반대했던 과거 중국 잠수함의 방문보다 인도에 위협이 덜하다 말했지만,[256] 인도 입장에서는 어림도 없는 소리였다.

　하지만 중국도 인도 같은 인접한 대국이 군사적으로 대립한다면 견디기 어렵다. 중국과 인도 국경 분쟁이 발생했을 때 인도는 국경에서 군대가 서로 철수할 때까지 중국과의 관계가 정상적일 수 없다고 말했다. 그리고 중국은 2022년 3월 뉴델리에서 열린 외무장관 회의에서 화해를 표명했다.[257] 중국 외교부는 성명에서 국경 문제를 비상 대응에서 정상 관리로 가능한 한 빨리 전환할 것을 촉구했다. 결국 인도 외무장관 수브라마니암 자이샨카르Subrahmanyam Jaishankar가 2022년 9월 국경 분쟁에도 불구하고 서로를 수용할 방법을 찾는 것이 뉴델리와 베이징의 상호 이익이라고 말하는 상황에 도달했다.

뉴욕 올버니대학의 크리스토퍼 클래리Christopher Clary는 인도가 국경에서 군을 철수한 것에 대해 소리 없는, 그러나 실재하는 비판에 직면해 있다고 말했다. 수브라마니암 자이샨카르는 직후 UN 총회에서 세계 정상들에게 연설했고, 브릭스 외무장관 회의에도 참석했다. 그러나 중국 왕이 외교부장과는 만나지 않았다.[258] 우즈베키스탄 사마르칸트에서 모디 총리가 시진핑을 만났을 때도 악수도 하지 않고 웃음도 보이지 않았었다.

그런데 인도 정부는 곧바로 인도군과 중국군이 2년 전 중국과 인도의 충돌이 있던 서부 히말라야 산맥 고그라 온천 국경 지역에서 철수하기 시작했다. 인도는 양측의 병력 철수가 국경을 평화롭게 유지하기 위해 조정되고 계획된 방식으로 진행됐다고 밝혔다. 중국과 인도 간 협상이 타결된 것이다. 이제 인도로서는 중국에 대해 미국과 유럽 국가, 거기에 일본까지 가세한 상황에서 이미 중국에 대한 안보적 위협은 없어진 셈이다.

그리고 서방과 중국의 공급망 분리가 진행되는 과정은 인도에게 많은 반사 이익을 가져다주고 있다. 애플의 아이폰 공장이 인도로 이전한 것을 포함하여 중국에 있던 다수의 기업이 인도로 옮겨오고 있다. 동시에 중국은 인도에게 화해의 제스처와 함께 경제적 협력을 손짓하고 있다. 인도가 굳이 이런 상황을 즐기지 않고 판을 깰 이유가 없는 것이다. 이러한 인도의 태도에 대해 바이든 미국 대통령은 인도의 대응이 미국 안보 파트너들 사이에서 '동요했다'고 표현했지만, 미상원 외교위원회는 인도의 입장에 대해 극도의 불만을 표명했다.[259]

인도는 중국뿐만 아니라 러시아에 대해서도 미국 및 서방과 시각이 다르다. 우크라이나 전쟁에 있어서도 인도는 중국에 대항할 군사 무기를 공급받기 위하여 러시아에 대한 비난을 자제하고 있다. 러시아는 냉전 이후 인도의 가장 큰 무기 공급국이었고, 인도의 전투기 절반 이상과 거의 모든 탱크가 러시아에서 생산되었다. 미국 싱크탱크인 스팀슨센터Stimson Center의 보고서에 따르면 인도 군용 하드웨어의 85%가 러시아에서 조달되었다. 인도는 러시아의 가장 큰 고객으로 러시아 무기 판매의 23% 이상을 차지한다.

역사적으로도 인도는 1971년 인도-파키스탄 전쟁에서 소련에게 결정적인 해군 지원을 받았다. 동파키스탄(당시 이름으로 후에 방글라데시가 됨)에서 미국과 영국 해군은 인도군을 요격하려 했는데 소련 잠수함들이 도착해서 포진하자 공격을 취소한 적이 있는것이다. 러시아는 또한 나렌드라 모디 총리의 카슈미르 분쟁 지역에 대한 강경 정책을 지지했는데, 이로 인해 러시아는 세계적인 비판을 감수해야 했다. 요컨대 러시아는 일관되게 인도를 지원해온 것이다.

인도는 안보 의존도와 러시아에 대한 형제애를 감안할 때 UN에서 러시아 편을 들거나, 제재에 참여하기도 어렵다. 인도는 러시아에 대한 경제 제재는 참여하지 않는 것은 물론 러시아에 대한 제재를 우회할 수 있도록 루피-루블 거래를 허용하기 위해 노력 중이다.[260] 그래서 필자는 중국과의 전쟁이 일어난다면 인도는 중립을 지킬 것이라고 생각한다.

파이브 아이즈 중 캐나다 참전, 뉴질랜드 불참

호주는 이번 AUKUS 동맹을 추진함에 있어 미중 간에 전략적 모호성을 유지해오던 것을 포기하여 앞으로 선택 여지는 대폭 줄었다. 그리고 AUKUS의 추진에 있어 국민과의 충분한 공감대와 합의를 확인하지 않고 모리슨 총리가 독자적으로 추진하고 결정한 것은 현재 상황에서는 큰 문제가 되지 않을 것이다. 하지만 이후 예상하지 않았던 규모의 중국과의 무력 충돌이나 국민들의 피해가 발생할 경우, 국민 여론의 충분한 동의를 얻지 않은 의사결정 과정은 두고두고 문제가 될 수 있다.

호주와는 달리 뉴질랜드는 중국을 비판하는 등 미국, 영국, 호주, 캐나다 등과 함께 구성하고 있는 파이브 아이즈의 역할을 확대하는 것에 대해 불편하다는 입장을 표명했다. 나니이아 마후타_{Nanaia-Mahuta} 뉴질랜드 외무장관은 연설에서 중국은 뉴질랜드의 최대 교역국이며, 뉴질랜드는 예측 가능한 외교 관계를 추구한다고 말했다.[261] 호주와는 달리 인구가 적은 뉴질랜드 입장에서 중국 같은 대국과 군사적으로 대립하는 것은 쉽지 않은 일이다. 실제 뉴질랜드군이 군사적으로 기여할 수 있는 부분도 크지 않다. 단지 외교적으로 명분을 얻는 것인데 그러기에는 중국에서 얻는 이익이 크고, 혹시라도 중국과의 군사적 충돌이 발생할 경우의 피해는 감당하기 어렵다. 그렇다고 파이브 아이즈 국가인 뉴질랜드가 중국 편에 서서 호주나 미국에 대립할 가능성은 없다. 그러니 외교적으로는 중국에 맞서지 않으면서 실질적으로는 파이브 아이즈 국가로서 충실하면 최선인 것이다. 미국을 비롯한 서방 국가들도 이러한 뉴질랜드의 입장을 양해하는 것으로 보인다.

NATO가 참전하고 러시아도 참전하면 유럽은 불바다이다

중국을 상대로 유럽이 가고자 하는 독자적 노선을 결정하는 것은 결코 쉬운 일이 아니다. 유럽 내에서도 언제나 의견이 엇갈리며 공동의 목표 또한 명확하지 않기 때문이다.[262] 하지만 중국을 비롯한 아시아의 중요성은 이제 유럽도 진지하게 마주하지 않으면 안 되는 현실이다.

사실 중국은 뒤에서 거론할 유럽 투자 협정에 수년간 공을 들여 왔다. 중국은 유럽이 미국과의 관계에 있어 상당히 자기 목소리를 내기 때문에 미국과의 관계가 틀어져도 유럽과의 관계는 유지할 수 있을 것으로 보았던 것 같다. 특히 동독 출신의 독일 메르켈 전 총리가 중국과의 관계에 적극적이었고, 유럽을 이끌어가는 리더십도 출중했기 때문에 충분히 그런 희망을 가질 수 있었을 것이다.

하지만 유럽도 중국에 대한 불만이 커져가고 있었다. 한국과 마찬가지로 중국이라는 시장을 잃고 싶어 하지 않지만, 중국의 일방적이고 위압적인 조치들에 대한 불만이 팽배해지고 있는 것이다. 요제프 보렐Josep Borrell EU 외교안보정책 대표 겸 유럽위원회 부위원장은 2021년 3월 블룸버그 기고문을 통해 EU는 인도-태평양 지역을 위한 전략적 지침이 필요하다고 밝혔다.[263] 그는 세 가지 우선 분야가 있다고 했는데, 인도-태평양 지역에 대한 EU 방침 제정, EU-인도 협력의 단계적 전환 노력, '연통성' 작업을 계속하는 것을 말한다. 연통성은 사람들 간을 연결하는 것을 말하는데 그는 지속 가능성, 지역 이해, 그리고 자주권을 강조했다.

급기야 2021년 6월 리투아니아가 중국과 중부 유럽, 동유럽 국가의 협력 기구인 CEE, 일명 17+1의 활동을 중지한다고 밝혔다. 주중 리투아니아 대사인 디아나 미케비시엔Diana Mickeviciene은 리투아니아는 17+1을 통해 중국 시장에 보다 접근할 수 있게 되기를 원했지만 그렇지 못했다고 말했다.[264] 그후 리투아니아가 중국과의 국교 단교를 감수하면서까지 타이완과 외교 관계를 맺은 것을 볼 때 이 사건은 분명히 유럽의 대중국 관계의 풍향이 바뀌는 신호탄이었다.

이어서 EU는 2022년 2월, 중국이 EU 기업의 통신 기술 등에 관한 지적재산권 보호를 인정하지 않는다며 WTO에 제소하겠다고 발표했다.[265] EU에 따르면 중국 법원은 2020년 8월 이후 EU 기업이 지적재산권 보호를 요구하여 중국 국외 법원에 소송을 일으키는 것을 사실상 막고 있다.

더구나 우크라이나 전쟁이 일어나고 유럽이 모두 긴박하게 움직일 때 사실상 중국이 러시아에 동조한 것이 결정적이었다. 요제프 보렐은 2022년 4월 중국과의 고위급 회담에서 귀머거리와의 대화라며 중국 지도자들과 우크라이나에 대해 이야기하고 싶지 않았다고 말했다. 보렐은 중국 지도부가 러시아로부터 군사적 또는 경제적 지원 보류를 약속하지 않았다고 확인했다.[266] 보렐은 갈등에 관해서는 중국이 눈과 귀를 막고 있다고 지적했다.

사실 중국을 겨냥하여 NATO가 결집한다면 중국에게 최악의 상황일 수 있다. 시진핑이 푸틴과 점점 더 손을 맞잡으면서 NATO는 지정학적 구도의 변화를 반영하여 향후 10년 동안 새로운 정책 지침에서 중국을 '시스템적 도전'으로 규정했다. 그리고 일본, 한국, 호주, 뉴질랜드 정상이 2022년 6월 처음으로 30개국 NATO 정상회의에 모두 참석했다.[267] 이를 두고 천성훈 전 청와대 안보전략 비서관은 장기적으로 태평양 지역에서 미국의 영향력이 약화되는 경우 NATO와의 연계는 중국으로부터 한국의 이익을 보호할 수 있다고 말했다. 필자는 이 말이 전혀 납득되지 않는다. '장기적으로 태평양 지역에서 미국의 영향력이 약화되는 경우' 과연 NATO가 미국을 대신하여 한국을 도울 여력이 있을까? 미국의 우파 논객인 엘브리지 콜비는 유럽이 미중 전쟁에 아예 나서지 않을 것이라고 말하고 있다. 미국의 힘이 약화되는 경우 NATO와의 연계는 도움이 되기보다는 부담이 될 가능성이 더 크다고 본다.

NATO 정상 회담에서 주요국들은 중국의 영향력 확대와 국제 정책은 도전을 가져올 것이며, 우리는 중국 문제에 대해 동맹체로서 대처해야 한다. 우리는 동맹의 안보와 이익을 수호하기 위해 중국과 협력할 것이라고 말했다. 또 중국의 우주 분야의 급속한 발전, 대량 살상무기의 확산과 무장은 안보에 영향을 미치고 있고, 통제 구조는 NATO의 집단 안보를 약화시킨다고 지적했다. NATO는 중국이 핵 능력과 핵 이론에 관한 대화, 신뢰 구축 및 투명한 조치에 의미 있는 참여를 할 것을 촉구했었다.[268] 즉 중국에 대해 NATO 국가들이 결집해서 세력을 키워 대응하겠으니 중국이 양보하라는 뜻이다. 이에 예상대로 중국은 NATO의 어떤 도전에도 물러서지 않을 것이라고 경고했다. 중국은 어느 나라에도 시스템적 도전을 내세우지 않았다며, NATO가 사용한 시스템적 도전이라는 말에 대해 반발했다.[269]

요제프 보렐은 캄보디아의 수도 프놈펜에서 열린 일련의 ASEAN 회의에 대해 2022년 8월 8일 「블로그 포스트」에서 아시아 –태평양 지역은 의심의 여지없이 세계의 무게 중심이 되고 있다고 말했다.[270] 그는 아시아의 안보는 유럽의 안보와 번영에 직접적인 영향을 미친다며, EU가 더 이상 이 지역과의 협력에서 뒤처져 있어서는 안 된다는 점을 재확인했다고 말했다. 이는 사실상 EU가 반중 그룹에 합류한다는 의미를 뜻했다.

프랑스

우리는 크게 인식하지 못하고 있지만 프랑스는 인도-태평양 지역에 대한 지대한 관심이 있다. 프랑스는 유럽에 위치하고 있지만 남태평양의 프렌치 폴리네시아, 뉴칼레도니아, 월리스, 푸투나, 인도양의 레위니옹, 마요트, 케르그렌 등의 섬을 소유하고 있다. 프랑스의 인도-태평양 지역은 1,100만㎢의 면적으로 배타적 경제 수역 전체 면적의 약 62%를 차지하며, 약 150만 명의 프랑스 시민이 살고 있다. 프랑스의 인도-태평양 지역 영해 면적이 한국 국토 면적의 110배에 달한다. 그리고 핵 보유국이며 역사적으로도 인도차이나 지역에 식민지를 경영한 국가이다. 이를 근거로 프랑스는 스스로를 인도-태평양 국가로 정의한다. 즉 유럽 국가는 태평양에서 권리 주장을 할 수 없다는 중국의 논리에 맞서 프랑스는 엄연히 태평양과 인도양에 영토를 가지고 있는 이해 당사자라는 의미이다.

프랑스는 인도-태평양 국가로서의 위상을 반영하기 위해 2019년 5월 인도-태평양 방위 전략 보고서를 발간했는데, 다단계 전략적 동반자 관계 네트워크 구축을 통해 역내 국가들의 국방 협력 및 합동 군사훈련에 적극 참여하고, 군사적 투사 능력을 강화하겠다고 밝혔다. 군사 배치 측면에서 프랑스 국방부는 인도-태평양 지역을 몇 개의 책임 구역으로 나누고 약 8,000명의 군인과 수십 척의 군함을 배치했는데, 이는 프랑스의 영구 해외 군사 배치의 거의 60%를 차지한다. 또한 프랑스는 노스웨스트 윈드급 상륙 작전함과 라피트급 구축함 등 전함 여러 척을 인도-태평양 지역에 파견하는 등 자국의 실력을 보였다.

2021년 3월, 프랑스는 중국이 프랑스 의원 1명을 포함해 EU 4개 기관을 보복 제재[271]한 데 대해 받아들일 수 없다는 뜻을 밝혔다. 「AFP 통신」에 따르면 프랑스는 주 프랑스 중국 대사가 신속히 프랑스 외교부를 방문해 초치 접수를 이행해줄 것을 요청했다. 그러나 주 프랑스 중국대사관은 공식 홈페이지를 통해 루샤예 대사[272]가 오늘 일정이 바쁜 만큼 내일이 되어야 프랑스 외교부를 방문해 프랑스 측과 만날 수 있다고 전했다. 클레망 본Clement Bonne 프랑스 EU 담당 차관은 이날 아침 프랑스 국내 라디오와의 인터뷰에서 개인 일정 때문에 초치 거절 사유가 될 수 있다는 사실이 믿기지 않는다며, 이는 말도 안 된다고 분노했다.[273] 실제로 국가 간 항의 전달 목적으로 대사를 불러들이는 경우 만사를 제치고 달려가는 것이 국제 외교상 관례이다. 중국 대사가 오늘은 바쁘니 내일 가겠다고, 그것도 홈페이지를 통해 통보한 태도는 프랑스뿐 아니라 모든 유럽 국가가 격분하게 했다.

그러나 미국 또한 프랑스와 유럽을 격분하게 했다. 자주 노선을 지향하는 프랑스와 유럽 국가들은 이제 막 EU를 뛰쳐나간 영국이 과거 영연방 국가였던 호주, 미국과 함께 AUKUS 동맹을 맺고 핵 기술을 제공하는 것, 게다가 프랑스가 호주에 제공하기로 되어 진행하던 프로젝트를 뒤집어엎은 것은 그들의 표현대로 "동맹의 등에 칼을 꽂았다"라는 상황이었다. 프랑스가 분노한 것은 당연하고, 유럽도 함께 분노했다. 바이든은 프랑스와 유럽이 크게 분노할 줄은 전혀 예상하지 못했다.[274] 그러나 프랑스의 분노는 미국에게 엄중한 결과를 초래할 수 있었다. 유럽을 중국과 너무 멀어지지 않도록 리드해왔던 독일의 메르켈 총리가 퇴장하면서 프랑스가 EU의 의장국이 되는 상황이었다.

화급해진 호주의 모리스 총리는 프랑스의 분노를 이해한다고 발표하였다. 미국의 바이든은 AUKUS 동맹 정책 자체에 대해서는 사과하지 않았다. 그러나 프랑스와 협의를 충분히 하지 않은 점은 분명히 자신의 실수라며 이에 대해서는 사과했다.[275] 아무튼 미 대통령이 공개적으로 사과를 한 것이었으니 프랑스도 계속 화를 내고 있을 수는 없게 되었다. 2021년 9월, 바이든 미국 대통령과의 전화 통화에서 마크롱 프랑스 대통령이 프랑스와 EU에 대한 미국의 지원을 대가로 분쟁을 완화하기로 했다. 단순히 체면을 잃거나 수비 계약을 잃는 문제가 아니라, 프랑스는 인도-태평양 지역에서 어느 정도 영향력을 갖기를 원한다. 그 이유는 프랑스가 이 지역에 영토가 있을 뿐만 아니라 이 지역이 21세기의 흐름을 결정할 것이기 때문이다.[276]

그 후 주미 프랑스 대사는 워싱턴으로 돌아가고 바이든은 마크롱 대통령과 만나기로 하며 달랬다.[277] 그 후 일어난 일들을 보면 미국이 프랑스가 상당 규모의 전투기 등을 판매할 수 있도록 배려한 것이 눈에 띈다.

2022년 8월 10일, 프랑스 항공우주군 군용 항공기 편대가 아시아-태평양 지역에 장거리 전략 배치를 했다. 코드명 '헨리 브라운 Henri Brown'이라는 임무의 첫 번째 단계는 8월 10일 프랑스 본토에서 시작하여 남태평양의 뉴칼레도니아에서 8월 12일에 끝났다. 3대의 라팔 전투기, 2대의 A330MRTT 다목적 급유기, 2대의 A400M 군용 수송기가 참여했다.[278] 프랑스가 자국 공군을 아시아까지 투사할 수 있다는 것을 시위한 것이다. 프랑스는 미중 전쟁이 발발하면 최후의 순간에 숟가락을 얹을 것으로 보인다.

독일

독일의 움직임은 사실 상징적인 것이다. 왜냐하면 독일은 원거리로 투사할 만한 무력을 가지고 있지 않기 때문이다. 적어도 수년 내에 독일이 아시아 지역에 일정 규모 이상의 군사 자산을 보내기는 어렵다. 그리고 우크라이나 전쟁과 동유럽의 불안한 정세는 독일이 장기간 무력을 원거리에 보내야 하는 미중 전쟁에 투입하기는 어렵다.

그러나 상징적인 군사 활동은 할 것으로 예상된다. 안네그레트 크람프 카렌바우어Annegret Kramp-Karrenbauer 독일 국방장관은 2021년 3월, 인도-태평양 지역에서 중국의 행동을 막기 위해 독일군을 활용하려는 계획이라고 말했다. 전문가들은 카렌바우어의 어조가 이전보다 더 강해졌다고 말하고 있다. 그는 전 세계가 상호 연결되면서 글로벌 책임도 따른다며 인도-태평양 지역을 현재 글로벌 전략적 의미가 가장 중요한 지역으로 정의했다. 그는 자유와 평화, 번영에 관한 중요한 결정이 이곳에서 이뤄지고, 독일도 그 영향을 직접 받는다며 독일은 명확한 단결 신호를 보내 이 지역의 존재에 대한 선언을 하고 싶다고 말했다.[279] 미국과 영국의 요청에 독일이 책임을 다 하겠다는 의미로 해석된다. 그 결과는 중국의 반발이었다. 독일 외무부 대변인은 2021년 9월 15일, 인도-태평양 지역에 파견하는 독일 해군의 프리깃 함 바이에른에 대해 중국이 상하이 항구 방문을 수용하지 않기로 했다고 말했다. 바이에른은 결국 호주와 미국령 괌을 거쳐 도쿄에 입항하는 코스로 변경했다.[280]

그러나 유럽 전체에서 중국에 대한 반감이 상승하고 중국에 대한 견제가 구체화됨에 따라 미국과 영국은 물론 유럽 국가들도 독일에게 보다 적극적인 군사 활동을 요구하게 되었다. 우크라이나 전쟁에 대한 기여나 자체 군사력의 확대 등은 물론, 중국에 대해서도 보다 적극적인 역할을 요청받게 되었다. 그 결과 2022년 6월, 독일 공군은 처음으로 인도-태평양 지역에 군용기 13대를 배치하고 호주, 일본, 한국 및 기타 국가와 합동 훈련을 실시하였다. 타이푼 전투기 6대와 군용 수송기 A400M 4대, A330MRTT 다목적 연료 공급기 3대가 배치됐다. 아시아 지역까지 장거리를 파견한다는 포메이션이다. 이들 독일 군용기는 호주에서 개최되는 총 17개국 약 100여 대의 군용기가 참가하는 격년제 피치 블랙Exercise Pitch Black 2022 국제 훈련에 처음으로 참가하였다. 중요한 것은 이때 독일, 일본, 한국 공군이 처음으로 완전히 협력했다는 점이다.[281] 상황 발생 시 합동 작전을 할 수 있는 최소한의 연습을 한 셈이다.

만일 미중 전쟁이 발발한다 해도 유럽의 상황이 불안정하다면 독일은 중국에까지 무력을 투사하기는 어렵다. 그리고 유럽이 중국과의 전쟁에 참여하게 되는 상황에서 러시아가 조용히 있을 가능성도 작다. 결국 유럽의 강국인 영국이 미중 전쟁에 참전하고, 프랑스가 성의 표시하는 상황에서 독일은 유럽의 안정에 최선을 다하는 결과가 되기가 쉬울 것이다.

중국의 편에 설 국가는 누구인가

일본은 미국과 함께 싸우겠다는 입장을 분명히 하고 있지만 그것 역시 이 비상 상황을 이용하여 자국의 헌법을 수정하고 전쟁을 일으킬 수 있는 국가가 되려는 의도가 너무나 분명하다. 일본의 참전을 좋아 할 국가가 적어도 태평양 지역에는 없다. 힘을 믿고 행패를 부리는 것은 중국 하나도 많다.

결론적으로 미국과 중국이 무력 충돌할 때 진정한 의미에서 어깨를 나란히 하고 싸울 국가는 영국과 호주뿐이다. 그래서 AUKUS는 강력한 군사 동맹이 될 수 있다. 그리고 군사력을 신속하게 강화하려는 호주의 의지는 미국이나 영국의 이익에 부합한다. 하지만 영국과 호주는 모두 중국으로부터 거리가 멀다. 역설적으로 거리가 멀어 전쟁의 위협에서 자유로우며 제한적 참여만 가능하기 때문에 적극적이다. 반면 일본은 이 전쟁의 위험에서 자유로울 수 없지만 미국의 뒤에서 싸울 것이고 이 전쟁을 통해 얻을 것이 분명하기에 적극적으로 참여한다.

이렇게 바이든의 말마따나 동맹은 미국의 절대 우위 자산이다. 중국은 제대로 된 군사 동맹은 사실상 존재하지 않는다. 정식 군사 동맹은 북한과 맺고 있으나 이는 중국이 북한을 보호한다는 의미이지 북한이 중국을 보호한다는 의미는 생각하기 어렵다. 한국이 미국을 보호한다는 발상과 비슷하지 않은가? 물론 지금 미국이 한국의 군사 협력을 요구하듯이 중국이 북한에게 같은 요청을 할 수는 있다. 하지만 앞서 설명하였듯이 중국이 생각하는 북한의 역할은 한국과 주한미군, 나아가 가능하다면 일정 비중의 주일미군과 일본 자위대를 묶어놓는 것으로 충분히 훌륭하다.

러시아의 참전은 유력하다

사실 여부를 떠나 중국과 러시아의 관계를 잠재적 동맹, 또는 사실상 동맹으로 보는 시각은 보편적이다. 중러 관계는 그간 중국이 러시아에게 구애하는 모습이었다. 트럼프 행정부로부터 무역 압박을 받으며 미중 관계가 악화되자 시진핑은 푸틴에게 적극적으로 접근했고 러시아로부터 에너지, 농산물, 그리고 군사 기술을 얻기를 원했다. 푸틴은 이 상황을 즐기는 듯했다.

확인되지 않은 보도지만 러시아가 우크라이나를 침공하는 시기 중국의 광둥성에서 1,200만 톤 정도의 물자가 출발했다는 정보가 있었다. 제2차 세계대전 기간 동안 미국이 유럽을 지원한 물자 총량이 1,000만 톤 정도여서 이 정도 물량이면 당시 미국이 전 유럽을 지원한 물자보다 많다는 것이다. 일부에서는 이 물자가 러시아의 우크라이나 침공을 지원하는 것일 수 있다고 보고 있다.

그런데 러시아는 현재 우크라이나 전쟁에서 낭패를 보고 있다. 특히 강력해진 경제 제재로 역내 생산 능력에 지장을 받는 상태이다. 현 시점에서 중국의 지지는 러시아에는 생명선이나 다름없다. 중러 간의 역학 관계가 뒤집힌 것이다. 그리고 이제 중러가 협력해야만 하는 시기가 온 것이다.

타지키스탄 두샨베에서 2021년 9월 열린 상하이협력기구 SCO Shanghai Cooperation Organization 20주년 회담은 새로운 지정학적 질서의 시작을 예고했다. 이란과 아프가니스탄도 SCO에 참여할 것으로 보인다. 푸틴은 SCO의 문을 두드리는 국가들이 많다고 했다. 이집트, 카타르, 사우디아라비아는 이제 아프가니스탄, 터키와 같은 수준의 SCO 대화 파트너이다. 말하자면 미국에 밉보인 나라들이 뭉치고 있는 것이다. 2022년에 레바논, 시리아, 이라크, 세르비아 및 기타 수십 개국이 합류할 가능성이 매우 높다고「아시안 타임즈Asian Times」는 전망했다.[282]

중러 간의 미묘한 관계 변화에 대하여「니케이아시아」는 다음과 같이 분석했다.[283] 우선 중국이 러시아와 일정 거리를 유지하려 한다는 추측은 대부분 2022년 9월 15일 우즈베키스탄에서 열린 시진핑과의 회담에서 푸틴이 한 발언에서 출발한다. 우크라이나 전쟁에 대해 중국이 불안을 표명했다는 것이다.[284]

2022년 9월 초, 중국 전국인민대표대회 상무위원회 위원장인 리잔수가 모스크바를 방문해 러시아 관리들과 회담을 했다. 리잔수는 러시아 의원들에게 중국은 특히 우크라이나 상황에 대해 러시아를 이해하고 지지한다고 말했고, 이는 전 세계를 떠들썩하게 했다. 그러나 중국은 리잔수의 발언에 대해 아무런 입장을 내놓지 않았다. 「니케이아시아」는 모스크바가 중국의 동의 없이 리잔수의 비공개 발언을 공개한 것으로 보인다고 분석했다.

중국이 러시아의 우크라이나 전쟁을 지원하고 있다는 의혹을 세계, 특히 서방으로부터 최대한 피하려 한 것은 명백해 보인다. 특히 중러 양국 정상은 2022년 2월 베이징 동계 올림픽에서 마지막으로 만나 양국 간의 우정엔 한계가 없다는 공동 성명을 발표했으며, 그로부터 며칠 후 러시아는 우크라이나를 침공하여 많은 이의 의심을 샀다.[285] 일각에서는 중국이 베이징 동계 올림픽 개최 전까지는 우크라이나를 침공하지 말아 달라고 러시아에 부탁했다는 말도 한다. 중러 협력에 한계가 없다는 관계를 표명한 직후 러시아가 우크라이나를 침공한 것은 중국에 의심의 눈길을 보내기에 충분한 상황이었다. 따라서 중국 입장에서 러시아가 리잔수의 논평을 공개함으로써 푸틴의 침략 전쟁을 지지하는 쪽으로 입장을 바꿨다는 인상을 줄 수 있다고 우려하는 것은 당연해 보인다. 그리고 푸틴이 시진핑과의 회담에서 중국의 의문과 우려를 언급한 것은 중국이 푸틴의 침공에 대해 무조건적인 지원을 제공하지 않았음을 인정함으로써 중국의 우려를 완화하려는 시도로 화답한 것으로 보이는 것이다.

미국은 지금까지 중국이 러시아에 어떤 군사적 지원도 했다는 증거가 없다는 입장이었다. 그리고 당연하겠지만 러시아는 중국의 보다 적극적인 지원을 희망하고 있다. 「니케이아시아」는 문제는 중국이 러시아와 거리를 벌릴 것인지, 그렇다면 얼마나 멀리 벌릴 것인지라며 2022년 9월 초 그루지야의 수도 트빌리시에서 열린 국제회의에서 논의된 중러 관계의 미래를 소개했다. 회의에 참석한 전문가들은 크게 두 그룹으로 한 진영은 러시아와 중국의 장기적인 전략적 이익 차이로 긴밀한 동맹이 오래가지 못할 것이라고 내다보았다. 러시아는 기존 질서를 무너뜨리고 미래를 개척하려 하고, 중국은 체제 내 다른 나라와 국제기구에 대한 영향력을 확대하려 하기 때문에 양국은 잠재적으로 상충되는 이해관계를 가지고 있다는 것이었다.

다른 그룹은 러시아와 중국이 미국의 영향권을 침해한다는 공동의 목표를 공유하기 때문에 긴밀한 동맹으로 남을 것으로 보았다. 「니케이아시아」는 두 가지 견해 중 후자가 더 현실적일 수 있으며 중국은 적어도 중·단기적으로는 러시아와 분열되지 않을 것으로 추정하였다. 러시아가 우크라이나와의 전쟁에서 패한 뒤 무너지면 중국은 홀로 서방과 맞서야 한다. 1991년 12월, 소련이 해체되면서 중국이 유일한 사회주의 강국이던 시대로 회귀한 셈이다. 이런 악몽 같은 시나리오가 일어나지 않도록 중국은 푸틴에 대한 외교적·경제적 지원을 계속하지만 군사적 지원은 자제해야 할 것이라는 설명이다.

필자 또한 중국은 꼭 러시아라는 존재가 필요하다고 본다. 그리고 현재 상황은 양국이 결국 공개적이든 비공개적이든 군사 안보 협력을 강화할 것으로 보았다. 아니나 다를까, 2022년 9월 러시아와 중국이 안보 협력을 심화하기로 합의했다고 러시아 국가안보회의 NSC가 밝혔다.[286]

러시아 NSC는 니콜라이 파트루셰프Николай Платонович Патрушев 러시아 NSC 서기가 중국을 방문해 안보 문제에 대해 협의한 데 이어 이날 성명에서 러시아와 중국이 합동 훈련과 순찰에 초점을 맞춘 군사 협력을 강화하고, 양국 참모부 간 접촉도 강화하기로 했다고 말했다. 세르게이 라브로프 러시아 외무장관은 2023년 2월 러시아와 중국 관계의 수준은 전통적인 군사 동맹보다 우월하다고 말했다. 그는 양국이 군사 동맹을 맺지는 않았지만 양국의 관계는 국경과 제한, 금기사항이 없는 전통적인 의미의 군사 동맹보다 더 질이 높다는 것이 기록되어 있다며 중러 관계는 역사상 최고라고 했다.[287]

이제 중러는 미국이 우려해온 대로 군사적 협력을 강화할 것이다. 러시아는 군사 기술은 있으나 개발과 제조를 위한 재원과 자원이 부족했고, 중국은 재원과 자원을 써서라도 군사 기술을 확보하고자 한다. 더구나 러시아로서는 미국의 유럽 방면 참여를 중국이 막아주는 것이다. 중국으로서는 유럽의 아시아 투사를 러시아가 막아준다. 또한 중국이 수입에 의지해야 하는 가장 큰 전략 물자인 에너지와 식량의 상당 부분을 러시아로부터 제공받을 수 있고, 러시아는 중국으로부터 외화와 공급망의 지원을 받을 수 있다. 그러므로 미중 전쟁이 발발했을 때 실질적인 중러 협력은 강화될 것이며, 상황의 전개에 따라 언제든지 러시아가 참전할 수 있는 개연성이 있다고 보겠다.

이란과 파키스탄은 중국 편에 설 수 있다
이란

기본적으로 미중 전쟁의 지리적 범위는 동쪽으로는 미국의 북태평양부터 서쪽으로는 말라카 해협까지라고 볼 수 있다. 그러나 규모의 증감은 있더라도 중국의 대외 무역이 계속될 것이라는 가정을 해본다면 주요 수출입 운송 라인을 말라카 해협의 서쪽인 미얀마 노선, 파키스탄 회랑, 그리고 주요 석유 공급국인 이란까지 연장해서 생각할 수 있다.

특히 에너지 수입을 대부분 수입에 의존해야 하는 중국으로서는 미국 및 서방과의 전쟁 시에는 대부분의 에너지 수입이 중단되는 국면에 처하게 된다. 이때 중국과 지속적으로 협력할 수 있는 국가는 중국으로서는 너무나도 중요한 전략적 우방이다. 그리고 중국은 이를 위해 그간 이란과 파키스탄에 많은 공을 들여왔다.

그러나 중국은 이란이 공격받고 있는 핵 이슈에 대해서는 북한을 포함하여 더 이상 핵이 확산돼서는 안 된다는 기본 입장을 일관되게 유지하고 있다. 동시에 핵을 이유로 북한이나 이란을 제재해서도 안된다는 입장이다. 이런 맥락에서 중국은 2021년 3월 미국에게 이란과의 핵 협상을 촉구했다. 중국은 미국과 함께 2015년 이란 핵 협정에 서명한 세계 5대 강국 중 하나였다. 중국과 미국은 직전에 알래스카 고위 회담에서 이란이 협력할 수 있는 사안이라는 데 의견을 같이한 바 있다. 미중 간의 견해차에도 불구하고, 블링컨은 알래스카에서 미국과 중국이 이란, 북한, 아프가니스탄과 기후 변화에 대한 상호 이해관계가 교차하고 있다고 말하기도 했다.[288]

이런 미중 간의 공동 이해와는 별도로 수년간의 협상 끝에 중국과 이란은 2021년 3월 25개년 포괄적 협력 계획에 서명했고 2022년 1월 협력 협정의 출범을 발표했다. 중국과 이란은 에너지, 기반시설, 생산 능력, 과학기술, 보건의료 분야의 협력을 강화하고, 농업과 어업, 사이버 안보, 3자 협력을 확대하고, 교육, 영화, 문화 분야에서 인적 교류 및 문화 교류를 심화하기로 만장일치로 합의했다고

밝혔다.[289]

중국과 이란의 이 거래는 4,000억 달러라는 큰 규모였으며, 이는 중동에서 중국의 영향력을 키울 것으로 보였다. 양국은 25년 동안 중국이 이란에 대규모 투자를 하는 포괄적 협정에 서명했는데 이는 이란의 국제적 고립을 완화시킬 수 있는 조치였다. 왕이 부장은 하산 루하니Hassan Rouhani 국가 주석과의 회담에서 중국은 이란의 국가 주권과 국가 존엄성을 지키는 데 있어 확고한 지지를 보내고 있다며 미국은 이란에 대한 제재를 즉각 철회하고 그중에서도 중국을 겨냥한 긴 사법 조치들을 제거해야 한다고 말했다.[290]

문제는 이란 내에서도 이 조치를 통해 중국의 이란 내 영향력이 과다하게 커질 수 있는 점을 경계하는 세력이 만만치 않다는 것이다. 이런 시각은 결국 이란-중국의 경제 협력을 지연시키고 있으며 실제 프로젝트들도 축소되거나 지연되는 경향을 보이고 있다. 서방의 장기간 제재로 이란 경제가 처참한 상태인 상황에서 자칫 중국과의 협력 강화는 서방으로부터 더 큰 제재와 반발을 불러일으킬 수 있다. 그리고 중국에의 경제 종속이 단기간 내에 급속히 이루어질 것으로 우려되기 때문이다. 이런 시각은 주로 이란의 기득권들이 가지고 있는 시각이다.

2022년 하반기에 들어서면서 이란에서 발생한 히잡 시위[291]는 반정부 성격을 띠고 있다. 그리고 이 사태가 진정되지 않고 있는 상황은 이란이 이후 서방의 압박과 국내 여론을 이겨내면서 중국과 협력할 수 있을지 의문을 갖게 한다. 역설적으로 이렇게 고립되어가는 이란 정권이기에 서방의 제재는 더욱 심화될 전망이고, 이에 대한 반발로 이란 정부는 중국과 손을 잡을 가능성이 오히려 커질 것으로 보인다. 그러니 전쟁이 일어나면 이란이 중국과 함께 전쟁을 하지는 않겠지만 에너지 협력은 계속할 것이다.

파키스탄

2022년 4월 임란 칸Imran Khan 파키스탄 총리가 사임하였다. 군부의 지지를 잃은 이유가 크다. 군부는 칸의 펀자브 지역에 대한 정책에 실망했으며 결정적으로 파키스탄의 최고 군부 인사인 카마르 자베드 바즈와Qamar Javed Bajwa 장군과 차기 사령관을 지망하는 것으로 널리 알려진 파이즈 하미드Faiz Hameed 중장 사이의 갈등이 직접적 원인이 되었다. 두 번째 이유로 우크라이나 전쟁에 대해 칸은 러시아를 비호하며, 러시아가 우크라이나 침공을 즉각 중단해야 한다고 주장한 바즈와 장군과 충돌했다. 칸은 중국에 대해서 우호적인 입장을 취해왔는데 각계 전문가들은 파키스탄의 여당과 야당이 대체로 중국에 대해 우호적인 입장을 취하고 있기 때문에 칸 총리의 사임으로 중국 정책이 크게 바뀌지는 않을 것이라고 지적했다.[292] 즉 형식적인 국가 원수일 뿐 실질적인 권력은 군부에 있으며 파키스탄 군부는 중국과 협력하고 있는 것이다. 현재 중국과 파키스탄 관계를 중국에서 '강철의 형제铁哥们'라고 부를 정도이다. 파키스탄을 통한 중동 공급선은 중국에게 너무나 중요한 의미를 가지며 중국이 일대일로 프로젝트를 통해 파키스탄을 관통하는 파키스탄 회랑에 도로와 철도를 건설하고 항구를 세운 이유이다.

파키스탄 시각에서 중국은 자국에 거대 규모의 인프라 투자를 자

중국-파키스탄 경제 회랑 지도

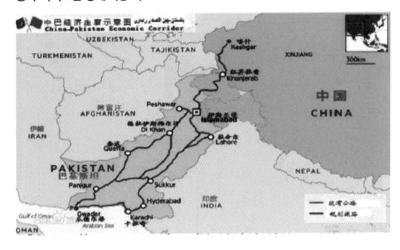

기 돈으로 하고 있는 '봉'이며 '황금 알을 낳는 거위'이다. 이런 소중
한 존재를 지켜주어야 하는 것이다. 그리고 파키스탄은 중동과 중앙
아시아 지역에서 상당한 영향력을 가지고 있어 미국이 함부로 배타
할 수 없는 존재이다. 미국과 파키스탄은 서로 싫지만 서로 이용하
는 관계이다. 그래서 미국도 함부로 파키스탄을 건드려 적으로 만들
기 어렵다. 그렇다고 중국처럼 거대한 자본을 들여 파키스탄에 경제
적 도움을 주지는 못한다. 즉 실리는 중국밖에 제공해주지 않는 상
황인 것이다.

미중 전쟁이 발생하면 중국은 이 파키스탄 회랑을 통한 물류를
확대할 것이고, 이는 곧 미국의 타킷이 된다. 미국이 파키스탄에게
중국과의 협력을 금지하거나 제재하려 한다면 파키스탄 입장에서
는 가장 큰 경제적 수입원을 잃게 된다. 또한 파키스탄이 미국에 협

력하지 않을 때 미국이 할 수 있는 제재라는 것도 뾰족한 것이 없다. 파키스탄은 중국과 국경을 마주하고 공급망을 이어 나가고 있으며 미국에 의존하는 공급망이 아니다.

2022년 11월 중관촌 일대일로 산업촉진회中關村一帶一路産業促進會와 파키스탄 주중 대사관은 중국-파키스탄 과학기술협력센터의 설립식을 공동 개최했다. 과학기술협력센터 플랫폼을 통해 중국-파키스탄 하이테크 산업단지 공동 건설을 모색하고, 산업 규모와 기술 자원을 활용하여 양국 간 기술 거래와 하이테크산업 인큐베이터 구축을 추진하기로 한 것이다. 중국-파키스탄 경제 회랑에 따라 중국-파키스탄 과학기술 기업 협력 계획을 수립한 것이다. 이것은 중국과 파키스탄의 협력이 경제 협력에서 기술 협력으로 상승하고 있음을 나타낸다.

파키스탄이 자발적으로 중국의 군사 동맹이 될 리는 없겠지만 미국이나 서방이 섣불리 파키스탄을 건드리면 파키스탄은 중국의 편에 설 것이다. 군사적으로 중국의 편에 선다 해도 실제 해야 하는 군사적 행동은 거의 전부가 자국의 시설과 경제적 이익을 지키는 것이기 때문이다.

대부분 아시아 각국은 중립을 유지할 것이다

중국을 겨냥한 AUKUS에 대한 아세안의 태도가 찬반으로 나뉜다고 한다. AUKUS에 대한 태도가 찬반이 나뉜다는 것은 중국에 대한 태도가 찬반이 나뉜다는 의미와 상통한다. AUKUS에 대하여 아세안 각국의 입장이 다른 것은 상대적으로 중국에게 받는 안보상의 압박과 호주의 영향력 확대에 대한 우려가 각기 다르기 때문으로 보인다.

중국과 지리적으로 가까운 베트남이나 필리핀은 중국과 영토 분쟁이 진행 중이며 중국으로부터 군사적 압박을 받고 있다. 당연히 AUKUS 같은 세력이 나타나 중국을 견제해주는 것이 반가울 수밖에 없다. 하지만 상대적으로 중국과의 거리가 멀고 경제적으로 직접적인 영향을 받지 않는 국가, 인도네시아나 말레이시아는 공연히 중국의 비위를 건드릴 이유가 없다. 게다가 이 국가들은 나름대로 자신을 아세안의 패자라고 생각한다. 그런데 남쪽에서 이질적인 백인 국가인 호주가 강력하게 무력을 갖추고 남중국해로 진출하는 것이 달가울 리 없는 것이다.

중국으로서도 아세안은 군사적·외교적으로 중요한 의미를 가진다. 문제는 미국과 서방의 경제적 압박이 계속될수록 중국은 아세안 국가와의 경제적 협력에 나서야 하지만 영토 분쟁과 같은 군사적·전략적 차원에서는 전혀 양보할 생각이 없다는 것이다. 그리고 이는 곧바로 아세안 국가와의 불편한 관계로 이어진다.

유화적인 측면을 보면 2021년 9월 훈센 캄보디아 총리의 초청으로 리커창李克强 국무원 총리가 제7차 메콩강 소지역경제정상회의에 참석한 것을 들 수 있다.[293] 원래 서방은 메콩강위원회Mekong River Commission를 조직하여 투자와 지원을 해왔다. 그러자 중국이 경쟁적 대응인 메콩-란창협력Lancang-Mekong Cooperation 프레임워크를 만들어 이 메콩강 지역 경제에 많은 투자를 한 것이다.[294] 아세안 국가들로서는 쌍수를 들어 환영할 일이었다.

미국이 이를 견제하고 싶어 하자 일본이 나서서 중국과 경쟁하며 아세안에 경제적 지원을 했다. 아세안 국가로서는 두 진영이 서로 더 잘해주기 경쟁을 하니 좋아 죽을 지경이었다.

하지만 중국과 영토 분쟁뿐만 아니라 수자원 분쟁 같은 치명적인 사건도 발생하고 있다. 중국의 수자원 관리로 진행 중인 남수북조 프로젝트는 아세안 국가들의 젖줄인 메콩강의 수량을 현저하게 감소시켰다. 메콩강 유역 국가로서는 국가 존망이 달린 일이다. 하지만 중국은 이들 국가의 메콩강 원상 복구나 수량 회복에 대한 요구는 들은 척도 하지 않고 있다. 중국이야말로 대규모 수자원 부족으로 식량 및 공업 생산에 영향을 받고 있어 국가 전략적으로 대규모 건설을 수십 년간 하고 있었기 때문이다.

결과적으로 메콩강에서 미국과 중국의 패권 다툼이 일어나고 있다. 중국은 물과 개발 자금의 흐름을 모두 통제하고 있으며, 메콩강 하류 국가들이 이 지역에 대한 베이징의 야망과 계획에 협력하는 것 외에 할 수 있는 일은 거의 없다. 다시 말해 아세안 국가들에 대한 중국의 영향력이 막강해진 것이다.

미국은 뒤늦게 조 바이든 미국 대통령이 2022년 11월 캄보디아 프놈펜에서 열린 제10차 미-아세안 정상회의 모두발언에서 아세안은 미국의 인도-태평양 전략의 중심에 있다며 아세안과 계속해서 긴밀한 협력을 강화하겠다고 밝혔다. 바이든은 미국과 아세안과의 관계를 7년 만에 전략적 동반자 관계에서 포괄적 전략적 동반자로 격상해 공조를 강화하겠다고 밝혔다.[295] 말하자면 떡을 준비해간 것이다. 바이든은 아세안 국가들에 남중국해 갈등을 비롯해 규칙 기반 질서를 저해하는 역내 위협에 공동으로 대응해나가자고 밝혔다.[296]

그러나 이런 정도의 미지근한 제안으로 지금 당장 목줄을 쥐고 있는 중국에 대항하는 쪽으로 아세안 국가들이 돌아서리라고는 생각하기 어렵다. 실제로 AUKUS에 대한 아세안 국가들과의 회담 결과에 대한 호주의 앤서니 앨버니즈Anthony Albanese 총리의 대답에서 실질적인 내용은 찾아볼 수 없었다.[297] 결국 대부분의 아세안 국가는 중립을 유지할 것으로 전망된다.

참고로 몇몇 아시아 국가의 상황을 보면 싱가포르는 미국에 군사 기지를 제공하고 합동훈련도 하지만 동시에 중국과도 해군 합동훈련을 하고 있다. 중국 국방부는 짧은 성명을 통해 싱가포르 해군과의 훈련에는 공동 수색과 구조뿐 아니라 통신 훈련도 포함될 것이라고 말했다.[298] 모두 만일을 위해 양다리를 걸치고 있다.

태국처럼 중국과는 거리가 있고 중간에 여러 나라가 있는 경우는 중국과 대립할 생각이 없어 보인다. 예를 들면 태국과 중국은 2022년 8월 시점에서도 태국 북동부에서 합동 군사 훈련을 했다.[299] 중국 국방부는 중국이 전투기, 폭격기, 조기 경보기를 보낼 것이며 훈련에는 공중 지원, 지상 목표물에 대한 공습, 다양한 병력 배치 훈련이 포함될 것이라고 밝혔다. 태국 등 인도차이나 국가들이 경계하는 나라는 오히려 베트남이다. 한국이 일본을 경계하는 것과 유사하다. 태국의 대베트남 안보를 중국이 지원한다는 성격으로 볼 수 있다.

말레이시아는 중국을 경계하지만 적대하지는 않는다. 중국 군용기가 영공을 침범하면 비난은 한다. 예를 들어 말레이시아 외무부는 2021년 6월 말레이시아 영공에 진입하는 중국 군용기 16대를 탐지했으며, 서부 동부 사라왁 지역 60해리 범위에 진입한 적이 있다고 밝혔다. 말레이시아 왕립 공군은 현지 항공관제사가 중국 군용 항공기에 계속 연락을 요청했지만 응답하지 않았다고 한다. 이 사건에 대응하여 중국은 이번 사건은 중국 공군의 일상적이고 정상적인 비행 훈련이며, 특정 국가를 대상으로 하지 않는다고 밝혔다.[300] 그리고 끝이다. 중국이 구체적으로 말레이시아를 타깃으로 삼지 않는 것은 명확하므로 말레이시아로서는 공연히 긁어 부스럼을 만들 필요는 없는 것이다.

중국이 인도네시아에 대해서는 해상 회색지대 전술을 적용하고 있다. 중국은 인도네시아가 제대로 대응하지 못할 것이라는 점을 인식하고 자국의 의지를 밀어붙인다.[301] 중국은 1990년대에 자카르타와 해양 영토에 대해 도달한 '비공식 이해[302]'에 대한 해석에 따라 인도네시아와 '중복해양권'을 갖고 있다고 주장한다. 인도네시아뿐만 아니라 자신들도 권리가 있다는 것이다. 인도네시아 정책 입안자들은 북나투나해에 대한 중국의 불법적인 침공을 막는 것이 현실적으로 어렵기 때문에 소극적인 대응 정도에 그치고 있다.

중국과 인접한 베트남의 상황은 많이 다르다. 베트남 동부 해역을 중국은 남중국해로 자국의 내해라고 생각하고 있어 지속적인 갈등이 발생 중이다. 바다뿐만 아니라 캄보디아와 라오스에 대한 중국의 진출 증가는 베트남의 전략적 관심을 바다에서 육지에도 하도록 만들고 있다. 더구나 전통적으로 충돌이 잦은 캄보디아가 중국에 접근하여 베트남 서쪽의 림 해군 기지에 중국이 기항할 수 있게 했고, 이는 베트남이 북쪽과 동쪽은 물론 서쪽과 남쪽에서도 위협을 받게 한다. 하지만 캄보디아 입장에서는 언제나 군사적 위협이 되고 있는 베트남을 중국의 힘을 이용하여 견제하는 것이고, 동시에 중국으로부터 경제적 수혜도 받게 되니 마다할 이유가 없다.

베트남은 미국과의 관계가 그리 원만하지 않았다. 트럼프와 오바마는 베트남에 강경책을 구사하여 심지어 미국산 무기의 베트남 판매 합의를 다시 제한하는 등의 행보를 보여 베트남은 러시아 또는 인도를 대안으로 고려하는 모양새를 보였다. 예를 들면 러시아의 킬로급 잠수함 6척 구입과 인도 브라하모스-2 지대함 극초음속 순항 미사일 도입 등이다.

그러나 바이든 행정부는 마크 내퍼Marc E. Knapper 베트남 대사가 2013년 오바마 대통령이 베트남과 합의한 9개 분야에 대한 협력 사항을 적극적으로 추진할 수 있게 했다. 미국은 쿼드 협력 구도가 아세안으로 확대되면 베트남이 적극적인 역할을 담당해줄 것을 희망하고 있는 것으로 알려졌다. 하지만 베트남의 생각은 다르다.

베트남은 중국과 국경을 맞대고 있으며 과거에는 전쟁도 치른 바 있다. 하지만 지금은 중국 내 많은 외국 기업이 생산 공장을 베트남으로 이전하며 혜택을 받고 있다. 그리고 이들 기업의 고객들은 대부분 중국이다. 그러니 베트남은 중국과 갈등이 생기면 경제적으로 손실을 보게 된다.

보스톤 칼리지 정치학 박사 과정의 캉 부Khang Vu는 베트남에게 두 가지 선택이 있다고 한다. 인도와 군사 협력을 강화하거나 자체 군사력 강화이다. 부는 베트남이 무장 중립이라는 두 번째 옵션을 채택할 가능성이 있다고 말했다. 하지만 베트남이 GDP의 3%를 국방에 써도 중국 국방비의 2.5%에 불과하다. 분석가들은 캄보디아

및 라오스와의 새로운 관계가 베트남의 새로운 안보 접근 방식의 핵심이라고 말한다.[303]

미 부통령 카멀라 해리스Kamala Harris가 베트남을 방문하자, 베트남 팜 밍 정Pham Minh Chinh 전 총리는 슝보熊波 중국 대사를 만나 베트남은 중국을 적대하는 동맹에 가입하지 않을 것이라고 말했다.[304] 그러나 남중국해 영토 분쟁에 대해서 아세안 다자 회담을 통해 해결을 가속해야 한다고 촉구했다. 베트남은 미국의 편을 들기도, 중국의 편을 들기도 어려운 가운데 중국을 향해 자국의 입장을 되풀이하는 것 외에 별다른 방법이 없었다.

필리핀도 중국과 영토 분쟁 상태에 있다. 필리핀은 남중국해 정세를 강화하기 위해 중예다오中業島를 후방 거점으로 만들고 필리핀이 점유한 지점에 고해상도 감시 시스템을 설치할 계획이다.[305] 게다가 최근 황옌다오黃巖島와 우멍牛軛礁 산호초를 둘러싸고 중국과 필리핀 간의 긴장이 고조되고 있다. 중국과 필리핀은 남중국해 분쟁 해역 어장을 놓고 계속 승강이를 벌이고 있고, 중국 어선들은 철수를 거부하고 있다. 2021년 5월 중국 외교부 왕원빈 대변인은 황옌다오는 중국 영토이고 부근 해역은 중국 해역이라며 필리핀에 복잡한 상황 초래를 중단할 것과 필리핀이 기본 예의와 신분에 맞게 행동할 것을 촉구했다.[306]

필리핀은 이런 남중국해 일부 섬에 건축물이 설치된 것을 발견했다. 미 국방부의 평가에 의하면, 중국이 바다를 메워 1,294헥타르의 대지를 만들었다고 한다. 이렇게 되자 필리핀은 필요하다면 미국이 자국의 군사 기지를 사용하게 할 수도 있다는 입장을 내놓았고, 결

　　　　　　　　　　　　　　이미 시작된 전쟁

국 미국에 루손섬의 군사 기지를 제공했다.

궁극적으로 미중 군사 경쟁이 남중국해로 확산되는 것은 인도-태평양 국가들에는 큰 안보 부담이며, 이에 따라 미중 간 어느 한 국가를 선택해야 하는 딜레마에 직면하는 상황이다. 그리고 이런 선택은 마지막 순간까지도 하지 않으려 애쓸 것이다.

The
War
That
Began

5장

어디까지가 전쟁터가 될 것인가

CHINA AMERICA WAR G2

미중은 이미 실질적 탐색전에 들어갔다. 경제적·정치적·외교적 의미가 아니라 군사적 시각에서 양국은 이미 언제라도 일어날 수 있는 무력 충돌에 대비하고 있다. 한반도와 같이 좁은 지역 내에서 일어나는 전쟁의 경우 단위 면적당 밀도가 높은 전쟁을 하게 된다. 하지만 미중과 같이 대륙을 대부분 차지하고 있는 국가들 사이에서 전쟁이 일어나면 그 반경이 매우 넓으므로 대부분의 한국인이 생각하기 어려운 양상을 띠게 된다.

그러나 아무리 전쟁의 지역적 범위가 넓다 하더라도 군사적 전략 요충지는 존재하기 마련이며, 전쟁 또한 이런 요충지들을 따라 충돌이 일어나게 된다. 그래서 전쟁이 발발하고 나서야 요충지를 차지할 것이 아니라 전쟁이 일어나기 전부터 요충지를 확보하는 것이 무엇보다 중요하다.

미국의 압도적인 전력과 중국의 국지 우위 추구

중국의 관점에서 미중 전쟁은 세 가지 지역적 범위를 고려할 수 있다. 미국과 중국, 두 나라의 본토를 포함하는 전면전이라면 지구의 절반 이상을 포함하는 지역에서 양쪽 무력이 충돌하게 된다. 이것을 편의상 광역이라고 부르자. 중국으로서는 이런 광역 전쟁에서 이길 가능성은 거의 없다. 미국의 전력이 절대적이다. 그리고 중국은 마지막 수단인 핵과 대륙 간 미사일, 그리고 2차 공격이 가능한 핵 잠수함을 보유한 국가이다. 그래서 이런 광역 전면전은 생각하기 어렵다.

두 번째 영역은 당연히 타이완과 그 주변 도서들이다. 이를 편의상 국지 영역이라고 부르자. 국지 영역은 중국 입장에서 완전한 통제가 가능해야 하는 지역이다. 그리고 마지막으로 중국의 A2/AD를 주장하는 목표 구역에 접근 가능한 영역이다. 이를 편의상 지근 영역이라고 부르자. 이들 세 영역은 칼로 두부 자르듯이 구분할 수는 없을 것이고 관점에 따라 다를 수 있고 또 중첩도 가능하다.

미중 충돌을 중국이 미국에게 도전하는 시각으로 보는 사람들에게는 미중이 부딪히는 인도-태평양 전쟁은 광역 전쟁일 수밖에 없다. 그러나 중국의 의도가 현 단계에서는 타이완 합병이라고 보는 필자의 시각에서는 미중 전쟁의 주 영역은 어디까지나 국지 영역이 핵심이며 지근 영역과 함께 주 범위를 이루고, 광역은 미국의 영역이다. 광역에서 중국은 매우 제한적인 역할밖에는 할 수 없을 것이다.

물론 중국의 원거리 타격 능력 등을 들어 중국의 군사적 능력이 미 본토에까지 이른다는 점을 지적하는 사람들도 있다. 2022년 3월 8일 미국의회조사국CRS의 중국 해군 능력 보고서에 따르면 중국의 대함 탄도 미사일ASBM은 움직이는 목표물을 명중시킬 수 있고 중국 해군으로부터 1,000마일 떨어진 지역을 효과적으로 방어할 수 있다는 미군 사령관의 견해가 인용되었다.[307] 중국 미사일이 1,500km

이상의 거리에서 미국 군함을 효과적으로 제거할 수 있다면 미국은 중국군의 상륙으로부터 타이완을 방어할 효과적인 방법이 없다는 것이다. 그러나 이는 전술하였듯이 미중이 직접 전면전을 하는 결과를 초래하며 중국은 이러한 부담을 질 능력도 없고 이유도 없다. 이런 주장들은 종종 미 의회에 보고되거나 청문회 발언 중 나오는데 대부분의 배경은 미군이 의회로부터 예산을 따기 위한 목적이라는 것을 이해할 필요가 있다.

시진핑은 인민해방군에게 싸워서 이길 수 있는 군대를 요구했는데, 이때 싸울 대상은 중국의 힘에 개입하는 제3자였다. 그것은 미국일 수밖에 없고 개입은 지근 영역에서부터 일어날 수밖에 없다. 그러므로 중국은 광역 전쟁이 아닌 지근 영역을 주 전쟁터로 삼고 미국에 비해 열세인 자원을 이 영역 안에 집중 투입하여 국지적 우위를 이루려 한다. 타이완과 불과 200km도 안 되는 거리에 있다는 점에서 달성 가능한 우위라고 보는 것이다. 그러나 미국은 인민해방군의 전력이 대폭 강화되었지만 제1도련 밖으로 활동하기에는 아직 힘이 약하다고 보고 있다. 따라서 현 시점에서 미중의 기 싸움은 바로 이 제1도련선의 공방이라고 할 수 있다. 인민해방군이 제1도련을 돌파하여 작전할 수 있다고 판단하는 상황이 바로 타이완 강습이 가능하다고 판단하는 순간이 될 것이다. 그리고 이를 위한 작업들이 남중국해 섬의 군사 기지화 같은 것들이고, 동시에 미군이 타이완 해협을 지나다니는 이유가 되는 것이다.

중국이 미국의 국지 영역 진입을 억제한다는 개념으로 설정한 A2/D2는 중국 전략의 출발점이다. 중국은 A2/D2 개념하에 국지 영역 통제권을 확보하고 군사력 증강을 통해 제1도련을 돌파하여 다음 단계인 지근 영역의 통제권, 나아가 제2도련에 이르려 하는 것이다. 인민해방군은 이를 위하여 장거리 정밀 타격과 ISR 능력이 매우 중요하다고 인식하고 있다. 현대전에 있어 이 능력은 적을 파괴할 수 있는 매우 유력한 방법인 동시에 '정밀'이라는 부분이 확전을 통제할 수 있는 수단이 되기 때문이다. 미국을 상대로 하는 경우 절실한 기능이 아닐 수 없다.

미국은 중국의 A2/D2에 대응하여 국제 공역에서 접근과 기동을 위한 합동 개념 JAM-GC Joint Concept for Access and Maneuver in Global Commons를 2015년에 내놓았다. 분쟁 발생 시 사이버전, 전자전을 통해 적의 지휘 통제망 기능을 제한하고 동맹국 영토와 해상의 이지스 함을 연결하는 미사일 방어망을 운영하며 주요 해상 수송로를 봉쇄한다. 그리고 동맹국 영토에 미사일 배치를 통해 중국의 해상 활동을 제한하고 최종적으로 공해전을 실시한다는 개념이다. 2015년 당시 중국의 전자전, 정보전 능력은 제한적이었기 때문에 미군이 인민해방군의 지휘 통제망을 무력화하는 것은 쉬운 일이었을 것이다. 이어서 동맹국들과 이지스함을 이용하여 중국으로 출입하는 선박들을 봉쇄한다. 아주 커다란 독 안에 중국을 몰아넣은 다음에 일본, 한국, 어쩌면 타이완에까지 미사일을 설치하여 중국 해군이 진출하지 못하도록 막고 혹시 진출을 시도하면 공해상에서 공격한다는 시나리오다. 중국의 시각에서 보면 국지 영역으로의 진출이 봉쇄되는 개념이라고 할 수 있다.

그러나 중국의 전자전 능력은 매우 향상되었고 중국의 잠수함이 미군의 감시망을 뚫고 미 서해안까지 진출하는 등 현실적으로 미국이 중국군을 국지 영역까지도 진출할 수 없도록 만드는 일은 이제 어려워 보인다.

게다가 미군은 병참에 어려움을 겪고 있다. 이것은 미국의 매체 「폴리티코」가 주최한 행사에서 제임스 맥콘빌 미 육군 참모총장이 발언한 내용이다.[308] 특히 공급망뿐만 아니라 인력과 무기의 대규모 축적도 문제가 된다. 미군 병참의 취약성은 미국 영토에서 먼 거리에서 작전을 수행하면 문제가 될 수 있다. 중국은 서태평양에서 직접 충돌하면 이 기회를 놓치지 않을 것이다. 중국이 군대 간의 보급을 끊는 데 성공한다면 이는 미국의 우월한 능력을 고려하더라도 심각한 이점이 될 것이다.

반면 중국은 해외 거점과 군수 인프라를 확대하려 하고 있다. 아프리카 지부티 해외 기지를 만들면서 인민해방군은 해외 물류 인프라를 구성하려 하고 있다. 중국은 캄보디아, 미얀마, 파키스탄, 스리랑카, UAE, 케냐, 적도 기니, 세이셸, 탄자니아, 앙골라, 타지키스탄 등의 지역을 군사 물류 거점으로 삼으려 할 것으로 보인다. 미 국방부는 이런 미군 영향력의 축소와 중국 인민해방군 영향력의 증가가 가져올 영향을 우려하고 있다.

국지 영역 거점

국지 영역은 타이완의 주도와 부속 도서이다. 타이완은 주도 외에 영토 분쟁 중인 센카쿠를 포함하면 22개의 열도가 있다. 타이완의 많은 섬 중에 본토와의 거리가 가까워 군사상의 고려가 필요한 몇몇 섬의 상황을 살펴보면 다음과 같다.

가장 큰 펑후澎湖 군도는 타이완 본섬에서 약 50km, 중국 본토에서 140km 떨어져 있다. 인구는 약 5만 5,000여 명이며 타이베이에서 항공기로 50분 거리이고 가오슝에서 선박으로 2시간 40분 거리이다. [309]

군사 요충지로 유명한 진먼 군도는 푸젠성에 속하며 인구는 14만 명 정도이지만 대부분 군인이다. 중국 본토와 1.8km밖에 떨어져 있지 않아 과거 수차례 군사 분규를 겪은 지역이다. 타이완 본섬과는 210km 거리에 있다. 현재 타이완 정부는 진먼을 군사 지역으로 지정하고 있어 민간인은 허가받은 사람들만 출입할 수 있다. 한국의 민통선이나 서북 5도 개념과 유사하다. 이 진먼은 실제 전쟁이 일어나서 인민해방군이 대규모로 공격하면 방어가 불가능할 것으로 여겨지고 있다. 그래서 과거 재래식 포격이나 상륙전 등이 있었지만 현대전에서는 전략적 의미가 크지 않을 것으로 여겨지고 있다.

마주馬祖 열도는 16~19개 섬으로 이루어져 있으며 본토 가장 가까운 곳은 9.25km 떨어져 있고 타이완 본섬과는 211km, 진먼다오와는 281km 떨어져 있다. 진먼과 마찬가지로 타이완 본섬과의 거리가 멀어 방어가 어려운 곳이다.

중국 시각에서 타이완 본섬의 장악에 있어 섬 외부 도서 중 가장 중요한 전략 요지는 바로 센카쿠 열도, 중국명 댜오위다오이다. 센카구 열도는 타이완 지룽基隆 항에서 186km 거리이고, 저장성에서

306km, 일본의 하토마지마 섬으로부터는 146km 거리에 있다.

중국 학자가 1982년 추정한 바에 따르면 센카쿠 열도 해역의 석유 매장량은 30~70억 톤, 혹자는 800억 배럴, 즉 100억 톤 이상이 매장되어 있다고 한다. 그리고 이 동중국해에서 가스전이 발견되었다. 1990년대 들어 200해리 배타적 경제수역Exclusive Economic Zone, EEZ을 인정하는 UN 신해양법이 적용되면서 중국은 1992년 영해 및 접속수역법을 제정하여 센카쿠를 자국 영토로 명시하였다.

타이완과의 무력 충돌이 있으면 일차적으로 파시 해협, 그리고 타이완–센카쿠 해역이 제해권을 판가름하는 장소가 될 수밖에 없다. 항공모함 전력과 공군력에서 미군에게 뒤지는 인민해방군으로서는 도서에서의 레이더 및 미사일 기지가 큰 지원 수단이 된다. 그런 시각에서 볼 때 센카쿠 열도는 필히 확보해야 하는 지점이라고 볼 수 있다. 또한 타이완 침공 시 일본의 개입 여부를 판가름하는 판단의 수단으로도 이용되는 측면이 있다.

가장 중요한 것은 센카쿠 열도에 대한 미국의 입장이다. 일본으로서는 미국이 오카나와를 비롯한 섬들의 관할권을 일본에 돌려줄 때 당연히 센카쿠 열도의 주권 또한 일본의 것으로 인정했다는 인식이 있다. 그러나 1978년 일본이 센카쿠 섬에서 군사 훈련을 하려 하자 미국은 중일 간의 영토 분쟁을 우려하여 동의하지 않았다. 이는 미국이 제2차 세계대전 종전 당시 중화민국 및 중국의 요구를 감안하여 애매한 입장을 취했다는 것인데, 이러한 인식은 최소한 1971년경 시작되었다는 것이다. 그러므로 중국 시각에서는 미국이 지난 50년간 애매한 태도를 취해왔다는 것이 된다. 미국 상·하원은 2012

년 12월 말 최종 통과시킨 국방수권 법안에서 "미국은 센카쿠 열도의 궁극적인 주권에 대해서는 특정한 입장을 취하지 않으나 일본의 행정관할권을 인정한다"고 명시했다.

현재도 미국은 센카쿠에 대한 입장을 취하지 않고 있으므로 중국의 입장에서는 타이완 북부에서 오키나와에 이르는 해역 중, 만일 센카쿠의 주권을 확보할 수 있다면 정정당당하게 태평양으로 나가는 루트를 확보하게 된다. 동시에 남중국해와 마찬가지로 센카쿠를 군사 기지화함으로써 타이완을 지원하기 위해 접근하는 미일 두 나라의 군사력을 탐지하고 방어하는 주요한 전략 자원으로 활용할 수 있게 된다.

일본의 입장에서는 미중 간의 갈등이 첨예화되는 이때야말로 센카쿠에 대한 일본의 주권을 확실하게 인정받고 보장받을 기회로 인식할 수 있다. 일본 외무성은 홈페이지에서 센카쿠는 1895년 어떤 국가도 관할하고 있지 않다는 것을 확인하고 자국 영토로 편입했다고 말하고 있다. 그 후 중국과 센카쿠 열도를 둘러싼 갈등이 심화되자 일본 정부는 2012년에 센카쿠 열도의 섬 세 개를 매입해서 중국의 위협에 맞서게 된다. 2021년 미국의 앤서니 블링컨과 로이드 오스틴, 일본의 모테기 도시미쓰와 노부오 기시의 2+2 회담 이후 센카쿠 방어를 목적으로 하는 미일 합동 군사 훈련 계획을 세운 것이나, 스가 수상과 바이든의 회담 이후 미국이 안보를 약속한 것들을 이와 같은 맥락에서 이해할 수 있다. 일본의 스가 총리는 2021년 4월 16일 미 바이든과의 정상회담을 하고 공동 발표를 하였는데, 이때 타이완 해협의 평화 안정의 중요성과 함께 미국으로부터 일본의 센카쿠 실효 지배를 지지한다는 약속을 얻어냈다. 물론 중국은 곧바로 반발하였다. 미일은 같은 날 큐슈에서 미일과 프랑스가 참가하는 군사 훈련 계획을 발표했다. 이 훈련은 육상 자위대 병력 14만이 참여하는 대규모였는데 다분히 중국을 겨냥한 것이며, 센카쿠 방어 의지를 표방한 것이기도 하다.

앞서 일본의 국가 전략에 대해 논한 바와 같이 일본에게 있어 중국과의 영토 분쟁 지역인 센카쿠에 대해 미국으로부터 소유권을 인정받는 기회이며 국가 전략적으로는 전쟁을 할 수 있는 국가가 되면서 나아가 명실상부하게 동북아시아 지역에서 이인자의 위치를 확보하는 소재이다. 따라서 일본은 적극적으로 센카쿠 영토 분쟁과 타이완 방어에 나서고 있다.

2021년 12월, 「일본 교도통신」은 타이완 비상사태에 대비하여 미국과 일본 간에 계획 초안이 합의되었다고 보도했는데 미 해병대가 일본군의 지원을 받아 일본의 류큐 제도라고도 알려진 난세이 제도에 기지를 건설한다는 것이다. 미 해병대는 타이완과 가까운 요나구니 섬에 HIMARS 시스템을 배치할 것이다.[310] 이에 그치지 않고 일본이 섬 방위력 강화를 위해 취한 주요 조치는 섬 전체에 대함 및 지대공 미사일을 배치한 것이다. 일본은 이들 섬에 대함, 대공 미사일을 배치하였고 2019년 3월 26일 오마미, 오시마 두 기지의 가동에 들어갔다. 그리고 같은 3월에 미야코 기지도 가동에 들어갔다. 이시가키에도 기지가 건설 중이고, 2023년까지 미사일을 배치할 예정이다. 자위대는 P1 초계기에 탑재가 가능한 Type 12 대함 미사일을 테스트 중이며, 2026년까지 초음속 대함 미사일을 개발할 계획이다. 이렇게 센카쿠 일대가 강화되면 중국은 동중국해로 진출하는 경로가 완전히 봉쇄된다. 다음 그림에서 일본의 계획대로 미사일의 사정거리가 수 배 늘어나는 상황을 상상해보라.

미국은 2022년 10월 타이완과 센카쿠에 가장 가까운 오키나와 가데나 기지에는 제18전투비행단 소속 2개 전투비행대대가 있으며, 여기에 있는 노후화된 F-15 전투기를 퇴역시킬 예정이라고 밝혔다. 가데나 기지에 있는 약 100대의 공군 전투기 중 절반이 철수할 것으로 예상된다.[311] 미국은 기종을 그간 중국을 자극하지 않으려 배치하지 않았던 스텔스 전투기로 교체하려 하고 있다. 일단 10여 대의 F-22가 F-15를 대체하여 배치될 예정이다.[312]

센카쿠에 대한 중국의 태도는 일관된 것으로 시종일관 센카쿠에 대한 주권을 주장하고 있다. 그리고 지속적으로 센카쿠에 대한 도발을 하고 있는데 알레시오 파탈라노Alessio Patalano는 센카쿠에 대한 중국의 전략을 다음과 같이 적시하고 있다.

1. 중국 존재의 상시화Normalizing China's Presence
2. 통제의 집행Exercising Control
3. 점령?Taking Over

알레시오 파탈라노는 세 번째 전략인 점령에 물음표를 붙여 확실하지 않음을 표현하고 있지만 1단계와 2단계를 거쳐 에스컬레이터 된다면 그다음 단계는 점령일 것이 확실하다.

중국 해군이 제1도련을 넘어 북태평양 쪽으로 진출 루트를 확보하려 할 때 센카쿠 쪽이 아닌 오키나와 앞바다를 관통하는 방법도 있다. 예를 들면 중국 항모 랴오닝호가 오키나와를 넘어 태평양으로 항행한 일도 있다. 항공모함 랴오닝호 등 모두 6척이 오키나와 본섬과 미야코지마 사이를 남하해 태평양으로 나간 것이다. 일본 해상자위대 스즈츠키凉月 및 P1, P3C 초계기가 나가사키현 미야코섬男女群島 서남 약 470km 지역에서 외해로 나가는 중국 함대를 발견했다.[312] 중국 함대는 랴오닝 외 3척의 미사일 구축함과 1척의 구축함, 호위함 1척, 고속 전투 보급함 1척 등이었다. 미사일 구축함 중 한 척은 런하이刃海급으로 중국 함대 구축함 중 가장 큰 군함이었다. 이들은 센카쿠 열도의 동단 섬인 미야코지마와 오키나와 본섬 사이를 통과하여 태평양으로 진출했는데, 이 루트가 중국 해군이 미일의 레이더 및 미사일 기지를 피해 북태평양이나 동해로 지출하기 위한 유일한 항로로 보인다. 간격이 넓기 때문이다. 랴오닝 호는 2016년 12월과 2019년 6월에도 동일 수로를 항행한 적이 있다.

같은 날 중국 자연자원부는 26일 센카쿠와 주변 해역을 독자적인 인공위성으로 데이터를 수집한 측량한 조사 보고서를 발표하고 지형도와 사진을 공개했다. 자원 관리와 환경 보호에 유용하다는 명분이지만, 센카쿠 열도의 중국 영유권을 주장하기 위한 새로운 조치이다.

남서 제도 주변에서도 중국군의 움직임은 활발하다. 2021년 7월에는 중국 해군의 측량함이 가고시마·야쿠시마 남방에서 일본의 영해에 침범해 약 3시간 반 후에 구나가라부섬 서쪽으로 나왔다. 측량함은 4월에도 구에이요라베섬 서방에서 야쿠시마 남쪽으로 빠지는 역루트로 항행한 적이 있다. 전 해상자위대 간부는 태평양으로 나오는 해협에서의 측량은 군사적인 의의가 크고 실제 사용할 가능성이 있다고 지적했다.

이렇게 중일 간 센카쿠 열도를 둘러싼 긴장은 이후 줄곧 고조되고 있다. 2021년 한 해 동안 1,157척의 중국 선박이 센카쿠 인접 지역에 진입했는데, 이는 지난 1년 동안 5% 이상 증가한 것이고, 2012년과 비교하면 거의 3배이다. 중국이 무기 사용을 허용한 해경법이 2월 1일 시행된 후 중국 해경은 센카쿠 열도 지역에 연속 항해하고 있다.[314] 주로 일본 어선들을 쫓아내고 있는데 일본 측은 이에 대응하여 무기 사용을 배제하지 않기로 했다.

여기에 더하여 일본이 센카쿠 열도에 대한 중국의 도발에 대응하여 군대 파견을 고려함에 따라 중일 간의 긴장이 고조되고 있다. 중국 외교부는 센카쿠 열도 부근의 중국 해안경비대 순찰이 정당하며 영유권 주장에 부합한다고 말하고 있다.[315] 일본 국방부 장관 노부오 기시는 해안 경비대 전력으로는 상황을 처리할 수 없다며 자위대가 해안 경비대와 유사한 원칙하에 대응할 수 있을 것이라고 하였다.

센카쿠에서 중일이 충돌할 가능성에 대해서는 전문가들이 서로 상대방에게 손가락질을 하고 있다. 일본의 보수적 싱크탱크인 일본 전략문제포럼의 그랜트 뉴샴Grant Newsham은 중국이 공격을 할 경우에만 충돌이 일어날 것이라고 말했다. 그러나 홍콩의 중국 군사평론가 송중핑은 일본 자위대나 정부 관계자가 먼저 섬에 상륙하거나 일본 측이 먼저 중국인을 쏜다면 충돌이 일어날 것이라고 맞섰다.

중국이 일본에 대응하는 가장 기본적이고 효과적인 전략은 바로 러시아와의 합동 작전이다. 러시아가 일본의 동쪽에서 호응하면 일본은 센카쿠에만 집중할 수 없게 된다. 실제로 중국은 러시아와 자주 일본의 동쪽 해역에서 합동 훈련을 하고 있다.[316] 러시아가 진행하고 있는 북방 4개 섬의 군사력 확충을 만일 상당한 수준으로 확대한다면 일본은 중국 방면으로만 집중할 수 없게 될 것이다.

필자는 중국이 센카쿠를 압박하는 것은 두 가지 목적이 있다고 본다. 하나는 영토 분쟁 상태를 고착하면서 국내 민족주의 감정을 자극하여 전쟁에 대한 정서를 확대하는 것이다. 다른 하나는 중국 해군이 센카쿠 유역을 지나 동중국해 또는 북태평양으로 진출하는 것을 일상화하는 것이다. 중국 해군은 센카쿠를 통과할 수 있어야 타이완의 동부 해역에 갈 수 있고, 또 미 해군의 접근을 탐지하고 막을 수 있다.

중국 해군의 센카쿠 통과는 이제는 그들의 의도대로 일상화되고 있는데 예를 들면 일본 방위성 통합막료감부統合幕僚監部는 2021년 12월 오키나와 본섬과 미야코섬 사이를 빠져 태평양에 들어간 중국 해군의 항공모함 랴오닝호가 19일 오키나와 북대동도 동쪽 약 300㎞를 항행했으며 함재기인 J15 전투기나 Z9 헬리콥터의 발착함을 확인했다고 발표한 것을 들 수 있다.[317] 중국은 이렇게 항행을 일상화하면서 타이완 동부 해역으로의 진출을 노리고 있는 것으로 보인다. 중국이 타이완을 공격한다면 필히 타이완 동부 해역을 장악해야 할 것이기 때문이다.

이제 일본은 센카쿠 열도의 방어를 위하여 2024년부터 F-35B 스텔스 전투기를 배치할 계획이라고 한다. 이 비행대대는 18대의 F-35B로 구성되며 미야자키현 남부의 누타바루 공군기지에 기지를 두고 외딴 섬들을 방어할 것이라고 한다.[318] 여기에 1,000km 사정 거리의 미사일을 개발 배치한다고 하니 그렇게 되면 중국 해군의 길을 완전히 차단할 수 있는 능력을 갖추게 된다. 중국으로서는 일본과의 대결을 피하기 위해서는 센카쿠 열도 사이의 항행을 포기하든지, 아니면 타이완 남쪽의 파시 해협을 통한 항행을 선택해야 한다. 중국은 지금까지 항공기를 보내 타이완의 공역을 침범할 때 항상 파시 해협 쪽을 선택해왔다.

중국이 타이완을 점령하기 위해서는 결국 상륙해야 한다. 그런데 타이완의 해변 지형은 상륙 작전에 적합하지 않다고 한다. 실제 대규모 상륙이 가능한 지점은 견해에 따라 다르지만 8곳에서 12곳 정도라는 것이다. 이것을 타이완에서는 '붉은 해안'이라고 부르기도 한다. 당연히 타이완은 이 지점들을 집중 방어하고 있다. 수중 장애물

일본 배치 미사일 사정거리가 1,000km일 경우

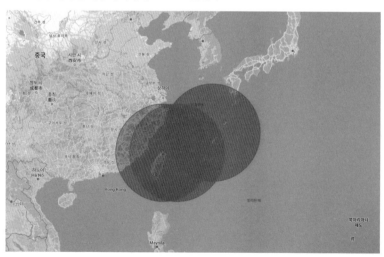

이미 시작된 전쟁

은 물론이고 광범위하게 수뢰를 포설하고 있다고 알려져 있다. 또한 해안가 도로를 건설할 때 상륙전에 대비하여 도로와 고가 등의 건설 시에 방어를 위한 구조물들을 구축하여 사실상 요새화하고 있다고 한다. 다만 일반인의 시각으로는 알아보기 어렵다고 한다.

일단 상륙할 수 있는 지점이 제한된 숫자의 제한된 장소라면 이들 장소로 향해오는 경로에 대한 추정이 쉬워진다. 그리고 바다에서 경로 추정이 쉽다면 대처 또한 세우기 쉽다. 더구나 항공모함 전단이 동원된다면 말할 필요도 없다.

타이완의 시사평론가 캉런쥔康仁俊은 타이완의 한 TV 프로그램에서 미국으로부터 108대의 M1A2 에이브람스 탱크를 도입한 후 타이완의 전술이 변경되었다고 말했다.[319] 에이브람스는 해안으로 기동하여 타이완에 상륙하는 중국 본토의 상륙정과 선박을 공격하는 기동 포병 진지의 역할을 하리라는 것이다. 같이 출연한 타이완 시사평론가 리정하오李正皓는 타이완 서부에는 다수의 상륙이 예상되는 '붉은 해안'이 있으며 서부 해안의 최후 방어선은 시빈고속도로西濱快速公路라고 지적했다.

인민해방군의 타이완 상륙 후에는 곧바로 시가전 양상을 띠게 될 것이다. 타이완은 인구밀도가 세계에서 높은 국가이면서 영토의 중심은 높은 산맥이고 해변과 산맥 사이를 도시들이 채우고 있다. 그리고 도시들은 대부분 해안 가까이 확대되어 있고 해안선은 도로들로 채워져 있다. 그 도로 중에서 서부 연안을 따라 만들어진 것이 바로 이 시빈고속도로이다. 타이완 국군은 고정 진지를 기본으로 반격하고 이 고속도로를 종축으로 삼아 탱크의 이동 및 보급을 하며 싸운다는 전술을 세운 것으로 추정된다.

타이완의 퇴역 장성인 위베이천于北辰은 이에 덧붙여 서해안 고속도로 전체가 해안에서 해안 방파제 사이에 건설되었으며, 중국의 공중부양 상륙정이 돌진하는 것을 막기 위해 높이가 높은 수직에 가까운 오르막으로 만들어져 있다고 말했다. 특히 붉은 해변에 건설된 고가 육교들 하부에는 많은 방어 건설이 교통 건설과 함께 수행되고 있으며 일부 기둥들 사이에는 탱크가 잠복할 수 있다고 소개했다. 교각 다리 간격은 탱크는 통과 가능하지만 공중부양정은 통과할 수 없다. 중국의 상륙전이 일어난다는 것은 타이완이 이미 제공권을 상실한 상황일 가능성이 높기 때문에 공중에서 관측이 어려운 고가 하부에 탱크들을 배치한다는 의미로도 해석된다. 타이완 국군의 구식 M60A3는 발견 즉시 파괴될 가능성이 높아 이런 식으로 교각 하부에 숨어 있는 것이 합리적이다. 특히 상륙정들이 진입할 가능성이 높은 하구 연안에는 2, 3개 교각마다 탱크를 집중 배치한 것으로 알려져 있다. 일단 인민해방군이 상륙에 성공하여 내지로 진입하게 되면 그때부터는 타이완의 예비군을 포함한 병력의 지역 방어에 맞부딪치게 될 것이다.

타이완이 비대칭 전략을 채택한다는 것은 중국이 타이완을 공격해올 때 타이완도 중국 본토를 공격한다는 뜻이다. 그러므로 타이완의 미사일 공격 범위에 해당되는 중국 전역에 방어 수단이 필요하게 된다. 인터넷에서 호사가들이 떠드는 싼샤三峽댐 미사일 공격 같은 이야기들이 여기에 해당되겠다.

중국은 본토 방어를 위하여 해안선을 따라 통합 대공 방어망을 구축해놓고 있다. 그 방어 범위는 육지만 아니라 해안선에서부터 300해리(556km)까지를 커버한다. 그러니까 타이완을 둘러싼 국지 영역 전체를 커버하는 것이다. 주 구성은 조기 경보 레이더, 전투기, 다양한 지대공 미사일로 이루어져 있다.

하지만 중국이 정면이나 측면, 심지어 후면으로부터의 공격에 대한 대비가 되어 있는지는 알 수 없다. 필자의 개인 소견으로는 중국은 후면으로부터의 공격에 대한 대비가 되어 있기 어려운 국가이다. 너무나도 긴 국경선과 너무나도 넓은 황무지가 펼쳐져 있기 때문이다. 타이완의 장거리 크루즈 미사일이 우회 경로를 통하여 날아온다면 성공적으로 방어할 수 있을지 의문이 아닐 수 없다.

하지만 국지 영역의 지리적 우세는 중국 인민해방군 쪽에 있다. 중국은 서태평양에서 정찰 위성 역량이 2018년 이후 2배로 증가했다고 미 국방부가 2022년 12월 중국군에 대한 연례 평가에서 보고했다. 이들 위성을 통해 중국은 2,000여 기의 지상 기반 미사일을 미국 군함 등 움직이는 표적으로 유도할 수 있는 체계를 갖추었다. 여기에 중국 해안선을 기반으로 300해리 해안 방공 시스템이 타이완 전체를 뒤덮고 있다. 미군이 중국 해안 가까이 운행하는 것, 예를 들어 타이완 해협을 항행의 자유 작전이라고 부르며 통과하는 행위는 일단 전시가 되면 불가능한 것이다.

이로 인해 미국이 중국 해안 근처에서 격전을 벌일 수 없고 원하든 원하지 않든 타이완을 방어할 능력이 없다는 평가가 전문가들 사이에서 확산되고 있다. 엘브리지 콜비는 제2차 세계대전 이후 가장 중요한 전쟁이 될 미중 전쟁에서 미국이 패배할 것이라는 인식이 군

상급 장교들 사이에서 퍼지고 있다고 했다.[320] 로버트 오브라이언 전 트럼프 국가안보 보좌관은 중국이 타이완을 점령한다면 OPEC이 석유를 농단하는 것 이상으로 반도체 독점 역량을 행사할 것이라면서 미국과 타이완은 초토화 전략을 도입하여 타이완의 반도체 생산 시설을 파괴해야 한다고 말했다.[321]

중국은 2021년에만 테스트 및 훈련을 위해 약 135발의 탄도 미사일을 발사했으며 특히 DF-17 미사일의 시험에 성공하여 실전 배치하였다. DF-17은 기본적으로 재래식 미사일이지만 핵탄두 장착이 가능하다. 그리고 서태평양의 외국 기지와 함대를 공격하기 위해서 전용으로 개발된 무기이다. 바로 미군 말이다. 조나단 그리너트 Jonathan Greenert 제독은 스푸핑(공격해오는 미사일에 다른 잘못된 위치 좌표 데이터를 사용하도록 오도하는 기술), 전자 방출 마스킹, 이지스와 같은 미사일 방어 시스템의 조합으로 미국 항공모함을 방어할 수 있다고 말했다. 그러나 미국의 이지스나 패트리어트 같은 미사일 방어 시스템은 고탄도에서 날아오는 미사일에 효과적이지 않다. 중국의 DF-21 및 기타 대함 미사일은 성층권으로 상승하여 수직으로 공격하도록 설계되었다. 우크라이나 전쟁에서 러시아 탱크를 쉽게 부수고 있는 재블린 유도탄과 같은 방식이다.

특히 중국은 소형 광학 위성을 중점적으로 배치하고 레이더 이미징은 물론 신호 차단 기능을 수행하게 하고 있다. 이 위성들은 50cm의 해상도를 보유하고 있어 선두 위성은 수상한 물체를 감지할 수 있고, 후속 위성은 상세 조사 모드로 전환해 상세 조사 결과를 중계할 수 있다. 그 대상 범위는 미국처럼 전 세계는 아니지만 지근 영역 범위는 이미 완성한 것으로 알려져 있다.

　이러한 환경 요소들은 모두 국지 영역 내에서 중국이 절대적으로 유리함을 나타낸다. 그러므로 전쟁의 중점은 미국의 군사력이 타이완 본섬에 진입하고 유지될 수 있느냐에 달려 있다. 따라서 미군이 타이완에 주둔하지 않는 이상 미군을 지근 영역에서 방어할 수 있다면 중국의 승리가 된다. 바로 A2/D2 전략의 출발점이다.

지근 영역 거점

우선 지근 영역을 어느 정도의 지리적 위치를 상정할 것인지는 매우 중요한 요소이다. 미 군사력은 중국의 직접적인 유효 거리 밖이지만 타이완에 가능한 가까운 거점에 자리 잡으려 할 것으로 추정할 수 있다. 그리고 이런 거리는 대상 무기의 성능과 지원 능력에 따라 결정된다. 만일 최근 미군이 가장 신경 쓰고 있는 DF-17의 사정거리인 1,500km를 기준으로 한다면 다음 지도처럼 일본 전역이 범위 안에 들어가게 된다. 한국은 단거리 미사일로도 공격할 수 있는 거리다.

　이것만큼 한반도의 중요성이 분명하게 보이는 지도도 없다. 한반도에 배치된 사드 레이더는 중국의 품을 칼로 도려내는 듯한 위치를 점하고 있다. 사드가 배치되면서 중국의 북부 전구, 동부 전구, 남부 전구가 모두 미국의 미사일 공격과 스텔스 전투기의 공격에 노출된다. 이 또한 양안 전쟁 발생 시 중국이 가장 먼저 한국의 사드를 공격해서 무력화해야 하는 이유이다. 한국은 중국의 사드에 대한 우려

중국의 미사일 사정 거리

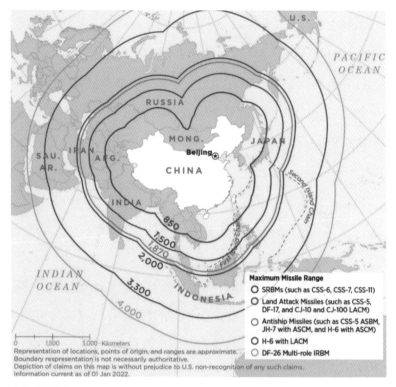

출처: 미 국방부

를 너무 과소평가하는 경향이 있어 보인다. 보다 진지하게 해법을 찾지 않으면 안 될 것이다.

만일 DF-17 이전의 재래식 미사일의 사정 범위인 850km를 기준으로 잡게 되면 일본의 대부분 지역은 제외되지만 큐슈 남부 일부 및 오키나와와 혼슈 북부와 홋카이도가 모두 사정 범위에 들어온다. 최악의 경우 H-6 전략 폭격기의 공격 범위인 3,300km에서

이미 시작된 전쟁

한국 설치 사드 레이더 탐지 거리

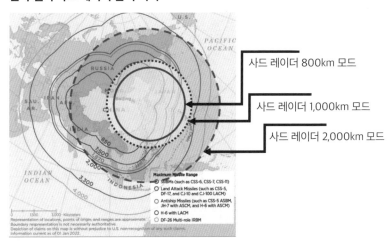

사드 레이더 800km 모드

사드 레이더 1,000km 모드

사드 레이더 2,000km 모드

DF-26의 사정 범위인 4,000km 범위를 잡아보면 호주를 제외한 대부분의 아시아 국가가 범위 내에 들어오게 된다.

이런 시각에서 보면 호주가 해상 무력을 강화하여 남중국해로 진출하는 것이 중국에게 어떤 의미를 가지게 되는지 알 수 있으며, 역으로 호주가 적극적으로 대중 무력 동맹에 참여하는 의도 또한 알 수 있다. 호주는 공격당할 가능성이 극히 작은 가운데 대중 동맹에 참여함으로써 미국 등 동맹국은 물론 중국에도 영향력을 행사할 수 있는 것이다. 그러니 얻는 것은 많고 잃을 것은 적은 장사를 안 할 이유가 없다.

그래서 리처드 말스 호주 국방부장관의 발언은 호주가 태평양 지역에서 미국을 도와 부보안관 역할을 하려 한다는 관측을 불러일으키고 있다. 말스는 중국에게 타이완 주변의 작전을 중단할 것을 촉구하고 호주가 이 지역에서 평화로운 군사 작전을 계속할 것이라고 말했다. 호주 군 참모들은 또한 호주가 남중국해 작전에서 후퇴하지 않고 감시 및 기타 활동을 계속할 것임을 시사했다.[322]

이 지도는 동시에 베트남과 필리핀의 입장을 보여주기도 한다. 중국의 해양 무력이 투사되는 남중국해 방향에 바로 붙어 있는 것이다. 하지만 두 나라는 지리적으로 차이가 있다. 필리핀의 경우 타이완 남부와 파시 해협을 통해 군사력이 조우하는 영향권에 직접적으로 노출된다. 그러나 베트남의 경우는 주 전장이 아니다. 역으로 필리핀 해역은 중국 입장에서는 활동을 많이 해야 하는 곳이고 베트남 해역의 경우는 자국의 내해와 유사한 성격을 가진다.

이러한 차이는 필리핀은 미국과 협력하여 군사 기지를 지원하게 되고, 베트남은 중국에게 악의가 없음을 어필하고 경제적 협력을 강화하는 노선을 선택하게 되는 결과를 가져온 것으로 볼 수 있을 것이다.

남중국해

타이완으로 접근하는 남쪽 경로해 해당되는 이 남중국해는 1년에 3조 4,000억 달러 규모의 상품이 통과하며 일본, 한국, 타이완 석유 수입의 80%가 통과한다. 한국과도 이어도 분쟁이 있듯 이 지역에서 중국은 여러 국가와 영토 분쟁을 일으키고 있다. 베트남과의 파라셀Paracel Islands 군도에 대한 분쟁이 있고, 베트남, 말레이시아, 브루나이 및 필리핀과 스프래틀리Spratly Islands 군도 분쟁이 있으며, 필리핀과 스카버러 산호초Scarborough Shoal 분쟁이 있다. 이러한 분쟁에는 타이완도 개입되어 있다. 다음 지도는 남중국해에서 각국이 선언하고 있는 영해를 나타낸 것이다. 선들이 대부분 중첩되어 영해 분쟁이 복잡하다는 것을 보여주고 있다.

중국은 초지일관 남중국해는 중국의 내해라는 입장을 고수하고 있다. 파라셀 군도, 스카버러 산호초, 스프래틀리 군도 등이 대표적이다. 다만 ICASInstitute for China-America Studies는 중국이 하이난섬과 파라셀 군도에 대한 베이스라인은 선언했지만 기타 섬들에 대한 베이스라인에 대한 선언을 하지 않아 기타 섬에서 12마일 바깥은 공해라는 해석을 하고 있다.[323] 중국은 이들 섬 또는 산호초에 지속적으로 시설물들을 건설하며 영유권의 기정사실화에 노력하고 있다. 예를 들어 2021년 4월 들어 스카버러 산호초에서 필리핀은 일부 섬에 미지의 건축물이 설치된 것을 발견했다. 미 국방부에 의하면, 중국이 바다를 매립하여 1,294헥타르의 토지를 획득했다는 것이다.[324] 이를 중국의 살라미 전략으로 보는 견해가 많다.

중국이 분쟁을 감수해가며 남중국해에 이렇게 설치하고 있는 군사 기지들이 통합 대공 방어망을 확장하는 기능임은 물론이다. 이들은 미국의 크루즈 미사일과 같은 장거리 미사일의 타격이나 공습에 대응하는 것이 주목적이다. 중국이 남중국해에서 군사 거점들을 유지할 수 있다면 타이완으로의 공격 경로, 미군의 개입 경로, 그리고 나아가서 연간 3조 4,000억 달러의 교역로 안전을 담보로 세계 각국에 영향력 행사를 기대할 수 있다.

또 하나, 중국이 남중국해를 확보해나가려는 목적은 핵 잠수함의 안전 확보이다. 중국의 대부분의 원자력 잠수함은 소음이 커 제1도

남중국해 각국 선언 영해

중국과 대만   말레이시아   베트남   브루니아   필리핀

련을 돌파하기가 어렵다. 이런 상황에서 미국에 대한 ICBM을 발사
하려면 중국 연해에서 발사해야 한다. 더구나 대다수를 자치하는 쥐
랑巨浪-2 미사일은 사정 거리가 8,000km에 불과하여 미국 본토 내
까지 도달하지도 못한다. 의미가 없는 것이다. 이제 사정 거리 1만

2,000km의 쥐랑-3 미사일을 개발했고 남중국해로의 경로만 확보되면 중국은 진정한 의미로서 핵 보복 능력을 가지게 된다. 여기에 사정 거리 1만 8,000km의 쥐랑-4 미사일의 소문도 있다.

미국 인도-태평양 사령부 아퀼리노 사령관은 중국이 남중국해에서 최소 3개 섬을 완전 군사화하였다고 말했다. 대함 및 대공방어 미사일 시스템, 레이저 및 재밍 장비, 전투기로 완전 무장하였다는 것이다. 그는 더 공격적인 중국의 이 움직임이 주변에서 활동하는 모든 국가를 위협한다고 지적했다.[325] 미국은 남중국해에서 중국의 해상 야심을 억제하기 위하여 니미츠급 항공모함 USS 칼 빈슨과 와스프급 USS 에섹스가 이끄는 2개의 해군 공격단을 배치했다.[326]

이성훈은 현재는 중국이 미국에 비해 전반적인 군사력 열세에 있기 때문에 인공 섬 건설 완료와 원거리 전력 투사 능력이 보완되기 전까지는 현상 유지 정책을 구사할 가능성이 높다고 보고 있다. 그는 일례로 남중국해에서 분쟁 시 공중 우세 능력에서의 종합지수는 미국 19,527, 중국 12,806으로 타이완의 항공력을 제외하고도 미국이 압도적으로 우세한 편이라고 했다. 전시에 중국의 남중국해 기지들이 유지될 가능성은 작다. 미국이 개입한다면 이들 남중국해 기지들은 단시간 내에 파괴될 수 있을 것이다. 미국의 한 의원이 손쉬운 목표물이라는 의미로 과즙이 찬 목표물 juicy target이라고 불렀듯이 말이다.

이들 남중국해 기지 중 타이완에 가장 접근한 위치에 있는 것은 스카버러 산호초이다. 중국어로는 황옌다오黃岩島라고 하는 이 군도는 가장 가까운 곳이 필리핀 루손섬에서 220km 떨어져 있다. 지도에서 쉽게 확인할 수 있듯이 이 스카버러 산호초 군사 기지는 파시 해협을 통한 함선의 이동과 필리핀 제도를 통한 함선의 이동, 그리고 중국 본토로의 이동의 중심점에 있다.

스카버러 산호초는 내부 대부분을 차지하는 석호를 포함하면 150㎢의 면적이지만 육지 면적은 매우 작다. 이를 중국이 매립하여 활주로를 건설해놓고 있다. 항공기를 통한 정찰 활동이 가능하므로 미군의 개입을 탐지하기 위한 중요한 거점이 된다. 특히 필리핀이 루손섬 등에 미국의 군사 기지 사용을 허가하고 있기 때문에 더욱 중요하다. 이 기지의 역할은 중국의 타이완 공격 시 미군의 활동을 탐지하고 정찰하는 것이다. 그리고 아마도 미국의 공격에 하루를

스카버러 산호초 위치

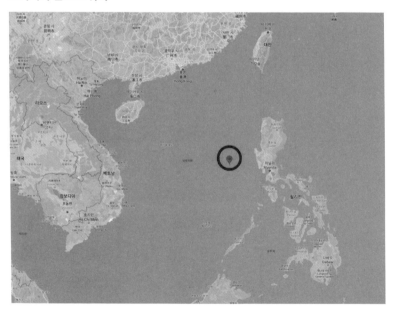

이미 시작된 전쟁

견딜 수 없을 것이다.

파라셀 군도는 중국명 시샤 군도西沙群島이며 약 7.75㎢의 면적으로 약 130개의 작은 산호 섬과 산호초가 포함되어 있다. 1930년대에 프랑스가 진출하였으나 그 후 일본과 중화민국을 거쳐 중국과 베트남이 전쟁을 하던 시기 1974년 파라셀 전투 이후 중국이 완전한 장악을 이루었다. 베트남은 자국의 주권을 주장하고 있다. 중국은 시샤 군도의 20개 섬 또는 암초를 매립하여 20개 군사 기지를 건설해 놓고 있다. 중국 해안 및 베트남 해안으로부터의 거리는 330km로 비슷하다.

미국 해군전쟁대학의 보고에 의하면 중국이 2012년 설립한 산샤시가 행정 면적 기준으로 세계 최대인 80만㎢, 뉴욕시의 1,700배 크기라고 지적했다. 베트남과 타이완이 영유권을 주장하는 파라셀 군도와 베트남, 타이완, 필리핀, 말레이시아, 브루나이 등이 영유권을 주장하는 스프래틀리 군도를 포함하며 대부분 면적은 바다이다. 그런데 시청을 파라셀 군도 중 하나인 우디섬, 중국명 용싱다오永興島에 설치했다. 용싱다오는 면적 3.2㎢로 가장 큰데 중국은 이 용싱다오를 매립하여 비행장을 건설한 것이다. 243페이지의 사진은 위키피디아가 제공하는 용싱다오의 모습[327]이다.

현재 항구 인프라, 해수 담수화 및 하수 처리 시설, 신규 공공 주택, 사법 시스템, 5G 네트워크 커버리지, 학교, 본토에서 오가는 정기 전세기를 자랑한다. 중국은 이런 방법을 통해 남중국해 분쟁 지역을 점차 사실상 중국 영토로 탈바꿈하려는 것으로 보인다.[328]

스카버러 산호초와 파라셀 군도의 정보 능력은 기본적으로 필리핀

파라셀 군도 위치

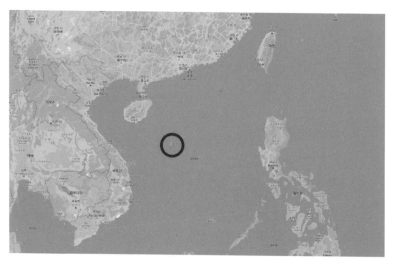

서쪽 해역과 하이난까지 범위를 담당할 수 있다. 하이난의 중국 해군이 이쪽 지역을 막아주면 중국 공군은 타이완 공격에 전념할 수 있다.

파라셀 군도의 영토 분쟁 중인 베트남 입장에서는 지금 분쟁이 아니라 방어 능력부터 확보해야 하는 입장이다. 단기적으로 파라셀 군도의 주권을 돌려받을 가능성이 작은 데다 중국의 세력이 캄보디아와 라오스에 진출하고 있기 때문이다.

캄보디아는 베트남 서쪽의 림 해군 기지에 중국이 기항할 수 있게 했는데 캄보디아와의 사이가 좋지 않은 베트남 입장에서는 동서남북 모든 방향에 중국의 세력이 진출한 모양새이다. 바이든은 캄보디아 수도 프놈펜에서 훈센 총리와 회담하고 중국군이 활동하고 있다고 의심되는 캄보디아 남서부 리암 해군 기지에 대해 우려를 표하

이미 시작된 전쟁

용싱다오(永兴岛)

며 중국군 활동의 투명성을 확보하는 것이 중요하다고 강조했다.[329] 하지만 외국의 원조로 살고 있는 캄보디아로서는 중국의 경제적 지원보다 더 중요한 국가 안보는 없는 상황이라고 할 수 있다.

바이든 행정부가 미국 우선주의가 아니라 동맹과 함께 중국의 힘과 영향력 팽창에 대응할 것임을 선언했다. 그리고 미국의 국가안보 전략 잠정안에서 전략적 파트너십 국가로 인도, 싱가포르, 베트남을 언급한 것은 남중국해에서 베트남의 전략적 가치를 인정한 것으로 보인다. 하지만 베트남 입장에서는 남중국해에 와서 중국과 싸울 수 있을지 알 수 없는 미국에 의지할 수가 없다. 미국에 의지할 수 없다면 중국과 우호 관계를 맺을 필요성을 느낀 것은 당연하다. 2022년 12월, 베트남 최고 지도자인 응우옌 푸 쫑阮富仲, Nguyen Phu Trong 공산당 서기장은 중국을 방문해 시진핑과 회담을 했다.[330] 시진핑은 양국 관계에 대해 누구도 방해할 수 없다고 말하며 미국을 견제했다. 베트남은 자주국방, 인도와의 군사 협력 강화, 캄보디아 및 라오스와의 관계 개선 등의 옵션을 추진할 것으로 보인다.[331]

이제 스프래틀리 군도로 가보자. 스프래틀리 군도는 중국명 난샤 군도南沙群島이며 섬 및 1,000개 이상의 암초로 구성되어 있다. 이곳은 상당한 석유와 천연가스가 매장되어 있는 것으로 추정된다. 스프래틀리 군도는 큰 지도에서 보면 작아 보이지만 사실은 남북으로 길이가 500해리 이상, 동서로 너비가 400해리 이상의 지역에 퍼져 있어 엄청난 면적이다.

이 난샤 군도를 중국이 확보하려는 것은 충분히 이해가 되는 일이다. 중국은 난샤 군도의 방어를 위하여 홍치紅旗-9B 대공 미사일, YJ-12B 대함 미사일, 루둔陆盾 2000 근거리 대공 방어 시스템 등을 설치하고 있다. 스텔스 능력을 갖춘 배수량 250톤, 항속 거리 200해리, 최대 속력 50노트의 고속정도 배치하고 있다.

중국이 남중국해 상공에서 J-20 스텔스 전투기를 이용한 초계를 시작했는데, 이는 점점 더 군사화되고 경쟁이 치열해지는 전략적 수역에서 중국의 압박이 커지는 가장 최근의 신호이다. 순찰 소식은 J-20 제작사인 중국 국영 항공산업공사AVIC에 의해 확인됐다. AVIC의 검사 및 감독 팀장인 런위쿤任玉坤은 J-20의 남중국해 순찰 능력이 국산 엔진을 사용했기 때문에 가능했다고 말했다.[332] 그간 러시아 엔진을 카피한 중국산 엔진의 추력이 약하여 문제가 되었는데 이제 엔진 문제를 극복했다고 한다. 2022년 주하이 에어쇼에서 중

스프래틀리 군도 위치와 모습

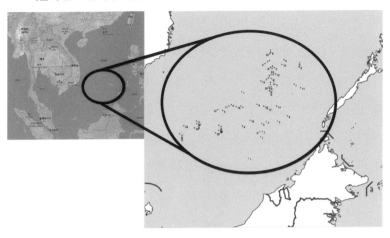

국은 추적 편향 노즐을 장착한 신형 엔진 WS10TVC를 전시하였고 J-20의 시범 비행 능력도 상당한 진보를 보였다.

이 난샤 군도에는 태평도, 중국명 타이핑다오라는 섬이 있는데 이 섬은 타이완이 통치하고 있다. 타이완 입장에서는 군사 방위 목적상 중요할 수밖에 없는 곳이다. 문제는 무인도인 타이핑다오에 군사 거점을 마련하기는 했지만 유지와 방어가 어렵다는 것이다. 타이완은 이 타이핑다오를 미국의 군사적 용도로 제공하겠다고 했지만 그간 미국은 가타부타 입장 표명을 하지 않고 있었다.

그래도 타이완은 난샤 군도의 태평도에 방위 증강을 지속해왔다. 타이완 정부는 항구 및 부두 정비 공사를 시작했고 2023년 말까지 완공하면 타이완의 4,000톤 이상의 함정이 타이핑다오에 정박할 수 있다고 밝혔다.[333] 그리고 2022년 중국과의 갈등이 심해지자 미군은 타이핑다오의 군사적 이용을 선언했다. 타이핑다오는 수비적 관점에서는 문제가 많은 곳이지만 공격적 관점에서 보면 중국의 정찰 기지를 정찰할 수 있다는 귀중한 자산이 아닐 수 없다.

타이완과 필리핀 사이의 파시 해협은 미중의 군사 충돌에 있어 가장 중요한 요충지이다. 그리고 태평도는 미국의 필리핀 군사 기지 이용과 맞물려 시너지가 난다. 미국과 필리핀은 2014년 EDCA_{Enhanced Defense Cooperation Agreement}라는 군사 협력 협정을 체결한 바 있다. 이 협정에 따라 미국은 필리핀에 군대를 순환 배치하며 장기 체류를 할 수 있고, 양국 군대 모두를 위해 필리핀 기지에 시설을 건설하고 운영할 수 있다. 그러나 영구 기지를 구축할 수는 없다.

소강 상태에 있었던 미국과 필리핀이 다시 협력하게 된 것은 중국의 어선과 해군 민병대가 필리핀의 어장을 휩쓸었기 때문이다. 미국은 2021년 3월 남중국해 암초 인근에 중국 어선 200여 척이 주둔하는 것에 대해 우려를 표시하며 중국 정부가 해군 민병대를 동원해 다른 국가를 도발하고 위협한다고 주장했다. 필리핀 주재 미국 대사관은 성명을 통해 중국 선박들이 날씨와 상관없이 수개월 동안 이 지역에 정박해왔다고 밝혔고, 필리핀 정부는 중국에 외교 항의를 제기하여 중국 선박들이 해당 지역을 즉시 떠날 것을 요구했다.[334] 그러나 중국 정부는 들은 체 만 체한 것이다.

이런 상황은 미국과 필리핀을 가까워지게 했다. 국가 안보 이익에 있어 공동의 적이야말로 가장 큰 이해관계인 것이다. 거기에 마르코스 대통령의 당선은 필리핀이 보다 미국과 가까워지는 계기를 조성했다. 호세 마누엘 로무알데즈 주미 필리핀 대사는 타이완 해협에서 분쟁이 발생하면 필리핀은 미군이 필리핀의 기지를 사용하는 것을 허용할 수 있다고 말했다. 그는 필리핀이 '우리에게 중요하고 우리 자신의 안보에 중요한' 경우에만 미군의 필리핀 군사 기지 사용 것을 허용할 것이라고 강조했다.[335]

미국은 필리핀과 과거 미군이 사용했던 클라크 공군 기지와 수빅만 해군 기지를 다시 사용하는 문제에 진전을 보였다. 새사르 바사Cesar Basa 기지와 막사이사이Magsaysay 기지, 막탄Mactan 공군 기지, 룸비아Lumbia 공군 기지, 바티스타Bautista 공군 기지 등도 2차로 2023년 완공을 목표로 공사가 진행되고 있다고 한다. 필리핀 정부는 이미 양안 전쟁 발생 시 미군이 이들 기지들을 활용할 수 있도록 동의하고 있다고 한다.

카멀라 해리스 미국 부통령은 2022년 필리핀을 방문하여 이 문제를 매듭지었다.[336] 트럼프 행정부에서 인도-태평양 안보담당 차관보로 근무한 랜들 슈라이버Randall Schriver 같은 전문가들은 중국의 타이완 상륙 작전을 막기 위해 특히 로켓, 미사일 및 포병 시스템의 잠재적 위치로서 루손섬에 미 육군이 큰 관심을 갖고 있다고 말했다. 카멀라 해리스 미국 부통령은 마닐라를 방문하는 동안 필리핀에 대한 미국의 확고한 안보 공약을 재확인했으며, 여기에는 2016년 국제중재재판소가 남중국해의 주권 문제에 대해 중재한 것을 지지하는 것이 포함된다. 양국 간 상호방위조약에 기초한 협력 협정으로 미국은 필리핀에 교대로 병력을 파견하고 필리핀 군사 기지를 사용할 수 있게 됐다. 미국은 EDCA 협정에 따라 남중국해에 면한 팔라완섬에 있는 기지를 포함하여 5개의 현재 군사 기지 건설을 위해

8,200만 달러를 투입한다고 발표했다.[337] 루손섬에 복수의 미국 공군 기지가 들어서고 태평도에 미군의 해군과 공군이 자리를 잡으면 난샤 군도에서의 중국 인민해방군의 활동은 크게 위축된다.

미국이 태평도와 루손섬 등의 거점을 확보하며 중국의 남중국해 거점들을 압박한다면 중국은 솔로몬 제도를 확보했다. 베단트 파텔 미 국무부 부대변인은 솔로몬 제도 정부가 모든 외국 군함 방문을 중단한다고 공식적으로 미국에 통보했다고 밝혔다. 솔로몬 제도는 그 직전에도 미 해안경비대 함선과 영국 해군함정이 항구에 정기 정박하기 위한 적시 승인을 주지 않았다.[338] CSIS의 호주 의장이자 전 국무부 관리인 찰스 에델Charles Edel은 미군 함정의 방문 거부 자체가 중요한 문제가 아니라고 말했다. 그러나 솔로몬 제도의 머내시 소가바레Manasseh Sogavare 총리가 중국과 비밀 안보 협정에 서명한 것과 솔로몬 제도에 기지국을 건설하려는 화웨이의 제안을 수락하고 미국 및 호주와 협력하기를 점점 꺼리는 상황을 감안할 때 우려된다고 말했다. 이렇게 미중은 남중국해에서 샅바 싸움 중이다.

제2도련

만일 미국이 중국과의 샅바 싸움에서 실패하여 중국이 파시 해협이나 센카쿠 열도를 통과하여 외양으로 나가게 되면 이는 제1도련을 돌파당한 것이고, 제2도련인 동경-사이판-괌-인도네시아를 연결한 선이 위협받게 된다. 이것은 미국에게는 미국 영토가 직접 노출되는 엄중한 사태이다. 그리고 일단 제1도련을 돌파당하면 방어 면적이 비약적으로 넓어지는 것은 물론 공해의 영역이 된다. 제1도련은 동맹과 함께 해군을 막을 수 있는 지형이 있지만 제2도련은 문자 그대로 광활한 태평양인 것이다.

카멀라 해리스 부통령은 싱가포르와 베트남도 방문하여 80% 이상을 중국이 통제하는 남중국해에 대해 미국은 국제 항행 규칙 보호에 대한 협력을 강화한다고 발표했다. 그러나 베트남은 중국에 맞서지 않을 것임을 분명히 했다. 앞서 같은 목적으로 항행의 자유를 보호하기 위해 블링컨 미 국무부 장관은 인도네시아와 전략적 협력을 발표했고, 중국과 스프래틀리 군도에 대해 분쟁 중인 필리핀에 도움을 약속한 바 있다. 거의 20년 만에 처음으로 독일이 남중국해에 함선을 보냈고, 영국 항공모함 전단도 위용을 자랑한 바 있으며 인도 공군도 참여한 적이 있다.[339] 미국은 제1도련에서 중국을 방어해야만 제2도련을 방어해야 하는 상황에 빠지지 않게 된다.

역으로 중국 시각에서 제2도련 돌파는 양안 전쟁을 위해서는 필수적인 관문이다. 문제는 중국에 아직 원양 해군의 능력이 없다는 것이다. 단순히 군함이 태평양을 항해하는 것만이 문제가 아니라 보급을 위한 기지와 거점들이 확보되어야 한다. 지금 중국에게 제2도련 돌파는 먼 훗날의 목표이며, 현재는 제1도련 돌파와 타이완 동부 해역의 장악이 목표라고 볼 수 있다. 따라서 본서에서 정의하는 지근 영역은 남중국해, 타이완 동부, 그리고 동중국해를 잇는 범위로 생각할 수 있겠다.

지근 영역 미중 갈등
중국이 해양경찰법을 국내법으로 발효시키면서 법 집행에서 발생되는 위기 상황 시에 개인 화기를 사용할 수 있도록 명기하여 주변국들의 우려를 받고 있다. 그러나 해양에서의 법 집행은 법 집행 차원일 뿐 무기가 동원될 가능성은 매우 낮다. 중국의 의도는 실질적인 법집행보다는 주변국에 대한 영향력 행사로 해석된다. 예를 들면 센카쿠에서 일본과 힘 겨루기를 하는 효과다.

하지만 중국의 이런 조치들은 그렇지 않아도 남중국해에서 증가하는 중국의 무력에 대한 우려가 크던 주변 국가들의 반발을 불러일으켰다. 대부분 국가가 중국 어선단의 무개념에 가까운 어획 행위로 골머리를 앓던 차에 중국의 이런 행위는 거부감을 높일 뿐이었다. 게다가 2020년 9월 프랑스, 독일, 영국은 2016년의 국제 법정 판결에 찬성하여 중국의 남중국해 영유권 주장을 인정하지 않았다. 중국은 명분에서 지고 있는 상태였다.

바이든 행정부는 취임 초기부터 미국이 가진 각종 선택 방안과 핵심 역량을 중국과의 경쟁에 극대화할 것임을 분명히 하였다. 이로써 미 해군이 남중국해에서의 관습적 국제법에 따라 공해상 항행의 자유 권리를 행사하는 항행의 자유 작전을 하고, 여기에 중국 해군이 군사적 대응을 하고 있다. 호주의 군사 전문가인 칼 세이어Carl Thayer 뉴사우스웨일즈대학 명예교수는 이런 식이 되면 남중국해 문제가 군사화되는 경향을 강하게 보인다고 지적했다.

많은 전문가는 미국이 중국에 적용할 수 있는 수단들이 별로 없는 상황으로 보았고, 만일 중국이 이를 이용하여 남중국해의 미중 군사 경쟁에서 우위를 선점하려 한다면 매우 심각한 상황이 될 수 있다고 평가하였다. 하지만 중국 입장에서 보면 타이완 통합을 위해서는 남중국해 안에서 그대로 있을 수는 없는 일이다. 결국 미중이 충돌의 길로 가는 것은 피할 수 없어 보이고 충돌이 일어나는 장소는 이 지근 영역, 아마도 남중국해이기가 쉽다.

2021년 1월, 타이완 해협에서의 군사적 긴장이 상승하면서 이를 완화하기 위한 목적으로 미국의 항공모함 전단이 남중국해로 진입하였다는 「로이터통신」의 보도가 있었다.[340] 항공모함 전단을 보낸 것이 군사적 긴장을 완화하는 것이라는 표현은 미국의 군사력이 도래하면 악당들이 숨을 죽이고 싸움이 일어나지 않는다는 뜻이어서 실소를 자아낸다. 이제 확실히 그런 시대는 지나갔다.

자국이 인도-태평양 국가라고 자부하는 프랑스는 중국의 대대적인 영유권 주장에 도전하기 위하여 2021년 2월 잠수함을 보내 남중국해를 순찰했다. 프랑스의 국방장관 플로랑스 파를리Florence Parly는 프랑스 핵 공격 잠수함 에메라우드와 해군 지원 선박인 세인이 남중국해를 항해했다며 우리가 항해하는 바다가 어디이든 간에 국제법이 유효한 유일 규칙임을 확인했다고 득의양양하게 트윗을 날렸다. 2019년 6월 샹그리라 대화(아시아안보회의)에서 프랑스는 1년에 두 번 이상 남중국해에서 항해할 것이라고 밝힌 바 있으며, 파를리는 같은 생각을 가진 국가들도 공조할 것을 촉구한 바 있다.[341]

바이든 행정부도 들어선 지 처음으로 2021년 2월 미국의 항공모함 루스벨트호와 니미츠호를 남중국해로 보냈다. 중국은 미국의 이런 무력 과시는 지역의 평화와 안정에 이롭지 않다는 입장을 발표했다.[342] 이 시점까지만 해도 중국은 바이든 행정부의 향후 방향을 조망하는 듯했다.

하지만 2021년 2월 분쟁 중인 해역에서 미군의 활동이 확대된 직후, 적어도 10대의 중국 폭격기가 남중국해 해상에서 타격 훈련을 했다. 군사 전문가들은 중국 해군의 가장 최신 폭격기인 H-6J가 참여한 이번 훈련은 항모 작전을 포함한 미국의 활동에 대응하는 중국의 능력을 보여주기 위한 것이라고 했다. 미국이 항모를 보내는데 중국이 가만히 있을 수는 없었다.

그리고는 중국이 분쟁 지역인 남중국해 스프래틀리 제도에서 암초를 연장하기 위해 간척지를 매립한 것을 2021년 3월 위성사진에서 확인됐다. 미국 우주기술 업체 맥사르가 촬영한 이 사진에는 필리핀과 베트남도 영유권을 주장하고 있는 수비 리프Subi Reef(스프래틀리 군도 내외 암초)에 2월 20일 촬영한 위성사진에서는 볼 수 없었던 새로운 땅이 추가돼 있는 것으로 나타난 것이다.[343]

타이완에 긴장이 감도는 가운데 중국이 2021년 3월 남중국해에서 상륙 훈련을 실시하였다. 중국 인민해방군은 해군과 육군, 해병대, 공군 병력을 파견해 파라셀 군도 트리톤 섬 일대에서 "합동전의 전술과 방법을 모색했다." 공격 훈련 시나리오에서는 해병대 병력이 함정과 헬기를 이용해 상륙한 뒤 육군 전차대가 차량을 전진 배치하고 적 벙커를 파괴하는 훈련을 했다고 한다.[344] 타이완은 중국의 군사 훈련과 같은 날에 6발의 미사일을 발사하는 훈련을 했는데 중국 측과 일자가 겹친 것은 우연이라고 말했다.[345] 사실 이 상황은 대규모 한미 연합 훈련을 하면 북한이 대응하여 미사일이나 방사포를 쏘는 것과 유사한 것이다.

영국 왕립해군 새 항공모함 퀸 엘리자베스호가 2020년 취역했을 때 영국은 이 항모의 첫 임무는 남중국해의 자유 항행이라고 여러 차례 밝혔었다. 중국은 영국에게 남중국해에 들어와 분쟁 지역 근처를 항해하지 말라고 경고했다. 중국은 이렇게 영국이 적대 행위를 하면 군사적 대응을 강요당할 수 있다고 말했다. 매우 재미있는 말이다. 군사적 대응을 강요당한다는 표현 말이다. 그리고 당시 런던 주재 중국 대사의 말도 재미있다. 그는 '영국은 남의 총에 맞서서는 안 된다'고 말했다.[346] 그 총을 쏘는 것은 중국인데 말이다.

이렇게 긴장이 높아지고 있는 남중국해에 2021년 4월 영국이 퀸 엘리자베스호를 보내고 일본과 한국의 항구를 방문하며 10여 국가와 합동으로 군사 훈련을 했다. 영국 정부는 2021년 1월 4일 왕립 해군이 38년 만에 구축한 이 항모 전단이 6만 5,000톤급 퀸 엘리자베스호에 탑재된 F-35 전투기와 헬기 등 작전 능력을 갖췄다고 발표한 바 있다. 항공기 등 공중 전력은 물론 호위 구축함, 순양함, 잠수함, 보급함도 명령 후 5일 이내에 배치할 수 있다고 했다. 합동 군사 훈련에는 미국의 항공모함, 네덜란드의 순양함, 그리고 일본, 캐나다, 뉴질랜드, 프랑스, UAE, 덴마크, 그리스, 이탈리아, 터키, 이스라엘, 인도, 오만, 그리고 한국이 참여했다.[347] 말하자면 프랑스에 이어 영국이 존재감을 과시한 것이다.

그러던 와중 2021년 4월 미국 군함 한 척이 랴오닝호 전단에 섞여 항해하고 있는 위성사진이 공개되어 전 세계의 관심을 불러일으켰다. 여기에 대하여 미군이 랴오닝호를 가지고 놀았다는 시각에서부터 호위함이 역할에 실패했다는 의견, 그리고 중국 인민해방군이 망신을 당했다는 의견이 있는가 하면 일부 타이완 언론들은 군사 전문가인 양위성杨于胜의 말을 인용해 외부에서 위성사진만으로 추정하는 것은 적절치 않다고 하였다. 중국 측이 의도적으로 전단을 멀리 확대해 미군 함정을 의도적으로 집어넣었을 가능성이 크다는 것이었다. 그렇다면 전대를 전개하면서 위협감을 낮추려는 의도라고 한다. 중국과 미국은 2014년 해공상봉 안전행위 준칙 양해각서海空相遇安全行为准则谅解备忘录를 체결해서 양측 군함이 만났을 때의 행동 준칙을 명확하게 규정하고 있다. 이 각서에 따르면 단독 항행 중인 선박은 편제 함대를 만났을 경우 그사이를 통과하면 안 된다.「환구시보」는 만일 위성사진이 사실이라면 미군 함정이 이 각서를 위반한 것이라고 지적했다.[348]

이를 미군이 중국 해군과 일종의 인지전cognitive warfare을 벌이고 있다고 해석하기도 한다. 미국은 당시 유도 미사일 구축함 중 하나인 USS 머스틴Mustin이 랴오닝함 전대에 그림자를 드리우고 있는 것을 보여주는 사진을 공개했다. 분석가들은 미국이 중국에게 분명한 메시지를 전달하기 위한 것이라고 보았다. 위엔왕의 저우천밍은 "양측 모두 미국과 중국 항공모함 전단 사이에 큰 격차가 있다는 것을 알고 있다"라고 말했다. 캐나다에 본부를 둔「칸와 디펜스Kanwa Defence Review」의 안드레이 장Andrei Chang 편집장은 이 사진이 미국이 랴오닝 항모 전단에 대해 철저히 알고 있다는 '인민해방군에 대한 경고'라고 말했다.[349]

이 사진은 전 세계에 큰 방향을 불러일으켰는데 그 이유는 그 시점까지 자주 있었던 인민해방군의 도발에 미군이 더 이상 수동적인 입장을 취하지 않을 것이라는 의미가 내재해 있었기 때문이다. 미군은 그때까지 여러 차례 인민해방군이 미 군함의 선미를 들이받을 듯 위협한다든지, 공중에서 항공기를 이용한 도발 행위를 받았을 때 교전 수칙에 따라 참았어야 했다. 그러나 이 교전 수칙은 수정되어 이제 인민해방군이 도발해오면 현지 지휘관의 판단에 따라 반격할 수 있었다. 그리고 이 사진은 미군이 더 이상 인내하지 않겠다는 의지로 받아들여졌던 것이다. 그리고 실제로도 이 시점 이후 인민해방군은 미군을 자극하지 않았다. 필자가 여러 차례 지적했지만 미군은 중국과 싸워야 한다면 하루라도 일찍 싸우는 것이 낫다는 입장으로 보인다. 반대로 인민해방군은 아직 미군과 제대로 전투를 할 만한 준비가 되어 있지 않은 것이다.

그 후 수개월이 지난 2021년 7월 베이징대학 해양전략연구센터 남중국해 전략 상황 이니셔티브the South China Sea Strategic Situation Probing Initiative, SCSPI가 미 해군이 상반기에 남중국해에서 중국 잠수함에 대한 감시를 강화했다고 보고했다. SCSPI는 미 해군이 수중 활동을 추적하고 대 잠수함전을 지원하기 위한 5척의 해양 감시선 모두를 전략 수로에 성공적으로 배치했다고 밝혔다.[350] 미국이 본격적인 정찰 행위에 나선 것이다. 이 SCSPI는 표면적으로는 베이징 대학 산하 연구소이지만 내용상으로는 중국 정부의 정보기관이라고 지적되기도 한다.

이렇게 되자 그간 강경한 전랑戰狼식 태도를 보여온 중국이 난처해졌다. 정작 미국은 강경 태도로 전환했고 남중국해의 여러 관련국과의 협상은 교착 상태에 빠질 우려가 커지고 있었다. 중국은 주변국과의 협상을 마무리 짓고 미국의 개입을 최소화하고 싶어 하지만 중국의 고압적 태도는 변하지 않아 주변 국가들로 하여금 협상에 소극적이게 만들고 있었다. 이를 두고 SCSPI의 우스췬吳士存은 중국의 하드파워의 상승이 소프트파워의 상승을 의미하는 것은 아니라고 했다. 2021년 7월 칼 세이어 명예교수는 아세안 국가들이 협상에는 임하겠지만 소극적일 것이라고 했다.[351]

결국 두 나라는 UN 안보리 회의에서 남중국해 분쟁과 관련하여 충돌했다. UN 안보리는 2021년 8월 9일 해상 보안 문제에 대한 공개회의를 개최했다. 회의에서 미 국무장관 블링컨은 세계 경제, 무역에 대한 심각한 결과가 될 것이라고 남중국해를 포함한 해양 안보 상황을 경고했다.[352] 회의에 참석한 중국 대표 다이빙戴兵은 연설에서 블링컨이 남중국해 문제를 언급한 것을 중국은 단호히 반대한다고 했다. 처음부터 대화로 풀 수 있는 일이 아니었다.

해가 바뀌자 미 7함대의 유도미사일 구축함 벤폴드USS Benfold함이 2022년 1월 20일 남중국해 파라셀 군도 인근 중국 주장 영해에 진입했다. 중국은 '남중국해의 평화와 안정을 파괴하는 가장 큰 파괴자'라며 "미국이 그러한 도발 행위를 즉각 중단할 것을 엄중히 요구한다"고 말했다.[353] 미국은 국제법에 따라 연안에서 12마일 바깥은 공해로 여기며 이에 따라 항행의 자유가 있다는 입장이다. 바로 항행의 자유 작전의 근거이다.

중국이 항의를 하든 말든 뒤이은 2022년 1월 22일에는 일본 해상 자위대 '휴가' 강습함과 미해군 소속 항공모함 2개 전단과 2개 강습함 전단이 서태평양 필리핀해에서 합동훈련을 실시했다. 이 훈련에는 USS 칼빈슨, USS 링컨 항공모함, USS 아메리카 및 USS 에

식스 상륙강습함, 그리고 일본 해상자위대가 참가했다. 4척의 항공모함이 동시에 출격하는 매우 드문 일이었다. 미 해군이 5세대 전투기 F-35C 편대를 필리핀해 인근 해역에 배치한 것도 이번이 처음인 것으로 알려졌다.[354] F-35C의 작전 반경은 1,100km 정도이니 대체로 중국의 해안 방어선을 정찰 타격할 수 있는 위치에서 훈련한 것이다. 이 거리면 중국의 재래식 미사일의 사정 거리 밖이고 DF-17 및 유사 무기의 공격 반경 안에는 들어간다. 미 해군이 DF-17에 주로 신경을 쓴다는 것은 기타 유사 재래식 무기의 방어는 가능하다는 뜻으로 추정할 수 있다. 또한 루손섬의 공군 기지를 가동하게 되면 스텔스 성능이 뛰어난 F-35가 언제든 중국의 서남부 및 남부 해안을 공격할 수 있게 된다. 미국이 그야말로 무력시위를 한 것이다.

이런 배경에서 스텔스 전투기의 중국 접근은 중국으로서는 무력시위나 위협으로 받아들이게 한다. 미국이 타이완 해협으로 스텔스 전투기를 보내지 않고 군함을 보내는 것은 중국에게 공격 의사가 없다는 뜻을 보이는 것이다. 미국은 이렇게 공격 의사는 없지만 타이완을 공격한다면 개입할 수 있다는 시위를 하는 것이며, 이 시위의 빈도나 군함의 종류, 양 등으로 일종의 기 싸움을 하는 중이다. 그래서 중국이 남중국해 일대에서 군사 훈련을 발표하면 미군 항공기와 선박이 남중국해에 접근하는 일이 일어나는 것이다. 중국은 군사 훈련을 할 때마다 점점 훈련 면적을 넓혀서 통보하고 있다. 이 역시 일종의 돌을 던져 길을 묻는 방식이며, 한 인치를 얻으면 한 피트를 요구하는 가랑비에 옷 적시기 같은 수법이라고 할 수 있다.

전반적으로 미국은 이 지근 영역에서 물러날 수 없으며 물러날 생각도 없다. 결과적으로 현재의 형세는 국지 영역은 중국이 우위를 차지하고 있고, 지근 영역은 미국이 우위를 차지하고 있다고 볼 수 있다. 그리고 그 상대적 우위 격차는 매우 커 보인다. 이런 심한 격차는 어느 일방의 판단 착오를 일으키기 쉬운 상태일 수 있다.

하나 거론하고 지나가야 할 것으로 북극해가 있다. 북극해가 미중 전쟁의 한 장소라고 하면 많은 사람이 의아해할 것이다. 그러나 기후 온난화로 북극해에서 러시아와 중국 군대의 활동이 늘어나면서 냉전시대의 군비 경쟁이 재연될 것이라는 우려가 커지고 있다. 미래의 북극 충돌을 경고한 바 있는 런던 로열 호로웨이 칼리지의 클라우스 도즈Klaus Dodds는 러시아가 노르웨이와 북극점의 중간에 자리한 스발바르 제도를 병합하려 하는 것 같다고 했다.[355] 중국은 2018년 북극 정책 백서를 내고 자신이 북극권 국가라고 선언했고, 북극해 지역을 극지방 실크로드라고 부르고 있다. 필자는 미중 충돌이 발생할 경우 북극 항로가 중국에게 전략적 의미를 가진다고 지적한 바 있다.

이 북극해에 중국은 쇄빙선을 보내어 항로를 열고 있다. 전 북미 방공사령부 캐나다 지휘부 고문이었던 마이클 도슨Michael Dawson은 미국과 캐나다의 기존 탐지 네트워크로는 러시아와 중국의 신형 무기에 대응할 수 없다고 했다. 이에 따라 영국과 미국에서 우려의 목소리가 높아지고 있다.

북극 8개국으로 구성된 북극위원회의 장관급 회의가 아이슬란드의 수도 레이캬비크에서 개최되어 북극의 지속 가능한 발전과 환경 보호에 대해 논의했을 때 블링컨 미 국무부 장관은 북극해에 있는 러시아의 군사 기지가 더 많은 사고와 오산으로 이어지며 북극해의 평화롭고 지속 가능한 미래를 보장한다는 공동의 목표에 위배된다고 비난했다. CNN은 러시아가 북극 해안을 따라 러시아 군사 기지에 다수의 전략 폭격기와 전투기를 배치하고 있으며 핵 추진 핵 어뢰인 포세이돈 2M39를 개발하고 있다고 보도했다.[356] 근본적인 문제는 미국이 북극해에서 군사 작전을 수행할 수 있는 자원이 없다는 것이다. 미군은 쇄빙선도 없거니와 극지 지역에서 작전할 수 있는 병력도 없다. 단지 항공기를 보낼 수 있을 뿐이다.

이는 역으로 중국에는 미군이 접근할 수 없는 보급로라는 전략적 의미를 가져다준다. 비록 북극해가 얼지 않는 하절기뿐이라지만 러시아가 지켜주는 보급선이다. 그래서 중국은 북극해 항로를 '얼음 실크로드'로 명명하고 이를 일대일로에 통합하려 한다. 이 계획은 연안 국가들의 경각심을 불러일으키고 있다.

중국을 억제하기 위한 시각에서 미국도 북극해의 중요성을 재인식하고 있다. 미 공군의 켈리 세이볼트Kelli Seybolt 차관보나 클린턴 히노테Samuel Clinton Hinote 장군 같은 사람들은 알래스카에 있는 군사 시설이 인도-태평양에서 작전을 위한 기지로 중요해지고 있다고 말하고 있다. 알래스카에 주둔하는 군사력을 인도-태평양과 유럽의 두 주요 전역의 전방에 배치하는 것으로 간주하고 전력 출격할 수 있다는 것이다.[357]

그러나 아직까지 북극해는 중국과 미국이 정면으로 충돌할 수 있는 영역으로는 보이지 않는다. 만일 발생한다면 미중 간의 전쟁이 본격화되고 중국이 북극해 항로를 관건 보급 루트로 활용하기 시작할 때 이슈가 될 것이다.

조기 결전을 원하는 미국

필자가 보기에는 싸우지 않고 이기려는 바이든 행정부와는 달리 미군부는 조기 결전을 원한다. 인민해방군이 대규모 군비를 투입하여 빠르게 무기를 확대해나가고 있기 때문이다. 결국 맞닥뜨려 싸워야 한다면 빨리 부딪치는 것이 미군에게 유리하다는 것이다. 전술했듯이 펠로시 하원 의장이 타이완을 방문할 때 밀리 합참의장은 백악관이 의견을 표명하기도 전에 펠로시의 요청이 있다면 군은 최선을 다해 준비할 것이라고 매체에 발표했다. 밀리의 이 언행도 필자의 해석에 따르면 밀리가 휘하 장군들에게 메시지를 전달하고 있다. 기회가 오면 싸움을 벌이라고 말이다.

그러자 오히려 그 시점까지는 항상 미국에게 싸움을 걸어오던 인민해방군이 갑자기 얌전해졌다. 중국 입장에서 자신들은 아직 준비가 덜 되어 있고 백악관도 전쟁을 원하지 않는데 공연히 미 군부의 꾐에 넘어가 우발적인 전쟁을 시작하게 된다면 그야말로 낭패이기 때문이다.

미군의 상황이 좋은 것은 아니다. 미국은 중국과의 전쟁을 상정한 워게임을 여러 차례 반복해오고 있다고 한다. 그러나 그 결과가 좋지 않다는 것이다. 미국의 존 헤이튼John Hayten 장군은 중국과의 전쟁을 가상한 워게임에서 패배했다고 전했다.[358] 그는 적과의 실제

대결에서 미국이 성공할 가능성이 급속히 줄어들고 있다고 했으며, 따라서 이러한 워게임 결과는 펜타곤이 전쟁 전략 변경을 고려하게 했다고 한다. 또 군의 현대화에 박차를 가할 것을 촉구하며 미군의 군사력 향상을 위한 '야심에 찬 요구'를 여러 차례 표명하기도 했다.

The
War
That
Began

— 6장 —

미중 갈등과
양안 전쟁
시나리오

CHINA AMERICA WAR G2

2022년 10월의 제20차 중국 공산당 전국대표회의에서는 예상대로 시진핑이 연임을 했다. 그리고 그와 함께 폐막식에 등단한 새 지도부는 전 세계를 놀라게 했다. 기존 지도부인 상무위원 7인 중 4인의 이름이 보이지 않았던 것이다. 연령상 은퇴가 예정되어 있던 리잔수와 한정은 당연한 일이었다. 마지막 상하이방인 한정과 기존 공청단파의 리커창과 왕양汪洋이 의외의 은퇴를 함으로써 명실상부 시진핑의 일인 체계가 시작되었다. 시진핑, 리창李强, 자오러지赵乐际, 왕후닝, 차이치蔡奇, 딩쉐샹丁薛祥, 리시李希 등으로 모두 시진핑 파벌 및 시진핑에 충성하는 인물들로 100% 구성되었다. 심지어 그간 파트너십을 이루었던 공청단파를 비롯하여 기타 파벌은 후춘화胡春华 현 부총리를 비롯하여 한 사람도 진입하지 못했다.

시진핑 주석의 비서실 역할을 하는 중앙 서기처는 시진핑 주석과 평생 친구인 차이치가 주임을 맡았고 스타이펑石泰峰 통전부장, 리깐지에李干杰 산둥 서기, 리슈레이李书磊 선전부장, 천원칭陈文清 정법위 서기, 류진궈刘金国 기율위 부서기, 왕샤오훙王小洪 공안부장 등이 포진하였다. 이러한 인사 구성은 이전과는 달리 전형적인 내부 통제를 위한 조직으로 볼 수 있다.

중국 사령탑의 성향

중앙군사위원회 구성을 보면 72세의 장여우샤張又俠와 65세의 전 동방전구 사령관 허웨이동何卫东[359] 두 사람이 중앙군사위원회 부주석이 됐다. 시진핑은 전투 경험을 보유한 장여우샤를 고령에도 불구하고 부주석으로 유임하고 3군 통합지휘센터를 상대적으로 젊은 허웨이동에게 맡겼다.

　이번 인사에서는 군사위원회 인물 구성에 공군 출신이 없는 점도 특이 사항이다. 이는 군사위원회 구성이 수비가 아닌 공격을 염두에 둔 것이라는 추정을 가능하게 한다. 일반적인 국방이라면 공군이 한 축을 담당하겠지만 양안 통일을 염두에 두고 타이완 통일 전쟁이 항공모함 위주의 해상 전쟁이 될 것을 가정한다면 이와 같은 군위 구성이 설명된다. 게다가 이전에는 신장 위구르 서기였던 천첸궈陈全国가 미국의 공식적인 제재를 받은 후 권력에서 탈락해나간 것과는 달리 리상푸李尚福와 같이 러시아 전투기와 미사일 구매에 관여한 혐의로 미국 정부의 공식 제재를 받고 있는 인물을 군사위원회 의원으로 임명하는 것은 미중 간의 갈등에 대한 봉합은 고려하지 않는 것으로 볼 수 있다.

　군부의 실세는 바로 허웨이동으로 보인다. 그는 이번 군위 부주석이 되는 약 1년 정도의 기간에 세 번의 특진을 했다. 상대적으로 인도와 중앙아시아를 맡고 있는 서부 군구에서는 2021년 한 해 동안 사령관이 세 번이나 교체되었다. 시진핑의 특별한 총애가 없었다면 불가능한 일이다. 그가 1년 전에 맡은 보직도 바로 군의 현대화

종합 작전을 지휘하는 통합작전사령부의 지휘관이었다. 바로 3군 통합 작전을 지휘하는 자리이다.

아마도 하위 직급에서 초고속 승진을 해서 올라온 후배를 고깝게 여기는 장성들이 있을 것을 우려하여 그 누구보다도 나이가 많고 유일한 실전 경험 보유자인 장여우샤를 말하자면 바지 사장으로 앉힌 것이 아닌가 짐작된다. 펠로시 하원의장의 타이완 방문 시 발생한 소위 4차 타이완 해협 위기 당시 인민해방군의 대응 작전을 지휘한 것도 이 허웨이동이다.

전 베이징 대학 교수 위엔홍빙袁红冰에 따르면 허웨이동은 중국 군부 내에서 일찍부터 타이완 점령 작전을 위해 배양한 인재라고 한다. 이렇게 타이완 공격에 특화된 인물들을 중국 군부 내에서는 '타이완 바다台海' 그룹이라고 부른다. 이 그룹의 인물들로 생각되는 장비부 부장 리샹푸도 군사위원회 위원이 되었고, 그 자리는 국방 대학 총장 쉬세량许学强이 이었다. 특히 장비부 출신이 많이 약진했는데 장여우샤부터 장비부 부장 출신이다. 그래서 이들의 승진 모두 장여우샤가 이끌었다는 설이 있다.[360]

총사령관 시진핑이 불굴의 의지를 가진 사나이라는 평가는 중국 내에서는 널리 퍼져 있다. 그리고 사람들은 시진핑이 어떤 상황에서도 무릎을 꿇지 않는 일화를 전설처럼 쉬쉬하며 전했다. 시진핑이 총격을 받았다는 소식이나 암살 시도가 있었다는 말들도 잊을 만하면 나온다. 홍콩—마카오대교 행사에서 갑자기 동선을 이리저리 바꾸며 도착하고는 축하한다는 단 한마디를 하고 또 원래의 동선이 아닌 코스로 이리저리 변경하며 베이징에 돌아갔을 때도 암살 시도가 있기 때문이라는 소문이 돌았다.

필자는 이런 확인할 수 없는 소문을 이야기하려는 것이 아니다. 이런 소문이 돌 수 있을 만큼 시진핑의 성격이 총을 맞아도, 암살 시도가 있어도, 가야 할 장소에는 가야만 하는 그런 불굴 의지의 중국인이라는 인식이 중국에 퍼져 있다는 것을 이야기하고 싶은 것이다. 코로나 제로 방역을 3년간 끌고 간 것도 그의 성격 일단을 보여주는 사례라고 본다.

그는 중국인들 앞에서 민족의 위대한 부흥을 위해 단결하여 분투하자고 외쳤고, 3연임 후에는 신임 상무위원들을 이끌고 연안延安에 성지 참배를 했다. 그는 중국이 군사적, 경제적으로 봉쇄되었던 시절을 회고하며 자력갱생에 더욱 분투할 것을 요구했다.[361] 필자가 보기에 시진핑은 그 어떤 어려움이 있어도 자신이 약속한 조국 통일 과업은 꼭 이루려고 할 사람이다. 그리고 그의 성격은 중국의 군사 전략에도 영향을 줄 것이다.

중국은 결코 당신이 짐작하는 방식으로 타이완 전쟁을 시작하지 않는다

2021년 중국이 미 항공모함의 윤곽을 본뜬 새로운 목표물을 신장 위구르 자치구 타클라마칸 사막에 건설하였다.[362] 해군과 안보 민간 연구기관 SNI가 민간 위성에서 얻은 이미지에서 발견했으며, 실물 크기로 만들어져 있다고 한다. 그리고 알레이 버크급 구축함 2척의 형상을 한 목표물도 있었다. 공습 훈련 외의 다른 용도를 생각하기 어렵다.

2021년 9월에는 네이멍구 황무지인 주리허朱日和에서 200여 명의 중국 고위 지휘관들이 전투 준비 태세를 점검하고 훈련 평가를 표준화하기 위한 훈련이 있었다. 훈련에는 미국과 NATO의 지휘를 모의하는 '청군'과의 최근 훈련에서 드러난 문제점을 바로잡기 위한 집중 세션이 포함되었다.[363] 주리허의 지형을 고려해볼 때 타이완 상륙 이후의 육상전을 가상한 훈련으로 보인다.

이런 인민해방군의 훈련 방식은 그들이 전통적인 재래식 전략 전술에서 크게 벗어나지 않은 인상을 준다. 그리고 그런 해석을 하는 배경에는 대부분 중국의 군사력이 엄청나다는 인식이 있다. 필자는 이런 인식에 동의하지 않는다.

오늘날 지구상 그 어떤 나라도 미국을 적으로 전쟁하면서 자신이 엄청난 군사력을 가지고 있다고 말할 수 있는 국가는 없다. 그리고 중국은 자신들의 군사력이 미국보다 훨씬 모자란다는 것을 잘 인지하고 있다. 그래서 필자는 중국의 전쟁 방식은 대국의 위엄이 가득 찬 전쟁이 아니라, 약자로서의 자신을 잘 인식하고 이를 최대로 고려한 작은 소국의 전쟁 방식을 사용할 것으로 생각한다. 그리고 손자가 말했듯이 전쟁 전략은 상대의 예상을 뒤엎고, 가능한 상대를 기만해야 한다. 그것이 시진핑 식의 전쟁 방식이 될 것으로 생각한다.

그래서 필자는 이 장에서 여러분과 함께 여러 전쟁 가상 시나리오를 생각해보며 가장 현실에 가까울 수 있는 버전을 만들어보고자 한다. 중국의 군사 작전은 역사적으로 매우 융통성이 크다는 특징이 있다. 상황과 입지에 맞추어 그때그때 작전을 만들고 실행한다. 혁명전쟁 당시의 인민해방군은 높은 수준의 자율권이 있었고 이 군부문화는 이어지는 한국전쟁에서도 큰 효과를 발휘했다. 필자는 중국의 작전을 예상함에 있어 '상자 밖의 아이디어out of box'를 고려해야 한다고 본다.

현재 세상에는 많은 양안 전쟁 시나리오가 나와 있다. 하지만 필자는 그것들 대부분에 동의하지 않는다. 왜냐하면 너무나도 과거의 방식, 정규전의 교과서를 답습하고 있기 때문이다. 필자는 중국이 결코 우리가 쉽게 짐작할 수 있는 방식으로 전쟁을 할 것으로 보지 않는다.

중국은 한반도 사태를 일으킨 후 곧바로 타이완을 공격할 것이다. 중국의 타이완 공격은 전통적인 군사 작전의 분류 기준으로는 공중전, 해전, 상륙 작전과 시가전이라는 특징을 모두 가지게 될 것이다.

양안 전쟁 시나리오

중국 지도부는 2020년에 이미 2027년까지 군 현대화 계획을 수립하여 타이완 병합 능력을 갖추도록 하였고, 2021년에는 적극 방어 개념을 전략에 도입하였다. 그리고 다역정밀전Multi-Domain Precision Warfare, 多域精确战이라는 핵심 작전 개념에 대한 논의를 시작했다. 이 개념은 미군의 약점을 빅 데이터와 AI를 사용하여 신속하게 파악하

는 '시스템의 네트워크 정보 시스템'을 활용하는 것이다. 인민해방군
의 작전 개념과 바이든 행정부의 GPU 중국 공급 금지 조치는 이 맥
락으로 이어져 있다.

인민해방군 동부 전구 상황

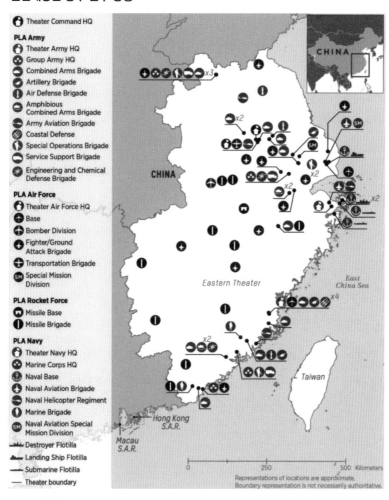

출처: 미 국방부

빅데이터와 AI를 이용한 전쟁은 시시각각 대응하는 시스템이다. 전쟁의 시간 단위가 시간이나 날이 아니라 수 분 단위 어쩌면 수 초 단위의 상황 파악 및 자동 대응 체제 간의 전쟁이 될 수도 있다. 이런 체계에서는 전쟁의 승패가 순식간에 결정될 것이다. 미군도 AI를 도입 중에 있으니 정말 미중 전쟁은 AI 전쟁이 될 가능성이 매우 높다.

타이완 공격의 주력인 중국 동부 전구는 육군 제71·72·73 3개 집단군과 3대 함대 중 하나인 동해 함대, 그리고 10개 전투기 여단을 두고 있다. 중국 최강의 스텔스기인 J-20이 상하이 기지의 9여단에 배치되어 있으며, 상륙 작전에 대비해 최신형 075형 강습상륙함을 포함해 상륙함 22척을 가지고 있다. 상륙 임무를 맡을 수륙 합성 여단 4개가 타이완 상륙의 첨병을 맡게 된다. 미 국방부가 발표한 중국 동부 전구 자산들을 앞의 그림에서 볼 수 있다. 이 그림에서 보면 타이완과 중국 대륙 사이가 얼마나 가까운지 알 수 있다. 게다가 가상 중앙선까지 인민해방군이 접근해도 타이완은 아무런 조치를 할 수 없다.

정보/전자전 단계

중국이 타이완을 공격하려면 전제가 미군이 타이완으로 오기 가장 어렵거나 멀어야 한다. 주한미군과 주일미군을 북한이 사달을 일으켜 붙잡아두고 러시아 함대가 일본의 동쪽에 나타나 주의를 분산시키면 기본 조건이 만들어진다.

여기서 중국은 전쟁 시점을 결정해야 하는데 그것은 미국의 정찰 자산이 중국의 움직임을 파악하기 가장 어렵고 미국의 무력이 가장 오기 어려운 상태에 있는 것이 최선이다. 또 미국과 동맹으로서는 중국이 전쟁을 일으키는 시점 탐지가 무엇보다도 중요하다.

중국은 타이완이 목숨을 걸고 방어하는 타이완 해협과 미일이 눈을 부릅뜨고 있는 파시와 센카쿠 또는 오키나와 유역을 거쳐 타이완 동부 해안에 접근해야 한다. 그 거리는 군함으로 3시간 정도이다. 항공모함과 전함이 출동하면 이미 항구를 떠날 때부터 인식된다고 보아야 한다. 타이완 내에도 중국의 간첩들이 많지만 타이완의 휴민트들도 이런 정보 입수는 시시각각하고 있을 것이다.

타이완의 예비역 대령 쑨빙중은 중공군이 '원전속승(원거리 전투는 속전속결)'과 '수전결승(첫 전투에서 단번에 적을 섬멸함)의 전략 및 '전략기적'(적을 속여 이기는 전략)'과 '선제 기습'의 전략을 사용할 것으로 보았다. 쉽게 말해 중국은 아무 경고 없이 또는 준비할 시간을 주지 않고 선전포고한 후 곧바로 돌격을 감행할 가능성이 크다는 것이다.[364]

그는 인민해방군은 '선 마비, 후 상륙'의 전술 목표를 세우며, 각 기종의 무기 투하 시스템을 운용해 전자전을 실시 타이완군의 해군, 공군 및 정찰 감시 시스템을 마비시켜 제공권과 제해권을 장악하고 타이완군의 약 60%의 작전 능력을 타격한 후 상륙작전을 펼칠 것이라고 예상했다. 쑨빙중은 1회 상륙 능력은 약 5~6개의 혼성 여단에 해당하는 3만 6,000여 명의 병력과 1,500여 대의 수륙 양용 차량을 옮길 수 있다고 보고 있다. 즉 동시에 타이완 전역에 3만 6,000여 명의 병력과 각종 무기가 타이완의 해안 전체에 밀어닥친다는 말이다.

만일 중국이 쑨빙중의 생각대로 일거에 인해전술식으로 공격해 온다면 전쟁이 예상된다고 판단하는 것은 그렇게 어렵지 않을 것이다. 일단 중국 해군이 대규모 대형을 갖추고 연해를 벗어나면 각국의 정보 자산이 움직이며 추적할 것이다.

중심 함정인 강습상륙함의 최대 속도가 26노트로 추정[365]되므로 20~25노트로 운항한다고 가정할 때 중국 함대가 분계선 역할을 하는 타이완 해협 중간선에 도달하는 데 대략 2시간 반 정도가 소요될 것이다. 그리고 주한미군, 주일미군, 주필리핀 미군 기지에서 F-35가 발진하여 타이완에 도착하는 데 역시 대략 2시간에서 2시간 반 정도가 소요된다. 현재 진행 중인 스텔스기의 오키나와 배치가 완료되면 1시간에 도달할 수 있을 것이다. 이 경우에도 타이완 해협 중간선을 미국 쪽이 먼저 침범해 들어가지는 않을 것이다. 그러므로 미중 전쟁의 개시점은 타이완 해협이 될 가능성이 높다.

속도가 느린 잠수함들은 본대의 방어를 위하여 사전에 작전 위치로 이동해야 할 것이다. 핵 잠수함은 남중국해, 파시 해협, 센카쿠, 오키나와 등 미국 및 동맹국의 예상 항로에서 정찰을 수행하고 적함 출현 시 크루즈 미사일을 이용한 공격을 담당한다. 재래식 잠수함들은 상륙 예정 지점까지 사전에 잠행하여 대기하며 정찰한다. 그들은 타이완과 미국의 군함을 발견하면 공격할 것이다. 미국도 이를 고려하여 주요 잠수함 전력을 필리핀해에 배치하고 있다.

정찰 위성 자산들은 항행 예상 진로와 미국 및 동맹국 항공기 예상 항로에 이동 배치한다. 가능성 중 하나는 중국이 어선들을 활용할 수 있다는 것이다. 공안 산하에서 인민해방군 산하로 소속을 바꾼 해상 민병대나 어선에게 소형 탐지 장비를 제공하거나 위성통신 휴대폰을 공급하고 정해진 시간에 대량의 선박들이 예상 길목 수역

이미 시작된 전쟁

에 위치해서 정찰을 할 수 있다. 말하자면 어선의 인해전술 같은 것이다. 이때 쌍방향 통신이 가능한 베이도우 위성 시스템이 진가를 발휘할 것이다. 화웨이는 이미 위성통신 기능을 탑재한 스마트폰을 2022년에 출시했다.

중국 정부는 그 외에도 국유 기업이 주도적으로 우주에 소위성을 발사해 저궤도 위성망을 구축할 수 있도록 지원해왔으며 324개 위성을 목표로 하는 홍옌鴻雁위성망, 156개의 위성을 목표로 하는 홍윈虹云공정, 80개의 위성을 목표로 하는 싱윈行云공정 등이 추진되고 있다.[366] 이들 시스템은 중국 해상 민병이나 어선들을 동원하여 정찰 같은 기능을 부여할 수 있게 한다. 스마트폰으로 사진만 찍어도 중국의 AI가 분석하여 미군 및 동맹의 동태를 판단할 것이다.

미국도 2020년의 워게임에서 미군은 몇 가지 새로운 개선점을 반영했다. 통합작전통제Joint All-Domain Command and Control[367] 개념을 도입한 것인데 이는 미군이 공군과 해군의 시스템을 연동하는 고도 작전관리시스템ABMS, Advanced Battle Management System[368] 개념을 도입했다는 것이다. ABMS는 공군의 모든 항공기, 센서 및 기타 무기 시스템을 연결하고자 하는 통합지휘 통제 개념의 일부이다. 원래 E-8C JSTARS 지상 감시 비행기와 같은 공군 플랫폼을 대체하기 위해 구상되었던 프로그램인데 군용 사물인터넷으로 발전했다.

이러한 새로운 지능형 정보통신 기술의 도입은 전쟁 운영의 방식을 근본적으로 바꾼다. 전쟁에 투입되었거나 투입될 병기와 병력 등 자산 요소들의 데이터를 모두 하나의 시스템에 싱글 이미지로 제공하는 시스템이 있으며, 이 요소들의 이미지가 많고 복잡하기 때문에 인공지능을 사용하여 사용자가 잠재적인 유용한 정보를 얻을 수 있게 지원하는 시스템도 있다. 예를 들어 적군의 시설에서 폭격기 수가 갑자기 줄어들면 이를 시스템이 인지해서 사용자에게 알려준다. 가장 중요한 변화는 CommandONE의 도입이다. CommandONE은 링크Link 16 데이터 링크를 통해서 통합사령부로부터 전장에 있는 사용자들에게 명령을 직접 전달해준다.

그렇기에 중국의 공격 개시는 전자전이 될 것이다. 미국의 항공기들은 대전자전 체제를 갖추고 있지만 타이완의 레이더와 무기는 대 전자전 장비가 없는 비율이 높다. 타이완은 이동식 레이더와 미사일 등을 방공 진지를 구축하여 생존성을 확보하려 하지만 일단 전자전 공격이 펼쳐지면 타이완의 장비들은 제구실을 못 할 것이다.

전자전 개시 시점은 타이완의 미사일 반격이 예상되는 시점 이전이어야 하므로 대체로 타이완 해협 중간선 이전 해역에 전대가 도달했을 때가 될 것으로 생각하지만, 사실 언제가 될지 선택의 폭은 넓다. 중국의 전자전기가 작전을 걸면 타이완의 구식 레이더망들은 인민해방군의 전자기전에 속수무책일 것이다. 동시에 타이완은 중국 함선의 움직임을 몰랐다 해도 중국의 침공을 알아차리게 된다.

타이완은 전자산업이 발전한 국가로서 이런 전자기전에 대비한 비상 통신수단은 갖추고 있을 것으로 생각한다. 산속이나 터널 안에 지휘본부를 마련한 것도 이런 전자전에 대비한 것이 아니겠는가? 우크라이나 전쟁의 사례가 이미 연구되어 있기 때문에 미국은 타이완에게 스타링크의 긴급 지원을 제공할 가능성이 크다. 따라서 중국의 전자기전이 발생하면 즉시 타이완군은 스타링크를 통한 통신 체계를 운영하게 될 것이다. 미군은 스페이스X 스타링크를 AC-130 군함에 연결하여, F-35와 F-22 전투기가 암호화된 데이터를 교환할 수 있는 메커니즘을 테스트하는 등 ABMS 실험을 실시한 바 있다. ABMS에서는 인공지능이 탑재되어 미사일을 정밀하게 식별하고 추적하고 거의 순간적으로 처리한다는 것이다. 이를 중국도 충분히 경계하고 있으므로 중국이 이미 개발해놓고 있는 여러 대의 위성 무기들을 동원하여 스타링크 위성들과 미국의 군사 위성들을 무력화할 것으로 예상된다.

미국은 스타링크 위성 외에 자체 통신 위성을 타이완에 제공하고 통신 중개 기능이 탑재된 드론을 타이완 상공으로 급파하여 타이완군 통신을 지원할 것이다. 이 드론은 이미 타이완 공역에서 작전 중이었을 가능성이 크다. 어떤 경우에도 타이완군이 통신 불능 상태에 빠질 가능성은 매우 작다. 역으로 말하면 타이완이 통신 불능 상태에 빠지면 전황은 매우 비관적이 될 것이다.

일본해 가시야 항공 기지에서는 미군 MQ-9들이 급발진하여 타이완 공역으로 도래하여 정찰하게 될 것이다. 동시에 미 항공기와 함대의 긴급 발진이 시작될 것이다. 중국은 당연히 이들 MQ-9의 무력화에 나서게 되겠지만 미국의 전투기들이 먼저 공역에 도착할 것이므로 미국 드론들의 생존율은 높을 것이다.

미 공군 개입 단계

일단 전쟁이 일어나면 타이완이 미국의 정보 자원 지원을 받을 것으로 예상할 수 있고, 이에 따라 접근하는 인민해방군 함정을 공격하게 될 것이다. 동시에 미국이 주장해온 고슴도치 전략에 따라 본토에 미사일 공격을 할 것이다.

타이완은 이미 고정 목표에 대한 좌표를 확보하고 있을 것이고, 이들에 대한 미사일 공격의 유효 여부는 인민해방군의 대응 체제에 달렸다. 주 대상은 연안의 레이더, 미사일, 공군 자산 등이 될 것이고 항구에 대한 공격도 빼놓을 수 없다. 중공군 공군부대에는 250해리 범위 내에 11개의 비행장이 있고 총 1,000대의 전투기 배치가 가능하다. 그러나 타이완의 선제공격을 고려해 평상시에는 약 200대 정도를 배치해놓고 있다. 타이완 공격과 동시에 내륙의 항공기들이 이동해올 것이다. 이들 항공기들 중 일부는 잔류하여 타이완의 미사일 공격의 방어에 나설 것이다. 특히 타이완의 크루즈 미사일들에 위협이 될 것으로 보인다.

미사일 공격은 쌍방 모두 상대의 공격을 충분히 예상하기 때문에 손실은 쌍방 모두에게 치명적이기는 어렵다고 보아야 할 것 같다. 타이완에 대한 중국의 대규모 미사일 공격과 공습이 진행되면 타이완 역시 미사일을 이용한 반격에 나서게 될 것이다. 일차적으로 중국의 함대, 그다음은 연안의 레이더와 미사일 자산, 그리고 비행장 등이 될 것이다. 미국의 정보 자산의 지원을 받으면 중국의 대공방어 시스템은 잘 구비되어 있지만 타격은 받을 것이다.

타이완의 워게임에서 중국의 미사일 1,000발을 맞고 견딘 것을 보면 타이완의 대 미사일 방어 대책이 충분히 효과적임을 가정할 수 있다. 미국의 패트리어트 포대가 역할을 한 것이다. CSIS의 워게임에서는 중국이 개전 수일 내에 1만 개가 넘는 미사일을 발사하며 미국, 일본, 타이완의 항공기 90%가 지상에 있을 때 파괴된다. 이는 항공기 격납고를 강화하고 항공기 계류 간격을 충분히 띠어야 한다는 권고로 이어졌는데, 타이완과 일본 모두 중국의 미사일 공격을 대비한 대규모 격납 시설 건설 중이므로 상당한 생존률을 보일 것으로 생각한다. 반면 중국의 대공방어 체제는 아직 검증된 바가 없다. 그러나 종심이 깊고 넓은 지역에 걸쳐 항공기를 분산 배치할 수 있기에 중국 또한 높은 생존률을 보일 것이다.

타이완은 고슴도치 전략에 의거하여 중국 본토에 대한 미사일 반격에 나설 것이다. 필자 개인의 견해로는 타이완은 군사 기지보다도 산업 인프라를 공격할 가능성이 크다고 본다. 타이완이 후방의 베이징이나 상하이를 공격하고 원자력, 수력, 화력 발전소, 석유 비축 시설들을 공격하면 전쟁에 대한 대비가 전혀 없는 일반 중국인들이 집단 패닉 상태가 될 가능성이 충분히 있다. 중국 지도부 거주지인 중난하이, 인민대회당, 상하이의 동방명주 등 상징성이 큰 목표물을 대상으로 삼는 것도 인명 피해는 적고 심리전 측면에서 큰 효과를 기대할 수 있다. 그러니까 필자는 소위 비대칭 전략 무기는 무기 자체의 파괴력이 아니라 14억 인민들의 상태를 나쁘게 만들어 중국 지도부가 전쟁을 수행하는 것이 어렵게 만드는 효과 쪽이 더 크다고 보는 것이다.

중국은 바다를 건너기 전에 최소한 타이완 해협의 제공권 및 제해권을 장악해야 한다. 인민해방군은 전자전 수행과 동시에 미사일 공격을 시작할 것이고, 공중 자산과 해군 자산이 공격에 나설 것이다. 공중 자산은 J-20 스텔스가 앞서고 재래식 전투기가 후위에서 폭격기를 호위하며 타이완으로 향할 것이다. 함대 호위를 위한 일부 항공기가 예비군으로 대기하고 연안 방위를 위한 항공기들도 비상 발진을 대기할 것이다.

그리고 최소 3만에서 6만 명 정도의 병력과 기갑 장비를 탑재한 강습상륙함 및 각종 상륙함이 타이완을 향해 일제히 전진한다. 항공 모함 전대는 타이완의 동서남북 4방면으로 전진하며 미국과 타이완 의 방위선을 늘릴 것이다. 이 함선들이 타이완 해협 중간선에 도착 할 때까지 약 2~3시간 정도가 소요된다. 미 공군의 F-22가 이들 함선 지역에 도착하는 시점도 대략 이쯤이다.

미 전투기가 필리핀의 루손, 한국의 오산, 일본의 미야자키에서 즉각 출동해도 모두 2시간 정도는 소요된다. F-35의 경우 작전 반 경 1,200km이고 타이완까지의 거리가 대체로 900~1,400km인 점을 고려하면 직접 출격할 수 있는 기종은 작전 반경 2,000km가 넘는 F-22가 주력이 될 것이다. 중국 상륙 부대들이 타이완 해변 에 도착할 때까지 약 1시간 정도의 억제 가능 시간이 주어진다. 지 금 미국이 진행 중인 오키나와 가데나 공군 기지로 스텔스기가 배치 되면 711km로 1시간 거리로 줄어든다. 동시에 인민해방군의 미사 일 타격 거리 안이 된다. 미군이 인지하지 못하는 상황에서 전쟁이 발생한다면 선제공격을 받을 가능성이 크다. 그렇게 되면 이들 중 실제 작전에 투입될 전력이 얼마나 될 것인지도 따져보아야 할 요소 다. 개전 초기 중국의 무력은 총출동할 것이고 미군도 총출동할 것 으로 보아 일부 전력이 1시간에 도달하고 주 전력은 2시간에 도달하 는 것이 예상 가능하다. 그래서 필자는 1시간이 아닌 2시간 소요 시나리오를 기준으로 삼겠다.

미군의 전투기들이 도착하기 전까지 타이완이 중국의 공격에 얼마나 잘 버텨내느냐가 첫 번째 관건이다. 2~3시간 동안은 타이완이 홀로 중국 공군과 미사일을 상대해야 한다. 역으로 중국 입장에서는 미군 개입 전 이 2~3시간 동안 결정적 성과를 거두어야 한다. 중국은 미국의 개입이 확실해지면 한국, 일본, 필리핀의 미군 기지는 물론 괌의 앤더슨 기지까지 공격할 것이다. 하와이의 진주만은 말할 것도 없다.

타이완군은 F-16V를 필두로 요격에 나설 수 있지만 중과부적이다. 그렇기에 미 공군이 도착하기 전까지는 오히려 타이완 시나리오 [369] 처럼 F-16V를 보호한 후 상륙전에 투입하고 중국 공군에는 대공무력을 주로 사용하는 방법이 더 현실적이라고 생각된다.

타이완은 진군하는 중국 함대에 대해 미사일 공격을 하게 될 텐데, 타이완의 미사일들이 미국의 위성 정보를 유도에 이용할 수 있게 되면 명중률을 크게 올릴 수 있다. 만일 075급 상륙강습함이나 항공모함을 한 척이라도 대파할 수 있으면 막대한 전과가 될 것이다.

미국의 스텔스 전투기들이 전역에 도착하면 전황은 급변한다. 인민해방군 입장에서는 지금부터가 진짜 전쟁이다. 중국의 항공모함에서 함재기들이 발진하여 미국의 F-22와 F-35에 대응할 것이다. 이 광경은 아마도 발리 회담 직전 미국이 100대의 전투기를 중국 쪽으로 보내고 중국이 300여 대의 항공기로 대응한 상황과 비슷할 것이다. [370]

필자가 당시 상황에 대해 생각해보면 미국이 먼저 100대의 전투기를 중국 쪽으로 보냈다는 상황이 좀처럼 이해되지 않는다. 미디어에는 미국이 중국을 압박하려 했다는 해석들이 많은데 정상 회담을 앞두고 미국이 군이 많은 방법 중 전투기를 대량으로 보내 군사적 충돌의 위험을 감수할 필요가 있었을까? 그리고 이런 방식은 미국의 방식이 아니다.

필자는 순서를 바꾸면 모든 것이 이해된다고 생각한다. 물론 하나의 가능성이다. 즉 중국이 먼저 300여 대의 전투기와 폭격기를 발진하여 타이완을 공격하려 했고, 미국이 이에 대응하여 100여 대의 전투기를 보냈다면 아주 자연스럽다. 미국이 전투기를 보냈는데 중국의 항공기 중 폭격기가 포함된 것은 매우 부자연스럽다. 미국 전투기의 요격에 폭격기가 뜨는 것은 짐이 될 뿐이기 때문이다. 그래서 중국이 타이완을 공습하려 했다고 보는 것이 자연스럽다.

미국이 이 정보를 미리 입수하여 타이완 해협까지 도달 시간인 2시간 전에 이륙하면 바로 미국이 먼저 100여 대의 전투기를 중국으로 보냈다는 모양이 된다. 나중에 이륙한 중국 측이 미국의 대응을 발견하고 도발을 중지하고 되돌아가면 중국이 미국의 100여 대 전투기에 대응하여 300여 대의 전투기와 폭격기를 발진했다는 모양이 설명된다. 그러고는 발리 미중 정상 회담에서 바이든이 타이완 문제를 꺼내자 시진핑이 발끈하며 "타이완은 중국의 레드 라인이다"라고 한 것도 자연스럽고, 바이든이 "중국이 단기간 안에 타이완을 공격할 준비가 되어 있지 않다"라는 말을 한 것도 실제로 중국의 타이완 침공을 막아냈기 때문에 한 말일 수 있는 것이다. 그렇게 생각하면 모든 것이 자연스럽게 설명이 된다. 필자가 한번 상상해보면 그렇다는 이야기이니 독자 여러분도 재미 삼아 들어 주기를 바란다.

중국 입장에서 개전 초기 중국 무력 자산이 미군의 방어를 뚫고 타이완에 성공적으로 도달하기 위해서는 적의 주의를 분산시키려 할 것이다. 필자는 중국이 채택할 유력한 수단 중 하나가 드론이라고 본다. 그것도 무인 드론뿐만 아니라 구식 J-6, J-7, J-8을 개조한 드론이 대량 투입될 가능성이 높다고 본다.

중국은 이런 구식 전투기를 수천 대 보유하고 있다. 한 인도 매체가 미국이 공개한 위성사진을 근거로 중국이 전투기를 드론으로 만들어 타이완을 공격할 수 있다는 보도를 하였다.[371] 그 보도 내용은 필자의 생각과 일치한다. 보도는 위성사진으로 판단할 때 쉐이먼水門, 롱텐龍田, 뤄청羅成, 샹저우詳州, 샨토우汕頭 등 동남 해안 5개 도시에 개조된 J-6, J-7, J-8을 300~400대가량 대량 배치했다고 한다.

이 전술은 두 가지 효과를 노리고 있을 것으로 보이는데 하나는 타이완의 방공 미사일을 소모하는 것이고, 다른 하나는 그로 인해 그간 탐지하지 못했던 타이완의 레이더 및 방공 장비의 좌표를 인민해방군이 파악할 수 있게 되어 타격 대상으로 삼을 수 있다는 것이다. 물론 자살 드론이 시간을 벌어주는 동안 중국의 항공기들은 다른 전략 목표들을 타격할 수 있을 것이다.

중국이 보유한 수천 대의 구형 전투기가 모두 드론화되기는 어려울 것이다. 그러나 충분히 많은 숫자의 개조 드론이 나올 수 있는 것은 틀림없다. 여기에 진짜 드론이 합세하고 또 드론을 윙맨으로 삼는 J-20 등이 함께 대규모 비행을 하게 되면 위력은 수 배로 증가한다. J-20은 이들 개조 드론을 방패로 삼아 전략 목표에 보다 안전하게 접근할 수 있을 것이다. 특히 제대로 항공모함 역할을 할 수 없다고 일각에서 지적하는 랴오닝함 등도 드론 항모로는 충분히 활용이 가능할 것이어서 시너지는 몇 배 더 날 수 있다.

중국은 위성 자원을 전역에 집중하고 미국의 항공기를 레이더뿐만 아니라 광학 센서로 인식하여 미사일을 공격할 것으로 추측된다. 다만 이런 방식은 검증되지 않았고 전투 상황에서 초고속으로 기동하는 스텔스기를 공격할 수 있을지 의문이다.

중국이 미국의 스텔스 전투기의 접근을 탐지할 수 있으면 요격하려 할 것이다. 그러나 중국 항공기의 레이더 성능은 충분하지 않고 대체로 육상 레이더 기지와 이지스함 등의 지원을 받아야 미 스텔스 전투기를 탐지할 수 있을 것이다. 그렇게 해서 지상 및 해상 지원을 받는 중국의 J-20과 미 F-22의 교전이 일어날 것이다.

그러나 중국은 물량전과 희생에 능하다. 윙맨 드론과 개조 드론이 함께 비행하면 인민해방군이 꼭 불리하지 않을 수 있다. 스텔스 기종이 아닌 미군 항공기는 중국의 J-20 같은 첨단 기종이 상대하고 미국의 F-22, F-35 등의 스텔스기는 가능한 개조 드론이나 윙맨을 희생하여 방어하면 폭장량이 크지 않은 스텔스기는 공대공 무기를 소모하면 다시 모함으로 돌아가 재출격해야 한다. 즉 중국 항공기들은 개조 드론이나 윙맨을 방패처럼 사용하며 미국 스텔스기의 공격을 막는 전술을 사용할 가능성이 있는 것이다.

이 공중전 대결에서 중국의 드론 방패 전술이 효과를 발휘할 수 있을지 필자는 알 수 없다. 다만 양측 진영의 전술 목적은 다르다. 미국 측은 중국의 공군력 억제에는 성공하더라도 시간과 무기를 소모하게 된다. 중국 측은 피해를 입겠지만 상륙이 이루어질 때까지 견디는 입장이 될 것이다.

그런데 미 공군의 워게임에서는 이 장면에서 F-35가 등장한다. F-35는 아마도 공중급유기의 도움을 받아 F-22를 뒤따라 전역에 도착하여 인민해방군 함대를 공격할 것이다. 또한 내륙 연안에서 공격하는 크루즈 미사일을 격추하고 더 나아가 미사일 기지 및 레이더 기지를 공격할 것이다. F-22가 J-20을 상대하고 F-35가 중국 함대를 공격하면 타이완의 F-16V와 징궈호 등 재래식 전투기가 출동하여 활약할 공간이 생긴다. 이들은 타이완에 접근하는 중국의 재래식 전투기를 방어하고 또한 중국 함정들을 공격할 수 있다. 바다를 건너는 저속의 함정들은 불리할 수밖에 없다.

중국 공군은 연안 기지 방어, 타이완 해협을 건너는 해상함 보호 전투, 그리고 접근하는 미 함대의 저지 등 세 가지 임무를 수행해야 한다. 중국은 다가오는 미 항공기에 대하여 정보 자산과 함께 본토의 방공 체제, 이지스 함선의 방공 체제, 그리고 전투기의 무력을 이용하여 방어에 나설 것으로 생각된다. 아무리 미국 전투기의 스텔스 성능이 좋아도 이런 밀집 공격에 상당한 피해가 발생할 것이다. 중국은 미군의 공격에 대해 항공기가 추가 발진할 것이다. 다음 그림은 미 국방부가 발표한 중국 연안 미사일 시스템 사정거리 지도다.

미군의 공격에 대비한 전술로 중국 함대와 항공기가 대규모로 일시에 분산 대형으로 타이완에 접근하는 방식도 있을 수 있다. 대규모 공격과 동시에 미끼 부대를 이용하여 교란하는 것이다. 지금까지 인민해방군이 타이완의 공역을 침범할 때 주로 파시 해협이 있는 타

중국 연안 미사일 시스템 사정거리

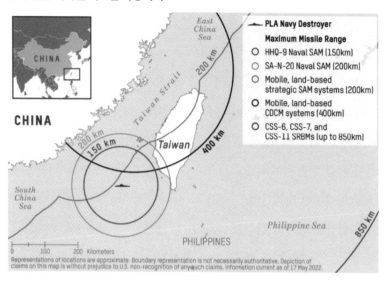

이완 남동부가 목적지였다. 하지만 실전에서 어떤 코스를 선택할지, 얼마나 많은 코스에 분산 접근할지 알 수 없다. 이런 불확실한 상황에서 개조 드론을 위주로 항공 부대와 일부 함대가 징집된 민간 선박들을 대동하고 주 공격 대형으로 위장하여 예상되는 코스로 진격하는 것이다.

아마도 피탐이 쉬운 개조 드론은 기존 코스인 파시 해협 방향으로, 그리고 기타 무장 드론은 주공격 대상이 아닌 지역이나 타이베이와 센카쿠 사이의 상공에 집중될 것으로 생각된다. 타이완의 방어가 남북으로 확대될 것이고, 가능하다면 미군의 주의를 이들에게 돌려 본대에 가해지는 압력을 줄이는 것이다.

첫 공습은 레이더 단면적이 타이완 전투기나 F-16과 유사한

　　　　　　　　　　　　　　　　　　　이미 시작된 전쟁

J-7의 드론 개조 기체를 이용할 것이다. 이들은 저공 비행을 통해 연안에 접근해간다. 이들의 뒤를 잇는 것은 J-6 개조 드론이다. 이들은 타이완군의 주의를 끄는 것이 주목적으로 아마도 타이완 해협을 직접 넘어가며 타이완군의 주 방공망을 통과하여 전략 목표를 공격한다. 이들과는 별도로 군사용 전문 드론이 타이완 동쪽으로부터 접근하여 허를 찌른다. 그리고 이때 본 함대는 이들과는 별도로 붉은 해안을 향해 진군한다. 본 함대와 별도로 해상에 나가 있던 해상 민병대의 수천 척의 어선이 함대의 진군과는 별도로 타이완의 각 연안 항구에 들이닥친다는 시나리오다.

쉽게 말해 저가의 발견되기 쉬운 무인 드론이 타이완과 미국의 레이더망을 가득 채우게 된다. 바다에서도 수천 척의 어선이 들이닥쳐 미군의 AI를 혼란스럽게 하는 것이다. 타이완군이 고가의 미사일을 발사해주면 감사한 일이다. 이 혼란의 와중에 인민해방군의 스텔스 전투기가 앞서 진격하고 그 뒤를 재래식 전투기가 따르며 마지막에는 폭격기가 공습을 감행할 것이다.

타이완 공군기가 긴급 발진하여 양측 항공기들이 타이완 해협에서 조우한다면 그 지점에서 타이완 해안까지 항공기 소요 시간은 수 분에 불과하다. 개조 드론 같은 미끼에 잠깐 한눈을 팔면 곧바로 J-20에게 격추당한다. 수 분 후에는 타이완 상공이 인민해방군 항공기로 까맣게 덮일 것이다.

말로 설명하면 상당한 시간이 걸릴 것 같지만 중국의 AI는 드론을 실시간으로 통제할 것이고, 발진부터 작전 돌입하여 목적 달성까지 1시간도 걸리지 않을 것이다. 드론과 해상 민병은 1파, 2파 연쇄적으로 파상 공격을 할 것이고 그동안 중국 공군은 타이완 작전 공역에 도착하여 제공권을 장악하게 된다.

미국의 위성 정보 지원을 받겠지만 이 파상 공격은 줄곧 레이더 화면을 인민해방군의 군사 자원으로 하얗게 만들 것이다. 즉 알면서도 당하는 상황이 진행될 것이다. 여기에 해상 민병대 선박들이 대규모로 들이닥치고 동시에 중국의 타이완 해군에 대한 공격이 진행되면서 그 뒤에는 중국의 병력을 만재한 대규모 함대가 타이완을 향해 항행할 것이다.

샛길로 빠지는 이야기일지 모르지만 불법 조업에 대처하기 위한 쿼드의 한 계획이 중요한 역할을 할 수도 있다. 인도-태평양에서 대부분의 불법 조업 배후에 중국 선박이 있다는 공감대가 있다. 하지만 분석가들은 해안경비대 선박 간의 충돌 위험에 대해 경고한다. 쿼드는 위성 기술을 사용하여 싱가포르, 인도, 태평양에 있는 기존 감시센터를 연결하여 인도양과 태평양에서 불법 조업을 모니터링하는 추적 시스템을 만들 것이라고 보도했다. 이로서 중국 어선이 응답기를 끈 경우에도 쿼드 국가가 불법 조업 활동을 추적할 수 있게 해줄 것이라고 한다. 광저우 지난 대학의 장밍량张明亮은 이 계획이 동남아시아 국가들, 특히 남중국해에서 중국의 주장에 반대하는 국가들의 지지를 얻을 가능성이 있다고 말했다.[372] 이런 추적 시스템이 도입되면 중국이 해상 민병대나 어선들의 이상 동태를 파악하는 데 큰 도움이 될 것이다.

타이완 공군의 입장에서 유리한 것은[373] 방어 입장이라는 것이다. 비교적 짧은 거리이기는 해도 공군이 바다를 건너오는 중국 공군 및

이미 시작된 전쟁

해공항공대를 요격하고 제한적으로 제공권을 유지한다면 타이완군은 중국군 상륙 전단과 수송 헬기의 접근을 저지할 가능성이 생긴다. 반대로 제공권을 장악당하면 신속 대응 부대로 개편된 육군이 상륙 예정 지점으로 달려가는 것이다. 그러나 해군이 미사일 고속정 또는 지상 배치 대함 미사일 체계로 중국 상륙 부대를 타격하기가 어려워지므로, 중국 공군에 맞서 최소한의 제공권을 유지하는 것이 타이완 공군의 핵심적이고 필수적인 임무가 될 것이다. 미 공군의 개입은 타이완 공군이 생존하고 상대적으로 우위에 있는 상륙군에 대한 공격에 집중할 수 있게 할 것이다.

인민해방군은 타이완 해변 상륙 시의 저항에 대비하여 그들이 개발한 드론 잠수함을 비밀리에 지속적으로 타이완 근해에 포설했을 가능성이 있다. 이 드론 잠수함들은 평소에는 잠자는 수면 상태에 있다가 명령을 받거나 특정 조건, 예를 들면 폭발에 의한 소리나 수압 변화를 탐지하고 깨어나서 활성화될 수 있다. 중국이 자주 일상적으로 행하는 타이완 해협 및 공역 침범 시에 지속적으로 포설했다면 전쟁 초기 이를 탐지하지 못한 미군과 타이완군에게 의외의 상황을 초래할 수 있다. 그리고 중국은 타이완 해변에 엄청난 양이 설치되어 있을 것으로 예상되는 수뢰를 유효하게 제거해야 한다. 이때 중국의 드론 잠수함들은 타이완군의 수뢰를 제거하는 데 큰 역할을 할 것이다.

다른 한편 전통적으로 인해전술을 사용하며 가성비 전쟁을 추구해온 인민해방군의 전통을 고려할 때, 필자는 해군 민병대가 위장한 민간 선박이 무리를 이루어 목표하는 붉은 해안과 각 어항에 돌입할 가능성이 크다고 생각한다. 그 과정에서 제거 가능한 수뢰는 제거하고 제거하지 못한 수뢰는 가능한 민병대 선박의 손실이 있더라도 제거하는 작전이다. 민병대의 어선이 통과하고 나면 경량 군함이 통과하고, 경량 군함이 통과하면 더 큰 배수량의 군함이 통과하여 피해를 최소화하는 것이다.

미 해군 타이완 접근 단계

중국 입장에서 가장 중요한 것은 중국이 타이완을 공격하기 위하여 진격할 때 또는 타이완 동부 해역으로 항행할 때 이를 저지하기 위하여 항공모함을 포함한 미 해군 함정들이 접근하면 이를 탐지해야 하는 것이다. 현재로서는 미국 함대가 중국 연안에서 2,000km 이내의 바다에 진입하면 먼저 중국의 고궤도 조기경보 위성이 수 분 안에 포착한다. 고궤도 위성은 변별력이 크지 않아 곧바로 저궤도 조기경보 위성을 2시간 이내에 해당 지역에 급파하여 탐색하고 함선이 군함인지 민간 상선인지 판별한다. 중국은 이 고궤도 위성에서 미사일을 발사하는 기능을 구현하고 있다. 만일 이 고궤도 위성에서 미사일을 발사할 경우 탐색 시점부터 전투 시간까지의 소요 시간은 대략 30분 정도라고 한다.

적군일 경우 인민해방군은 해상 타격 임무를 편성하고 전투에 들어간다. 적 함대가 지근 영역에 진입한 후 전투에 들어갈 때까지 대략 4~5시간이 소요될 것으로 추정된다. 소형 함정의 경우에 이런 방어 체제는 큰 의미가 없으나 미국의 항공모함 전대와 같은 대규모 군사 행동의 경우에는 충분히 문제가 된다. 특히 대함 장거리 미사일이 위력을 발휘할 것이다. 문제는 저궤도 위성이 해당 지역에 도착하는 데 무려 2시간이 걸린다는 것이다. 게다가 요격에 4~5시간이 걸리면 미 함대에서 발진한 항공기들은 물론 이 시간에 한국, 일본, 그리고 필리핀 루손의 전투기들도 먼저 도착하게 된다.

중국 입장에서 이 시간 차를 극복하기 위해 첫 번째로 생각할 수 있는 것은 장거리 드론을 이용하여 정찰을 하는 것이다. 그러나 해양의 넓이에 비해 정찰 밀도가 낮아 탐지하지 못할 가능성도 있다. 이 장면에서 필자가 주의하는 것은 매체 「워존The Warzone」이 중국이 필리핀 북부 루손 인근에 고고도 장거리 비행선을 배치했을 가능성이 있다고 보도한 것이다.[374] 이 보도에서 중요한 것은 중국군이 정보, 감시, 정찰 임무 및 기타 작업을 장거리에서 장기간 수행할 수 있는 고공 비행 경량 공기 플랫폼을 탐색하는 중이라는 것이다. 고고도 장거리 비행선을 배치하여 정찰에 나설 개연성은 충분히 있다.

실제로 미국 국방부가 자국 영공을 침범한 중국의 '정찰 기구'를 전투기로 격추시키는 사건이 발생[375]하였고, 중국이 5대륙에 걸쳐 이러한 '정찰 기구'를 가동하고 있다는 소식이 알려졌다. 필자가 아

SNS상에 떠도는 필리핀 해상에서 발견되었다는 비행선의 모습

는 중국은 이런 발상에 매우 오픈마인드다. 대부분의 발상은 어이없는 결과로 끝나지만 행여 한두 가지 성공하는 발상이 나온다면 우리는 전혀 예상하지 못할 것이다.

미국과 동맹국의 군사 자산이 접근해오면 미중 양국에게는 두 가지 정치적 이슈가 발생하게 된다. 중국이 아직 공격해오지 않은 타이완에 접근하는 미국 무력을 공격할 수 있는지에 관한 이슈와 역으로 중국이 공격해온다면 미국이 공해상에서의 작전 범위 외에 중국 연안의 군사 자산을 공격할 것인지이다. 군사적 입장에서는 중국 연안의 대공 레이더와 방공 미사일 기지들이 목표에 포함되는 것은 당연하다. 그런데 공역에서 전투하는 것과 달리 지상 목표를 공격하게 되면 정치적 상황이 '타이완 방어를 지원'하는 것에서 '중국 본토를 공격'하는 것이 된다.

이것은 미국과 중국이 전면전으로 치달을 것이냐를 결정하게 되는 사건이 될 수 있다. 전면전 확대는 당연히 양쪽 모두 원하지 않을 것이지만 중국으로서는 본토가 공격받게 되면 미국 본토를 공격하지 않을 수 없다. 중국도 중국이지만 미 본토가 중국의 공격이라도 받게 되면 이제 미중 전면전이 되고, 양측의 동맹이 합세하여 곧바로 제3차 세계대전이 될 것이다.

그렇다면 미국의 입장은 중국 본토를 공격하지 않는다는 것이 되고, 이를 중국이 알아차리는 데 긴 시간이 필요하지 않을 것이다. 그러면 중국의 지대공, 지대함 미사일은 마음 놓고 미 함대에 집중될 것이다. 미국이 우려하는 대로 중국의 미사일들이 수직 궤도로 항공모함을 공격하게 되면 미 함대의 피해가 커질 수 있다. 아무튼 미국의 대응 전략은 이미 결정되어 있을 것이다. 그것이 어느 쪽일 수는 알 수 없지만 미 함대의 피해가 커진다는 결론을 미국이 가지고 있다면 미국도 중국 본토 연안을 선제공격할 수밖에 없다.

이것은 재미있는 상황이 되는데 중국이 자신들의 미사일이 미 함대에 충분한 타격을 줄 수 있다고 생각하면 미국이 중국 본토를 공격할 수밖에 없고, 미국이 중국 본토를 공격하면 중국도 미국 본토를 공격할 수밖에 없으므로 앞서 지적한 대로 전면전으로 돌입할 것이다. 만일 중국이 자신들의 미사일이 제한적인 타격 정도에 그칠 것으로 생각하면 미 함대를 공격해도 손실을 제대로 입힐 수 없다. 그렇다면 중국이 처음부터 전력을 다해 미 함대를 공격할 수 없다는 결론이 된다.

그러면 중국 함대가 미국 및 동맹군 함대를 공격하지 않으면서 타이완으로 가는 진로를 방해하면 미국이 아직 자신을 공격하지 않은 중국 함대에 대하여 먼저 공격할 수 있는가라는 문제를 생각해 보자. 만일 진로를 방해하는 중국 함대에 미군이 먼저 공격하면 중국 해군은 당연히 반격하여 그들이 의도하는 대로 공해상의 국지전 상태로 유도하려 할 것이다. 중국 해군 입장에서는 3시간 안에 타이완에 도착하는 인민해방군 상륙군에게 시간을 벌어주면 된다.

미군이 타이완 근처에 가까워지면 이제 중국의 상륙 전단과 내륙 연안의 대공 체제가 미 함대를 공격할 수 있게 된다. 미군의 항모 전단을 중국이 대함 탄도 미사일과 크루즈 미사일을 대량으로 발사하여 공격할 것이다. 설령 미군의 방어 체제가 우수하다 하더라도 대규모 물량을 쏟아붓는 공격을 당할 때 손실을 입는 것은 피할 수 없을 것이다. 항모가 피격되지 않아도 지속적인 회피 기동을 해야 하므로 함재기가 착륙할 여유를 줄 수 없다면 큰 문제가 될 수 있다.

이 장면에서 미국과 타이완이 준비할 수 있는 수단 중 하나가 전시 미군 항공기가 타이완 비행장을 이용할 수 있게 해두는 것이다. 미군의 항공기와 해병대 등이 필요로 하는 물자를 미리 '보관'해두면 전시에 매우 유용할 것이다. 정비 인력 등도 미리 훈련시켜놓을 수 있다. 그렇게 되면 미군 항공기들은 출격 이후 필요에 따라 타이완의 비행장을 이용하고, 중국의 공격 시 긴급 발진하여 타이완의 방어에 상시적으로 지원할 수 있다.

상황에 대한 분석은 이렇게 저렇게 해볼 수 있지만 미군은 중국 본토를 공격함에 있어 거침이 없을 것이라고 필자는 생각한다. 그 근거는 첫째, 밀리 합참의장의 언동에서 보듯이 미 군부 내에 중국과 싸워야 한다면 조기에, 그리고 확실히 이겨놓아야 한다는 분위기가 있어 보인다는 것이다. 둘째, 미군 입장에서 미 해군 전력의 대부분이 동원되는 상황에서 괴멸당할 수 있는 위험은 조금이라도 좌시할 수 없다. 셋째, 전술한 미군의 워게임에서 이미 중국 내륙을 공격하는 전법이 가정되어 있어 보이기 때문이다.

상륙전 단계

2021년 7월 미국의 상원 의원들이 백신과 함께 타이완에 군용기로 도착한 후 중국의 관영 매체가 인민해방군이 타이완 상륙을 상정한 상륙 작전 훈련을 실시했다고 보도했다. 인민해방군 동부 전구 사령부는 제72군은 푸젠 남부 특정 지역[376]에서 수륙양용 차량을 포함한 공격 상륙 훈련을 실시했다고 밝혔다. 복잡한 해상 상황에서 긴급 적재, 장거리 수송 및 해변 공격 전술을 탐색하고 병력의 상륙 전투 지원 능력을 강화했다고 한다. 우치엔吳謙 대변인은 성명을 통해 "누군가 타이완을 중국 본토에서 분리하려고 한다면 인민해방군은 반격을 가할 것이며, 어떤 대가를 치르더라도 국가 통합과 영토 보전을 보호할 것"이라고 밝혔다.[377] 과연 인민해방군이 타이완에 상륙하려 하면 어떤 일이 벌어질 것인가? 2022년 인민해방군의 상륙 작전 보도 안에는 주 훈련 내용이 다양한 장비와 함정의 연속 출동과 육해공 다차원 상륙이었다.[378] 그렇다면 중국 인민해방군은 타이완 상륙전에 다양한 군사 자산의 연속 출동 및 다차원 상륙을 시도할 것인가?

대부분 군사 전문가들이 내놓고 있는 중국의 타이완 공격 시나리오는 미사일, 항공기 공격으로 시작해서 상륙전으로 끝난다. CSIS의 워게임에서는 미중 양측 모두 장거리 미사일을 사용하여 상대방의 기지를 공격한다. 이 공격 대상에는 타이완의 군사 자산은 물론이고 괌의 앤더슨 기지와 같은 미국의 군사 자산, 그리고 주일미군 자산이 포함된다. 한국이 이 전쟁에 참전한다면 당연히 한국 내의 미군 기지는 물론 민간 비행장과 항구 등이 공격 대상에 포함될 것이다.

미군의 2020년 워게임에서 사용되는 ABMS에서는 인공지능이 탑재되어 미사일을 정밀하게 식별하고 추적하고 거의 순간적으로 처리했다. 여기에 한 가지 큰 성공은 M109 팔라딘이 발사한 고속 발사체로 크루즈 미사일을 공격할 수 있었다는 것이었다. 팔라딘 같은 저가 고밀도 병기로 중국의 고가 미사일 같은 유력한 무기를 무력화할 수 있었다는 것은 매우 고무적이다. 그리고 왜 타이완에 대량의 M109 팔라딘이 도입되고 있는지도 이해할 수 있게 한다. 하지만 미국과 타이완의 미사일 비축량은 중국의 미사일 비축량에 비해 적기 때문에 이 상륙 이전의 미사일 공방은 중국에게 유리하며 중국의 무력이 타이완 해안으로 상륙하는 것을 막기 어렵다.

양욱 아산정책연구원 외교안보센터 부연구위원은 동부 전구에는 상륙함이 22척뿐이고, 대상 타이완의 지상군은 최소 9만 명 이상이라고 하면서 타이완 지상군을 제압하기 위해서는 중국이 최소한 15만 명 이상을 동원해야 한다고 하였다. 그는 동부 전구의 수륙 합성 여단 4개에 해병여단 2개를 더해 6개 여단으로 1차 상륙 전력을 구성하더라도 전체 전력은 4만 명도 안 되며, 게다가 후속 전력 11만 명과 장비를 2주 내에 전개하기도 어렵다고 보았다. 중국이 자랑하는 해상 민병대를 동원하더라도 병력과 장비를 기간 내에 옮기는 것은 거의 무리라고 했다.

반면 쏭빙중은 중국은 궤도 위성만 해도 400여 기에 달해 하루 평균 20기 내지 30기의 위성이 타이완 해협 상공을 통과하고 있는 실정이어서 타이완의 모든 고정 지상 목표에 대해 중국은 일찍이 파악했을 것으로 본다. 그는 상륙 능력도 문제가 없거니와 일단 상륙하여 교두보를 확보하면 약 275대의 수송기와 1,000여 대의 민간 항공기 중 150대만 징발해도 한 번에 2만 2,500명을 이동시킬 수 있다고 지적했다.

게다가 제해권이 확보되면 중국군은 수차례 민용 페리선을 징집해 해상 수송에 투입할 수 있다. 이러한 민용 페리선은 건조할 때 이

미 군용 규격에 부합한 것으로 전시에 곧바로 투입할 수 있는 특성을 지니고 있는데, 이러한 화물선은 63척이 넘고 이미 관련 훈련도 수차례 한 것으로 알려져 있다.

전문가들은 공통적으로 인민해방군이 일단 상륙하고 교두보를 확보하는 데 성공한 후에는 타이완에게 승산이 없다는 인식이 깔려 있다. 반면 타이완에 상륙 작전을 하는 것은 쉽지 않다. 대규모 군대가 상륙 가능한 자연 지형부터가 전문가에 따라 다르지만 8~12개 사이의 지점만이 상륙이 가능하다고 평가되고 있기 때문이다. 바로 전술한 '붉은 해안'으로 불리는 지점들이다.

필자의 생각으로는 상륙전에 있어 중국 공산당은 정규군의 작전 개념으로, 그러니까 노르망디 상륙 작전이나 인천 상륙 작전처럼 타이완 상륙 작전을 전개할 것으로는 생각되지 않는다. 그런 방식으로 상륙 작전을 전개하려면 타이완 방어군의 적어도 5배에서 많게는 9배의 병력이 필요하기 때문이다.

그보다는 비정규군, 또는 민간인들과 연합 작전을 할 가능성이 크다고 생각한다. 이미 군민 합동 방침도 공포한 바가 있다. 2021년 인민해방군의 군민 합동 훈련에는 민간의 페리선들이 참여하였다. 이들 페리선은 군용 장비들을 운반하는 데 동원이 되었다. 중국의 페리선들은 군 규격을 충족한다. 중국이 상륙전 상황을 고려하여 이미 페리선 설계 표준에 반영해놓은 것이 아닌가 싶다.

전자전으로 타이완의 레이더를 무력화한 후 인민해방군의 함정들이 전력을 다해 타이완 해안으로 돌진할 것으로 예상되는데, 그 목표는 '붉은 해안'에 한정되지는 않을 것이다. 민병대와 일부 병력이 민간 어선들과 함께 타이완의 수많은 민간 항구, 어항들에 돌입할 가능성이 있다. 타이완의 주력 부대가 붉은 해안을 중심으로 중국의 강습 상륙함 등을 방어하는 동안 이들은 소규모 항구들을 점령하고 징발된 다량의 민간 선박들을 이용하여 병력을 실어 나를 것이다.

이들 선박들은 비무장 민간 선박이고 대량으로 밀려 들어올 것이다. 그리고 이들 전부가 무장 병력이 탑승한 것은 아니고, 정말 민간 선박들도 함께 들이닥친다면 확인하기 전에 공격하기가 어렵다.

타이완의 지역 자율 방어 개념은 사실 이런 상황에 잘 맞는다. 타이완의 전투 개념을 생각해볼수록 중앙에서 주 전쟁을 치르는 동안 각 지역, 동네마다 민중들이 나서서 자기 집과 마을을 지키지 않으면 이런 중국의 변칙적인 공격에 대항하기 어렵다.

아무튼 인민해방군의 주력은 대규모 강습상륙함과 상륙함 선대이다. 그리고 이들의 상륙을 지원하기 위해 대규모 미사일 공격과 공습이 있을 것이다. 타이완군 최대 목적은 미군이 도착하기 전까지 인민해방군 무력이 상륙하지 못하게 하는 것이고, 차선은 미군이 도착하기까지 버티는 것이다.

미군의 워게임에는 F-35가 중국 수상함과 지상 목표물을 공격했고, 중국 항공기로부터 미국과 타이완 자산을 보호했으며, 훈련 기간 동안 순항 미사일 방어를 제공했다고 했다. 이것은 충분히 가능하다. F-22가 먼저 출격하고 F-35는 2차로 출격하여 공중급유기에 의해 급유를 받으면 되는 것이다. 그렇게 되면 중국의 상륙 공격을 타이완군이 1시간만 버티면 F-35가 도착하여 중국 해군 함정들을 공격하고 순항 미사일을 방어하게 된다. 오키나와에서 출격한 기체들은 급유기도 필요 없다.

타이완은 그야말로 목숨을 걸고 상륙 저지에 나설 것이고, 가능한 모든 화력을 동원할 것이다. 미국이 공급한 팔라딘 자주포와 HIMAS 등은 상륙하는 인민해방군을 매우 효과적으로 공격할 것이다. 문제는 일부 특정 지역이 아니라 전 해안선으로 인민해방군의 파상적인 상륙전 또는 공격이 일어난다면 타이완이 현재 보유한 화력으로는 제한적인 성과밖에 내지 못할 것이다. 승부는 역시 공군력에서 날 가능성이 크다.

육상전 단계

타이완 사람의 90%가 도시에 산다. 따라서 타이완 연안에 상륙하는 것이 큰 관문이라면 상륙 후 내륙에 들어서면서 세계 최고의 인구 밀집 지역의 하나인 타이완의 도시들마다 시가전을 하게 될 것이다. 그리고 매우 높은 확률로 시민군들의 저항에도 직면하게 될 것이다. 그러지 않아도 민간인 사상자가 나오기 쉬운 시가전에서 타이완의 경우에는 그 리스크가 훨씬 크다고 보아야 할 것이다. 그래서 인민해방군은 전통적으로 시가전을 '도자기 가게에서 쥐잡기'로 묘사하고 있다. 미국의 RAND연구소는 시가전을 '지옥 전투combat in hell'라고 부른다. 그만큼 어렵고 정교한 전술을 필요로 한다. 여기에 타이완 전 국민의 10%에 해당되는 군, 경찰, 소방대에 출동하고 여기에 다시 시민군이 합세한다면 어떤 결과가 발생하겠는가? 타이완은 도시 국가를 제외하면 세계에서 가장 인구밀도가 높은 곳이고 산지 비율이 한국보다도 높은 나라다. 당연히 도시 지역의 인구밀도는 세계 그 어느 국가보다도 높다. 이런 장소에서 전 국민이 저항하는 가운데 중국의 인민해방군이 대규모 병력을 이끌고 진입하며 시가전을 벌이게 될 것이다. 그렇게 일어날 참상이 떠올라 필자는 견딜 수가 없다.

타이완에서 발생할 시가전을 위해 인민해방군은 타이완 전역을 바둑판 또는 모눈종이처럼 나누어 담당 부대를 할당하고 한 달에 한 번 이상 정보를 업데이트해왔다. 그리고 타이완의 모의 시가지를 만들어놓고 병사들을 훈련해왔다. 특히 동부 전구가 이런 시가지 전투에 대한 훈련을 집중한 것으로 알려져 있다. 그리고 시가전에서 드론의 역할과 효과에 대한 인식이 증가함에 따라 인민해방군도 드론 전술을 준비해온 것이다. 반면 타이완의 경우 2022년 11월 5일 일월담에서 열린 차이잉원이 참석한 폭죽 행사에서 대규모 드론 군집 비행이 있었는데, 이 드론들은 중국에서 제작된 것이어서 차이잉원 총통의 안전에 문제가 있었다는 사건이 있었다. 실제로 이 드론들을 날린 타이완 회사는 자신들의 기술, 자신들이 개발한 드론이라고 선전했지만 실상 이 드론의 하드웨어는 물론 소프트웨어도 중국 대륙 것이고 타이완 회사는 전원 장치를 만든 것에 불과했다고 한다. 중국은 이 시기에 '하늘에서 찍은 중국航拍中国'이라는 콘텐츠 시즌 4를 방영했는데 여기에는 중국이 몰래 촬영한 타이완 곳곳의 고해상도의 모습이 담겨 있었다. 타이완 국민이 위협감을 느낀 것은 물론이다. 이것은 동시에 그간 인민해방군이 추진해온 지능화의 결과물이기도 하다.

타이완 본섬에서 진행될 전투에서는 피차 간에 전차와 같은 기갑

이미 시작된 전쟁

무기가 많이 사용되기는 어렵다. 중국 쪽은 수송의 부담이 크고 타이완 쪽은 낙후 무기이기 때문이다. 그러나 드론 무기는 양쪽 모두 대량으로 동원할 것으로 보인다. 타이완군은 거의 게릴라전에 가까운 양상으로 인민해방군에 맞설 것으로 생각되는데 타이완의 보편적인 교통수단인 스쿠터를 활용하여 기동력을 가지고 인민해방군을 치고 빠지는 전투를 할 가능성도 크다.

중국공산당은 국공내전에서 도시를 직접 주공격 대상으로 삼기보다는 지원을 끊는 攻济打援 수법을 많이 사용했다. 특히 지난济南 공격에 성공했던 쉬스요우许世友 장군이 이를 '소 잡는 칼牛刀子战术' 전술이라고 이름 붙인 바 있다. 급소에 총력 집중 공격하는 전술이다. 중국 공산당이 국공내전 당시 벌였던 전쟁 중의 하나인 랴오선辽宁-沈阳 전쟁에서 창춘长春을 포위하고 보급을 막는 이 '소 잡는 칼' 전술을 사용했다. 곧바로 주민들은 식량이 떨어져 굶주림에 직면했는데 공산당은 주민들의 도시 탈출을 막아 국민당 군대의 부담으로 작용하게 했다. 1948년 10월 창춘이 함락되었을 때 15만 명에서 30만 명의 민간인들이 이 전술로 사망하였다.

하지만 이 전술은 타이완에서는 전혀 사용할 수 없다. 타이완은 세계에서 보기 드물게 균형 발전을 이룬 국가이다. 도농 간의 격차도 별로 없고 도시 간의 격차도 별로 없다. 인구 또한 잘 분산되어 있다. 타이완은 도농 간 격차가 작은 만큼 여기부터는 도시, 여기부터는 농촌, 이렇게 구분이 잘되지 않는다. 대도시와 소도시 간의 격차도 작아서 도로를 주행하다 보면 행정 구역이 바뀌는 것을 전혀 인식할 수 없다. 도시와 농촌을 분리한다는 식의 사고는 타이완에서는 성립하지 않는다. 지역별로 거의 모든 인프라가 자체 조달이 가능하기도 해서 특정 시설을 타격한다고 해서 전체 지역이 문제가 되는 일도 작다. 인민해방군은 마치 밀림 속을 행군하는 것처럼 끝없는 건물들과 저항군을 상대해야 할 것이다. 마치 월남전의 미군과 같은 상황이 펼쳐질 것이다.

2020년 12월 10일 중국 CCTV는 군사 채널에서 "도시를 타격하라! '공방전'直击城市攻防战"이라는 내용을 방영했는데[379] 인민해방군이 타이완의 도시 모형을 대규모로 만들어놓고 훈련하는 모습이 나온다. 수비군으로는 70명 및 장갑차 6량, 공격군은 230명 및 장갑차 30량으로 구성되어 있다. 그리고 작전 모습을 보여주는데, 누가 봐도 인민해방군이 타이완 국군 수비대를 공격하는 모습이다. 이는 중국이 대규모 타이완 시가전을 준비하고 있다는 것을 시사한다. 심지어 도시의 지하 시설에서의 전투도 대비하고 있다는 보고도 있다.

타이완은 전 국토에서 벌어질 전투에 대하여 상부의 지시를 기다리지 않고 각 지역 단위로 독립적인 전투를 하는 전략이다. 타이완의 사회 구조에 매우 걸맞은 전략이어서 워게임에서 효과를 발휘한 것도 이해가 된다.

인민해방군은 소 잡는 칼 전술을 변형하여 타이완의 전력, 수도 등 사회 인프라 시설을 공격하여 저항 능력을 제거하려 할 수 있다. 여기에 대응하는 방법의 하나가 미군의 항공 물자 지원이다. 미국의 워게임에 등장한 C-17을 이용한 물자 투하가 바로 그것이다. 타이완군이 지역별로 고립되어도 이 방식으로 전투를 지속할 수 있게 된다. 그리고 워게임에서 C-17을 개조한 미사일 발사가 대량으로 사용되었다고 하니 미군은 적어도 타이완 상공에서는 제공권을 장악하고 이들 C-17을 이용한 미사일 공격을 인민해방군에게 가할 것으로 예상된다. 여기에 B-52 전략 폭격기가 동원되어 타이완의 인민해방군을 타격할 것이다.

C-17 외에 미군의 워게임에 출현한 B-21은 워게임 당시에는 미완의 무기였지만 이제는 현실의 무기이다. B-21은 워게임에서 중국 본토에 잠입 폭격을 했고 꽤 활용된 것으로 보여 중국 본토의 군사 자산들은 B-21의 시도 때도 없는 공격을 받을 것으로 보인다. 만일 방공 자산이 붕괴되면 그때는 B-52와 F-22 등이 제집처럼 들락거리는 상황이 될 수도 있다. 그렇게 되면 중국의 패전이다. 반대로 중국이 대공 능력을 끝까지 유지하는 데 성공하면 C-17의 물자 보급이나 B-52의 폭격도 진행하기 어려울 것이다. 그렇게 되면 타이완의 패전이 되기 쉽다.

이런 중국의 시가전 시나리오를 생각하며 필자는 대한민국의 경우 그 어떤 나라도 감히 시가전을 하지 못할 것이라는 생각이 들었다. 대한민국 성인 남자들이라면 모두가 총을 들고 1,000만~2,000만 명이 시가전에 참여하여 대항할 것이기 때문이다. 한국은 권력층이 국가를 지키는 것이 아니라 보통 사람들이 국가를 지키는 나라이니까 말이다.

교란전/전복전

중국 공산당이 장기로 삼는 전략 중 하나가 후방 교란이다. 국공내전 당시 중국 공산당은 베이징과 텐진을 공격함에 있어서 무력을 퍼붓는 것보다 도시 내부의 간첩들을 통하여 공산당 조직을 확장하고, 이들로 하여금 반정부 운동을 벌이게 하여 도시의 혼란을 가중시켰다. 예전 마오쩌둥은 당시 열세에 있는 상황에서 실행한 상하이 전투에서도 단순히 무력 전투만을 수행한 것이 아니라 정치 투쟁을 병행했다. 그리고 승리했다. 이 방식은 당시 중국 공산당의 개가이며 사상과 이념 투쟁의 승리로 간주되었다.

천원샤오陈文超와 원샤오펑温晓鹏이 지적했듯이[380] 정보전과 화력의 결합은 특히 도시전, 시가전에 매우 중요하다. 정보전은 인민해방군에게 매우 중요하게 인식되고 있고, 특히 개전 초기 정보 주도권을 잡는 데 매우 중요하다고 생각하고 있다.

그렇다면 이번에도 중국 공산당이 교란전을 펼 수 있을까? 그럴 리가 없다. 현재 타이완 사람들의 절대 다수가 중국 공산당의 통치하에 들어가는 것을 견딜 수 없으며, 반대로 최후의 한 사람까지 저항할 가능성이 크다.

그렇기에 중국 공산당이 선택할 방법의 하나가 후방에 공수 부대와 같은 특수 부대를 침투시켜 타이완군을 후방에서부터 공격하고 배후 도시들의 혼란을 만드는 작전이다. 이러한 후방 교란이 성공하고 세를 키울 수 있게 되면 이론상 후방으로부터 적 정부를 뒤엎는 '전복전'[381]에 들어갈 수 있다.

하지만 실제로는 후방 침투는 어려울 것이다. 우선 타이완은 앞서 말했듯이 도농 격차나 도시 간 격차가 크지 않다. 후방과 전방의 구분이 없는 것이다. 굳이 후방이라고 할 수 있는 지역은 타이완 섬 중앙의 타이완산맥 지대이다. 여기에 낙하산 부대를 떨구어 이들이 해변 방향으로 전투를 진행하는 방식을 생각해볼 수는 있으나 타이완의 산맥 지대는 중생대 지형으로 매우 험하다. 타이완 산맥을 가로지르는 동서횡단공로를 건설하면서 수많은 군인이 목숨을 잃었을 정도로 험한 곳이다. 이곳에 낙하하면 후방이라기보다는 깔때기 안을 제 발로 들어간 꼴이 되기 쉽다.

그리고 중국의 공수 부대는 알려진 것이 별로 없다. 너무 중요해서 비밀 부대인 것이 아니라 크게 인정받는 부대가 아니라는 뜻이다. 제15공수군 1개 여단 규모로 알려져 있고 강습용 차량, 경중량의 화력 무기를 갖추고 있지만 타이완의 지형상 강습은 큰 의미를 찾기 어렵고 리스크만 클 뿐이다.

예상 결말

만일 인민해방군이 단기간 내에 타이완을 점령하는 데 성공한다면 이 전쟁은 중국이 승리할 것이다. 그러나 우크라이나 전쟁처럼 수개월 이상 장기화된다면 상황은 달라질 것이다. 그리고 타이완 사람들은 결코 중국의 통치를 받아들이지 않을 것이다. 필자는 타이완의 저항이 적어도 수개월 이상 지속될 것으로 본다. 타이완의 국가 수준이 높고 전쟁에 대한 준비를 수십 년간 해왔기 때문이다.

중국이 승리한다면 타이완에서는 장기간에 걸쳐 반정부 내전이 지속될 것이다. 중국이 패배한다면 타이완은 독립을 선언할 수 있게 된다. 그리고 많은 국가가 승인할 것이다. 중국은 이런 상황에 어떻게 대처할까?

미 의회 초당파 자문기관인 미중 경제안전보장조사위원회USCC,

U.S.-CHINA ECONOMIC AND SECURITY REVIEW COMMISSION는 2021년 11월 중국 군사·경제 정세를 둘러싼 연차 보고서를 발표했는데[382] 중국군이 타이완 침공의 초기 능력을 확보했을 가능성을 보인다고 했다. 또한 미국의 통상 전력에 의한 억제가 곤란하다고 경고했으며, 중국이 한정적인 핵무기 선제 사용[383]이라는 신 전략을 추진할 가능성을 언급했다.

중국은 전쟁에서 패배하거나 여의치 않으면 최후의 수단으로 핵폭탄을 타이완에 떨굴 수 있다는 경고이다. 중국의 논리로는 타이완은 자기 나라이며 타국을 공격한 것이 아니다. 그러니까 타국을 핵무기로 공격한 것이 아니라고 강변할 수 있다.

핵무기 사용에 대해서는 많은 사람이 그 가능성을 부정한다. 그러나 러시아의 푸틴이 전술 핵무기의 사용을 거론했을 때 과연 사용 가능성은 없었을까? 우크라이나 전쟁으로 한국에서는 핵 무장 논의가 일었을 때 많은 사람이 더 이상 논쟁의 여지가 없다고 말했다. 카네기 국제평화기금Carnegie Endowment과 시카고 카운슬Chicago Council on Global Affairs이 2022년 2월에 발표한 보고서에 따르면, 한국인을 대상으로 한 최근 설문조사에서 응답자의 71%가 핵무기 보유를 지지했다.[384] 이에 대해 조경환 대통령 정책기획위원회 위원은 우크라이나 전쟁은 상황이 정말 위험해질 때 친구들이 당신을 위해 할 수 있는 일에 한계가 있다는 것을 소름 끼치게 상기시킨다고 말했다. 결국 자신을 방어하는 힘은 자신뿐이다. 자, 이렇게 한국인들도 핵 무장을 원한다. 과연 핵무기를 사용하지 않을 것을 한국은 약속할 수 있는가?

끔찍한 생각이지만 2,000만 명 정도의 타이완 인구는 중국 공산당의 일부 사람들에게는 희생 가능한 인명 손실일 수 있다. 이미 그렇게 공언하는 사람도 있다. 핵폭탄이 타이완에 투하되어 100년 이상 타이완이 사람이 살 수 없는 땅이 되어도 중국의 조국 통일 과업은 달성하게 되는 것이다. 그 어떤 외국도 타이완이 자기 땅이라고 주장하지 않은 터이니 말이다. 물론 이성을 가진 사람이라면 이런 생각은 하지 않을 것이고, 이성을 가진 국가라면 이런 생각을 구체화하지 않을 것이다. 그러나 전쟁은 사람들을 극단적인 결심을 하도록 만든다. 만에 하나라도 있을 수 있는 이런 상황은 타이완이나 미국뿐 아니라 전 세계가 막아야 하고 확고한 예방 조치를 마련해야 한다.

그리고 미국이 개입하는 한 중국은 승리하지 못할 것으로 보인다. CSIS의 워게임은 애초 예상과는 달리 중국이 승리하지 못하여, 조건과 가정을 바꾸어가며 중국이 승리하는 시나리오를 찾아야 했다고 한다. 그리고 그 시나리오는 아무도 타이완을 돕지 않는 경우였다. 필자는 그런 경우에도 타이완은 장기간 투쟁하여 결국은 독립을 쟁취할 것으로 믿지만 말이다.

그러나 미국이 참전하여 승리하는 그 많은 시나리오는 모두 미국과 일본의 막대한 희생을 보였다. 미국의 항공모함은 참전하는 4대 중 시나리오에 따라 2~4척이 파괴될 것으로 예상되었으며 미국의 항공기는 400~700여 대가 파괴되어 이 손실을 회복하는 수십 년 동안 미국은 국제 무대에서 무력을 활용할 수 없는 상황이 될 것이라고 한다. 일본은 말할 것도 없다. 그래서 피로스의 승리가 되리라는 것이 결론이다.

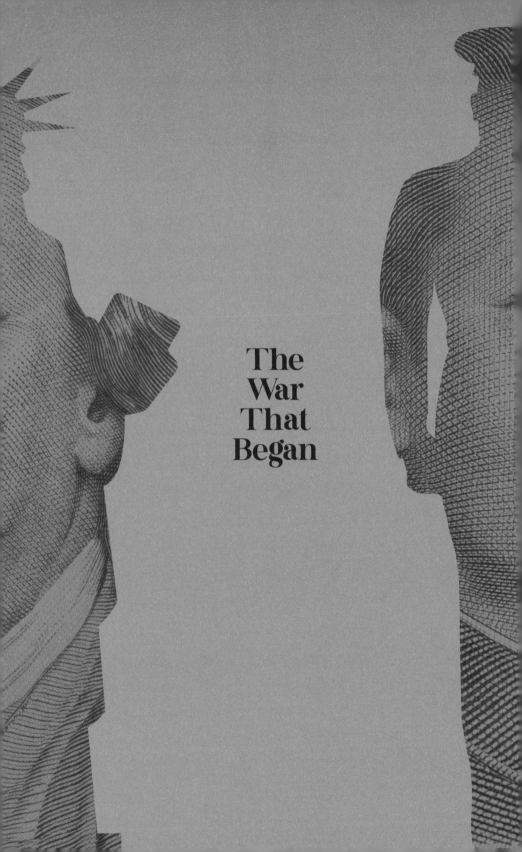

The War That Began

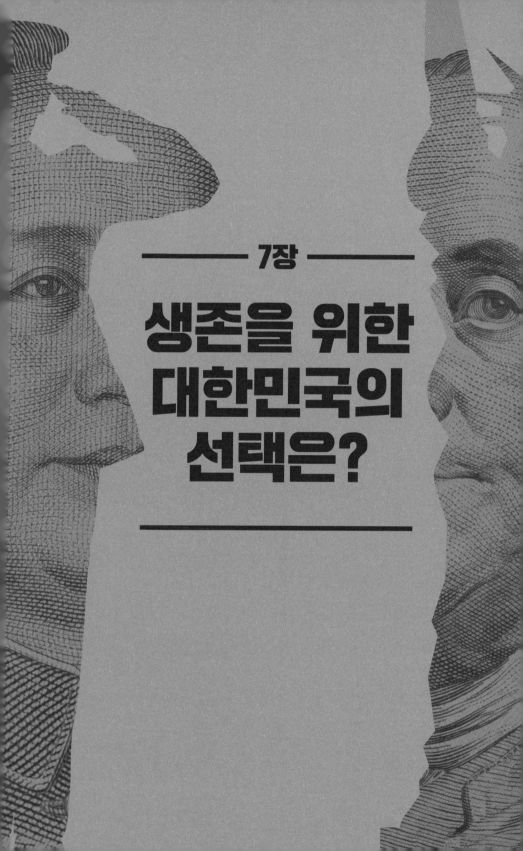

—— 7장 ——

생존을 위한
대한민국의
선택은?

CHINA AMERICA WAR G2

앞에서의 여러 시나리오에는 미국과 중국의 동맹국들에 대해서는 거론하지 않았다. 미중 전쟁이 발발할 시 참전이 예상되는 미국의 동맹국들이 있지만 이들은 지난 세월 미국의 군사 시스템의 일부로서 참전해온 역사가 있는 국가들이어서 미국만을 다루는 것과 내용상 큰 차이가 없다. 이제 전쟁할 수 있는 국가라고 선언하는 일본도 미국 동맹국인 영국과 유사한 길을 갈 것이다. 러시아는 우크라이나 전쟁이 진행되고 있는 동안에는 중국과 군사적 협력을 한다고 해도 큰 역할을 하지 못할 것이다.

미중 전쟁에서 일본은 적극적인 역할을 할 것 같다. 자국의 국익과 합치한다고 보기 때문이다. 그리고 미국이 승리하면 일본은 그에 편승하여 아시아에서의 발언권을 더욱 강화하고 전후 처리에 적극적으로 나설 것으로 예상된다. 만일 한국이 미국의 동맹으로서 미중 전쟁에 사전적으로 참전을 선언하고 나선다면 이들 영일과 같은 모습으로 중국과 처음부터 전쟁을 치르게 될 것이다.

중국의 입장에서 타이완을 공격하기 전부터 한국이 미국 편에 서서 중국과 일전을 불사하겠다는 태도를 보인다면 한국을 완전한 적국으로 전제하고 전략을 수립할 것이다. 그러나 한국이 그런 명확한 태도를 보일 가능성은 매우 작다. 왜냐하면 현재의 한국 정부에는 명확한 인도-태평양 국가 전략이 없기 때문이다. 2022년 윤석열 정부가 인도-태평양 전략을 발표했지만, 필자의 생각으로는 전략으로 기존의 한반도 내에서의 북한을 고려한 안보 계획은 있을지 몰라도 중국과 서방, 그리고 일본을 포함하는 외교 안보 전략은 있어 보이지 않는다.

즉 한국은 명확한 입장이나 태도, 그리고 양안 전쟁 발발 시의 대처 방안을 수립하지 못한 채 양안 전쟁을 맞이할 것이다. 그리고 그것이 미중 전쟁으로, 인도-태평양 전쟁으로 확산되어가는 것에 휩쓸려 들어갈 가능성이 크다. 그렇다면 이런 수동적 입장에 있던 한국이 인도-태평양 전쟁에 휩쓸려 들어갈 과정을 추론해보자.

한국은 전략이 없다

한국의 정의용 외무부 장관과 중국의 왕이 부장이 2021년 6월 푸젠 샤먼에서 회담을 했다. 왕이는 중한 관계는 심화 발전의 중요한 기로에 서 있다며, 중국은 한국과 같은 길을 가기를 원하며 대화로서 한반도 문제의 정치적 해결을 모색하고 UN을 핵심으로 하는 국제 체계와 국제법에 기초한 국제 질서를 지켜나가며 함께 다자주의를 지키고 함께 이익 융합을 심화 개척하며 중한 관계를 발전시켜 끊임없이 새로운 단계로 나가자고 했다. 정의용 장관은 한국은 중국 관계를 매우 중시하고 있으며, 중국의 고위층과 밀접하게 교류하기를 희망하고 각 영역에서 협력을 강화하며 한반도에서 중국이 계속 중요한 역할을 해줄 것을 희망한다고 하였다. 문재인 정부는 중국에 대해 이렇게 줄곧 중국의 요청에 대답을 회피해왔다. 문재인 정부에게 미중 충돌 상황을 어떻게 극복할 것인지에 대한 구체적 전략은 보이지 않았다.

반면 일본의 입장은 분명했다. 아베 전 수상이 2021년 12월 타이완 사태 발생은 일본의 사태 발생이라는 발언으로 타이완이 공격을 받는다면 일본이 대응할 것임을 시사했다. 중국 텐진에서 양제츠 위원과 일본의 아키바 다케오秋葉剛男 일본 국가안보사무국장이 2022년 8월 7시간의 회의를 했을 때 일본은 타이완을 위협하기 위해 발사된 중국의 미사일이 일본의 경제 배제 구역에 떨어진 것에 대해 항의했다. 양제츠는 타이완 문제가 중일 관계의 정치적 기반과 양국 간의 기본적인 신뢰와 신의에 영향을 미친다고 말했다. 일본이 타이완 해역에서 실행한 중국의 군사 훈련을 비난하자 중국 정부는 예정되었던 일본과의 외무장관 회담을 취소했다.

그리고 2022년 12월 일본은 3개 방위 문서를 변칙 개정하여 가상 적국이 공격하려는 동향이 보이면 선제공격할 수 있다며 전쟁을 할 수 있는 국가를 선언하였다. 일본은 그들이 원하는 전쟁 가능 국가의 실현에 미중 갈등을 이용한 것이다. 이제 국방비를 2배로 늘려 세계 3위의 국방비를 투입하여 군사 강국의 길을 가기 시작했다.

미국의 입장은 하나의 중국 원칙과 전략적 모호성이라는 명제에 가려져 있기는 하지만 사실 분명하다. 양안 전쟁 발발 시 미국이 개입할 것은 이제 설명이 필요 없을 정도이다. 그러니 일본이 전쟁 가능 국가를 선포하고 방위비 증액을 선언했을 때 환영을 한 것도 당연하다.

한국의 윤석열 대통령은 중국의 리잔수가 방문했을 때 중국이 미사일 사용을 비난한 후 한국이 배치한 미국산 미사일 방어막이 '관계의 장애물'이 되는 것을 원하지 않는다고 말했다.[385] 그리고 미국 CNN과의 인터뷰에서 미국이 타이완 방위에 나서면 지원할지를 묻는 질문에[386] 윤석열 대통령은 중국이 타이완을 공격할 경우 한국은 목전의 위협인 북한을 상대해야 한다고 말하며 사실상 타이완을 지원하지 않을 것임을 시사했다. 미국 정치전문지 「힐Hill」은 이에 대해 한국은 타이완 방어를 지원하지 않을 것이라며 미국의 동맹인 한국이 타이완 위기에 관심이 없음을 보인 것에 받은 충격을 전했다.[387]

펠로시의 방한에서는 미 하원 의장을 만나지도 않는 냉대를 하여 전 세계를 경악하게 했다. 누가 보아도 한국은 양안 전쟁에 개입하지 않는다는 것으로 보였다.

2012년부터 2013년까지 외교부 차관을 역임한 김성한 고려대 교수 겸 윤석열 캠프 외교안보 팀장은 사드 계획은 중국으로부터 경제적 보복을 당할 위험이 있다고 말했다.[388] 그는 또 윤석열 정부는 사드 레이더가 중국을 겨냥하지 않는다는 것을 재확인하기 위해 보다 정기적인 안보 대화를 촉진하는 한편, 그러한 오해를 심화하는 데 기여한 문재인 정부의 전략적 모호성을 폐기할 것이라고 말했다. 필자가 보기에 이 말은 모순이다. 전략적 모호성을 폐기한다는 것은 전략적 선명성을 선택하겠다는 말인데, 사드 레이더가 중국을 겨냥하지 않는다는 것을 중국에게 증명하려면 그 선명한 전략의 내용이 한국이 중국 편, 적어도 중립이라는 것이 되어야 한다. 그러나 윤석열 정부는 친미반중이며 중국에게 중립을 약속할 생각이 없다. 더구나 사드는 한국군이 아니라 미군이 운용한다. 여러분은 중국이 '아! 알겠습니다 감사합니다' 할 것 같은 생각이 드는가?

바이든이 한국을 방문했을 때 한미 두 정상은 대한항공의 우주작전센터KAOC를 방문했다.[389] 우주작전센터는 항공기는 물론 북한의 미사일까지 추적하는 핵심 군사 본부로 알려져 있다. 이 우주작전센터가 미군이 운용하는 대중, 대러 정찰 및 유도 체제라는 것은 누구나 짐작할 수 있다. 이는 누가 보아도 미국과 군사 동맹 관계를 맺고 있는 한국이 미국의 대중국 전쟁에서 미국을 지원할 것이라는 의미로 해석된다. 미국과의 각종 군사 훈련의 내용이 중국을 대상으로 한 훈련으로 구체화되고 있는 것도 중국 시각에서는 불안한 일이다. 윤석열의 나토 정상회의 참석을 계기로 한국은 일본, 호주, 뉴질랜드와 이른바 아시아태평양 4개국 간 정례협의체제 구축을 추진하기로 했다.[390] 이때 윤석열은 이 체제가 추구하는 포괄적 안보는 전통적인 정치·군사 안보뿐 아니라 경제 안보 등 글로벌 핫스팟 문제도 포함한다고 말했다. 사드 사태 때 문재인 정부가 중국에 1) 사드 추가 배치 안 함, 2) 한·미·일 군사동맹을 추진 안 함 등을 포함한 '3불'을 약속한 바 있었는데 윤석열[391] 정부가 사드 3불은 정부 정책이 아니라고 반박했다.[392]

중국의 전문가들은 잠수함 발사 탄도 미사일 개발 등 한국의 국방 강화가 북한과 일본의 반응을 촉발할 수 있다고 우려했다. 지린대학의 한국 문제 전문가인 쑨싱지에孙兴杰는 북한과 일본 모두 한국의 가시적이고 의미 있는 군사력 향상을 보고 경악할 것이라고 생각한다면서 북한과 일본 두 나라가 각자의 군사력을 강화하기로 하면 군비 경쟁을 초래하여 오히려 전체 상황을 불안하게 만드는 매우 곤란한 상황에 직면하게 될 것이라고 말했다. 한국의 군비 강화가 중국은 불안한 것이다. 송중핑도 앞으로 한반도 비핵화가 더욱 어려워질 것이라고 우려하고 있다. 반면 호주 전략정책연구소Australian Strategic Policy Institute의 중국 안보 전문가인 말콤 데이비스 등 서방의 전문가들은 서울의 군사력 증강은 북한 핵의 억제를 목적으로 한다는 견해를 표했다.[393] 한국의 군사력 증강을 지지하는 것이다.

2022년 5월에는 미국·일본·캐나다·한국·타이완·필리핀·싱가포르가 폐쇄형 정보 교환 체제를 구성하기로 합의했다.[394] 러시아와 중국을 거치지 않고 데이터를 교환하기로 합의한 것이다. 이 일 또한 의미는 분명했다. 더구나 박진 외교부 장관은 한국 측이 타이완 해협의 긴장 고조에 대해 깊이 우려하고 있다고 말하며 중국을 겨냥해 무력 사용은 용납할 수 없다고 말하지 않았는가?[395] 용납하지 않겠다는 말은 혼내주겠다는 말이고, 한국이 중국을 혼내주는 방법이 미국 쪽에 붙어서 중국을 대적하는 것 외에 방법이 있겠는가?

한국이 전략적 모호성을 정책으로 삼을 가능성도 없는 것은 아니다. 윤석열의 행보는 관련 각국 입장에서 한국의 입장을 알기 어렵게 하기도 한다. 그렇다고 전략적 모호성을 취하고 있는 것 같지도 않다. 한국은 과연 미중 전쟁에서 중립을 선언하고 국외자로 남아 있을 수 있을까?

이전과는 상황이 다르다. 한국이 명확한 입장이 없는 가운데 일본이 적극적으로 협조하고 있으면 미국 입장에서 한국의 전략적 중요성은 감소하는 것이다. 입장을 바꾸어 미군 입장에서 생각해보라.

공동의 적과 함께 싸우는 것을 거부한 나라를 왜 미국이 피를 흘리며 보호해야 하는가? 지정학적, 군사적 중요성은 충분히 있지만 더 강력한 일본이 적극적으로 미군과 함께 싸우겠다고 하고 있는데 말이다.

윤석열의 이러한 모습을 나름대로 해석하게 해주는 의견들도 있다. 일본의 우익 매체인 「산케이」는 윤석열이 안보 측면에서 대미 접근을 하거나 대중 포위망을 진행하면 중한 관계가 단번에 긴장할 가능성도 있다고 했다. 랴오닝 대학 뤼차오는 중국과 미국이 서로 경쟁하는 상황에서 한국이 어느 한쪽 어깨를 갖지 않는 전술을 잡는 것이 한국의 이익에 가장 어울린다는 견해를 전했다.

영국 노팅엄 대학의 덩진원邓聿文은 윤석열은 친미이지만 중국에 강경할 수 없는 처지라고 정의했다. 첫째는 한-중 경제 및 무역 관계로 한국이 중국을 적대시하기 어렵다는 것이다. 둘째로 북한의 비핵화와 남북 관계를 처리하려면 한국은 중국의 도움을 받아야 한다는 것이다. 셋째는 윤석열에 대한 대중의 지지도가 낮아 윤석열이 강력한 정책을 펴기가 어렵다는 것이다. 넷째로 중국과의 관계가 나쁘면 동북아에서 한국은 지정학적으로 고립될 것이라고 했다.[396] 여기서 네 번째의 지정학적인 고립은 한국이 공식적으로 러시아에 대한 비난에 나선 후에 중국까지 적대적으로 만들게 되면 후면에는 신뢰할 수 없는 일본만이 남게 되어 외교적인 어려움에 빠진다는 의미이다. 필자는 덩진원이 현재 한국 정부가 우왕좌왕하는 이유를 가장 잘 설명하고 있다고 생각한다. 필자의 눈에는 지금 윤석열 정부는 무슨 전략이 있어서 모호성을 보이거나 어떤 일관된 논리를 가지고 외교 안보를 하고 있는 것이 아니라 그냥 그때그때 손 닿는 대로 발언하고 실행하는 것으로 보인다.

필자는 한국이 중국과 싸워야 한다거나 싸우지 말아야 한다는 주장을 하고 있는 것이 아니다. 그런 큰 일은 필자와 같은 필부 한 사람이 주장할 일이 아니며, 몇몇 정치인이 밀실에서 결정할 일도 아니다. 필자의 일관된 주장은 이런 전쟁과 관계된 큰 사안은 국가 전략, 외교 안보 전략과 함께 전문가들이 심혈을 기울인 대안을 만들고 이에 대한 국민적 컨센서스를 얻어야 한다는 것이다. 물론 쉬운 일도 아니고 시간과 노력이 필요한 일이다. 그러나 지금의 한국은 아무런 전략이 없어 보인다. 가장 위험한 무전략 상태로 보이는 것이다.

그리고 중국은 이제 한국은 독자적 판단이나 전략 수립 능력이 없다는 것을 확신하는 중이다. 현재 중국의 지도부에서 한국에 대해 내놓는 발언들은 모두 마지막 일말의 여지를 남겨두고는 있지만 사실상 한국이 미국의 일부분으로서 중국과의 전쟁에 참전한다고 전제하고 있는 것으로 보인다. 그리고 한국이 이 전쟁에 참여한다면 일본과 똑같이 한국 내의 미군 군사 기지는 물론 한국의 군사 자산, 발전소와 같은 주요 산업 시설, 비행장, 항구 등이 중국의 공격을 받게 될 것이다. 국내의 적지 않은 인사들이 양안 전쟁이 발발하면 한국은 당연히 미국의 편에 서서 중국과 싸워야 한다는 말을 한다. 그런데 이분들은 아마 동티모르 파병이나 UAE 파병처럼 전쟁이 본인과는 상관없는 먼 곳에서 일어난다고 생각하는 것이 아닐까 싶다. 그렇지 않다. 중국의 미사일은 당신의 집과 일터에 떨어질 수 있다.

이미 시작된 전쟁

한국이 전략이 없으면 어떤 일이 일어날까?

한국이 지금 상태로 있으면 중국이 타이완을 공격하는 첫 단계인 전자전에서 한국의 사드도 공격 대상이다.[397] 아니, 어쩌면 가장 중요한 공격 대상일지도 모른다. 한국의 사드가 존재하는 한 인민해방군의 미사일 공격이 모두 탐지될 뿐 아니라 추적 격추될 수 있다. 그리고 핵 무력에 있어 중국의 미국에 대한 2차 보복 능력을 무력화한다. 그러므로 타이완을 공격하려면 중국은 필히 한반도의 사드를 제거해야 한다.

한국의 영토에 있는 사드를 중국이 어떤 형태로든 공격하면 주한미군은 즉각 중국의 공격을 탐지, 저지하고 반격할 것이다. 필자의 짐작대로라면 이 시간 북한의 도발이 계속되고 있을 것이다. 그러나 북한의 도발은 한국에게는 큰 문제겠지만 북한이 한국을 침공해서 이길 가능성은 없기 때문에 미국 입장에서는 북한의 핵 도발이 없는 한 큰 사태가 아니다. 만일 북한이 핵을 사용하려 한다면 한국의 입장이 무엇이든 미국은 북한을 공격할 것이다. 물론 한국이 반대할 이유는 없다.

사드에 대한 공격을 받은 주한미군은 당연히 즉각 중국에 반격할 것이고, 주한미군 전체가 양안 전쟁에 돌입하게 될 것이다. 무전략의 한국 정부는 미군과 동조하는 한국 군부의 압박에 참전에 동의할 것이다. 대한민국이 공격을 받았으니 반격해야 한다고 말이다. 중국 입장에서는 한국의 참전을 바랄 리 없으므로 중국은 단지 미군의 사드를 공격하는 것이고 한국을 공격하는 것은 아니라는 입장을 표명하겠지만 그런 말이 통할 리 없다. 중국의 공격에 그렇지 않아도 혐중 정서가 가득한 한국 민심은 들끓을 것이고, 중국에 보복 공격을 해야 한다는 여론이 비등할 것이다. 이렇게 해서 한국은 양안 전쟁에 참여하게 되는 것이 자연스러운 흐름이다.

한국 정부의 생각은 아마도 참전 범위를 미군에 대한 지원 같은 부분적이고 소극적 참여 정도로 제한적 범위를 고려하며 중국과 본격적으로 전쟁을 할 생각은 아닐 것이다. 그러나 너 죽고 나 살아야 하는 전쟁에 그런 안일한 생각이 통할 리 없다. 최악의 상황을 상정하고 대비한다는 중국이 한국은 우리에게 그럴 리 없으니 부드럽게 대해 주자라고 할 리가 없지 않은가. 중국은 한국이 참전 의사를 밝히면 곧바로 중앙 전구와 북부 전구가 북한과 함께 한국에 대한 본격적인 공격을 할 것이다.

중국 입장에서는 무슨 일이 있어도 사드를 파괴하려고 할 것이니 몇 번이고 공격할 것이다. 그리고 가장 가까운 적의 군항인 평택항을 비롯하여 한국의 군사 지역, 미군의 군사 지역, 한국의 원자력 발전소를 비롯한 산업 인프라, 교량, 댐 등을 무차별적으로 공격할 수 있다. 주한미군과 한국군을 최대한 한반도에 묶어 두어야 하니 말이다. 타이완이 1,000발의 미사일 공격에서 생존한 것을 보면 타이완보다 몇 수준 양호한 방어 체계를 가진 한국은 무참한 결과를 보이지는 않을 것이다. 그러나 중국의 물량 공세는 계속될 것이고, 한국의 보통 사람들은 공포에 시달리게 될 것이다.

공식적으로 한국과 중국이 전쟁 관계가 되면 북한은 조중 군사 동맹에 의하여 자동 참전할 것이다. 한국은 남쪽을 공격하는 북한과

　　　　　　　　　　　　　이미 시작된 전쟁

서쪽으로부터 공격해오는 중국의 인민해방군을 맞이해야 한다. 그와중에 주한미군은 전시작전권을 동원해 지휘권을 발동할 것이다. 어쩌면 우리는 또 한 번 중국과 미국의 이해관계에 의해 한반도에서 남북한이 전쟁을 하게 될지도 모른다. 그렇게 되면 수백만의 한반도 젊은이들이 전쟁터에 나가게 될 것이고 우리의 피가 땅을 적실 것이다. 과거 한국전쟁에 동원되었던 병력은 제2차 세계대전에서 동원되었던 병력만큼이나 많다는 것을 생각해보라.

2022년 11월 북한의 도발이 점점 거세졌다. 특히 도발의 규모가 커지고 있는 것이 특별한 점이다. 11월 4일에는 한국 합참이 북한 군용기 180여 개의 비행 항적을 식별하고 대응 조치를 했다는 연합뉴스의 보도가 있었다.[398] 그렇다, 전쟁은 이미 시작된 것이다. 물자 부족과 경제 제재에 시달리는 북한이 수십 년 된 고물 비행기 180여 대를 띄운 것이다. 왜? 아마도 전쟁 연습이 이미 시작되고 있기 때문일 것이다. 당신은 아니라고 확신할 수 있는가?

중국의 한국인과 한국 기업은 보호받을 수 있는가

중국이 기습적으로 한국의 사드를 공격하고 한중이 전쟁 관계로 돌입하게 되면 중국 내에 있는 한국 교민들은 어떻게 되는 것일까? 한국 정부가 미리 한국 교민들의 철수를 실행할 리가 없다. 또 한국이 교민 철수를 실행하면 중국은 선전포고의 사전 단계로 해석할 것이다.

중국 내에 있는 한국인은 얼마나 되며, 그들에게 비상시 연락은 가능할까? 대답은 '모른다'와 'NO'이다. 필자가 확인한 바로는 한국 정부는 중국 내 거주 또는 체류 중인 한국인을 파악하지 못하고 있다. 이들에게 연락할 수 있는 비상 연락망도 존재하지 않는다.[399] 언론 매체는 상황을 전달할 수는 있지만 구체적인 탈출 정보를 제공하기 어렵다. 보안을 유지하며 교민들 간에 신뢰받는 연락망이 있어야 할 것이다.

중국 내 한국 교민은 정확한 숫자는 알 수 없지만 적어도 수십만 단위일 것으로 추정된다. 이들이 어느 날 갑자기 '오늘 한국과 중국이 전쟁에 들어갔어'라는 소식을 들으면 어떻게 될까? 그야말로 패닉이 아닐 수 없다. 그래서 필자는 중국 내 한인들이 어느 날 한중 간 전쟁 발발 시의 행동 강령, 비상연락 수단, 자위 수단 등을 준비해야 할 것이라고 본다. 이에 대해 한국 정부는 아무 일도 할 수 없거나 하지 않을 것이다.

또한 전쟁이 일어나면 한인 주변의 중국인들에 의해 신변을 위협받을 수 있다. 그래서 일차적으로 자신과 가족을 지킬 수 있는 방법을 강구해야 한다. 경우에 따라서는 중국 정부가 보호의 명분으로 수용소에 수용할 수 있다. 팬데믹으로 도시마다 수십만 명이 들어가는 방창의원을 만든 중국이다. 한국인들을 '보호'하기 위한 수용 시설을 준비하는 것은 아무 문제도 아니다. 그렇게 해서 많은 한국인이 사실상 인질로 중국 대륙에 잡혀 있게 될 수 있다. 한국 정부가 할 수 있는 일은 비난 성명을 내는 정도일 것이다.

필자 생각으로는 한국 정부는 이런 경우를 대비하여 제3국의 협력을 확보해놓아야 한다. 안전하게 중국에서 한국까지 올 수 있도록 중한 양쪽 모두 관계가 좋거나 중국이 무시할 수 없는 국가의 협력이 필요하다. 또 해당 국가에서 한국까지 오는 노선의 안전이 확보되어야 한다. 일단 전쟁이 발발하면 서태평양 일대가 모두 위험한 공역이 되어 민간 항공기의 비행이 어려울 수 있다. 철도가 가장 안전한 수단이 될 것이고, 러시아나 몽고, 그리고 베트남 등으로 일단 신속히 대피하는 것이다. 물론 이들 국가와의 우호 관계가 지속된다면 말이다. 경우에 따라서는 이들 나라에 장기 체류할 가능성도 배제할 수 없으니 이 또한 고려 사항이다. 필자는 민간 차원에서 이런 비상 계획을 세우고 필요한 거점들을 미리 마련해놓아야 하는 것이 아닌가라는 생각을 해본다. 그리고 외로이 노력하고 있다.

한국인들이 이런 상황에 처하면 한국 기업에는 어떤 일이 기다리고 있을까? 한국 기업들이 중국에 투자하여 설립한 기업과 보유 자산은 무사할 수 있을까? 그럴 리가 없다. 적대국의 자산을 인정하고 정상적인 경영과 사업 활동을 허가할 중국이 아니다. 이미 러시아는 서방 국가들의 지적재산권을 무효화하는 조치를 취했다. 중국은 법제도상으로도 문제가 없기 때문에 한국 기업들의 중국 내 자산들을 몰수할 것이다. 중국 내 한국 자산들이 동결될 것으로 생각하면 안된다. 북한의 개성 공단에서 일어났던 일을 생각해보면 크게 다르지 않을 것이다. 중국에 설립한 한국 기업들은 대부분 중국 파트너가 있다. 그들이 이어받아 운영하게 될 것이다. 시안의 삼성전자 반도체 공장이나 우시의 SK하이닉스 공장도 중국 기업이 되어 생산하게 될 것이다.

기업체가 아니라 한국인이나 한국 기업이 투자한 금융 상품이나 주식들도 몰수될 가능성이 크다. 물론 한국에만 해당되는 이야기는 아니다. 미국 국적의 기업이나 자연인이 보유한 중국 내 자산도 마찬가지로 동결되거나 몰수될 것이다.

한중 간의 무역은 중지될 것이고 당장 공급받던 식자재와 원자재, 그리고 부품과 원료가 중단될 것이다. 요소수는 물론이고 거의 대부분 공장이 원료나 부품을 공급받지 못해 생산에 큰 차질을 빚을 것이다. 한국이 중국으로부터 수입하는 규모는 2021년 1,386억 달러였다. 갑자기 177조 원이 넘은 규모의 수입이 막히는 것이다. 우리 사회에 어떤 충격을 줄지 눈앞에 선하다. 당장 동네 마트에서 식료품을 구하기 어려워질 것이다.

이 상황이 발생하는 시점에서는 세계 각국이 모두 공급망 안보에 이리 뛰고 저리 뛸 것이기 때문에 일이 벌어지고 나서 한국 정부가 대책을 마련하려고 하면 이미 늦을 것이다. 다른 나라에 비해 한국은 무역 의존도가 높기에 대체 공급망을 마련하는 데 훨씬 큰 어려움을 겪을 것이고, 해결에 걸리는 시간도 오래 걸릴 것이다. 그래서 공급망 안보를 하려면 지금부터 신속히 진행해나가야 한다.

중국으로의 수출 길도 당연히 막힌다. 대중 최고 수출품인 반도체의 2021년 대중 수출 비중은 39.7%이었다. 그다음으로 수출이 큰 종목들을 살펴보면 정밀기기가 42.5%, 디스플레이 35.2%, 세라믹 32.3%, 통신기기 27.9% 등이다. 그러나 2022년 8월 보도를 보면[400] 한국의 10대 수출 품목은 2022년 7월 기준 대중 수출액은 반도체만 10.9% 증가했을 뿐 자동차 부품은 대중 수출액이 24.9% 줄었고, 석유화학은 14.1%, 무선통신은 13.0% 감소했다. 이 밖에 철강(−8.3%), 석유제품(−1.2%)도 수출이 줄었다. 디스플레이는 수출 감소율이 34.1%에 달했다. 수출 감소로 타격을 받던 산업들이 폭망하는 사태가 될 것이다.

한마디로 미리 준비하지 않으면 미중 전쟁이 일어나고 한국이 휩쓸려 들어갈 때 한국의 경제는 심장마비 상황이 될 것이다. 그리고 한국 사회는 전쟁 상황과 맞물려 공급망 멜트다운이 일어나며 엄청난 혼란에 휩싸일 것이다. 정부는 허우적거리며 어떠한 유효한 조치를 취하지 못할 가능성이 크다. 이 또한 우리가, 우리 보통 사람들이 알아서 미리 준비하지 않으면 안 되는 일들인 것이다.

최선의 길은 과연 무엇인가

우리에게 남겨진 길은 이렇게 중국이 타이완을 공격하는 것을 보며 이러지도 저러지도 못하고 있다가 정작 전쟁이 발발하면 북한과 중국에게 공격당하고 경제·사회적 피해, 그리고 무엇보다도 귀중한 국민들의 생명을 위협받는 것밖에 다른 선택은 없는가?

필자는 그렇게 생각하지 않는다. 한국이 좁은 반경 500km의 안목과 사고에서 벗어나 5,000km의 지정학적 환경을 숙고한다면, 그리고 자신이 옳다고 믿는 길을 갈 만큼 자기 운명을 개척할 생각이 있다면 이러한 길에서 벗어나 더 나은 미래를 개척할 수 있다고 생각한다.

미중 전쟁과 함께 한국에서 사단을 만들 북한을 먼저 생각해보

자. 북한이라는 존재가 없으면 중국은 북한을 이용하여 한반도에 위기 상황을 만들 수 없다. 그러면 북한을 통제할 실력이 정말 한국에게 없는가? 어째서 우리는 세계 최빈국 중의 하나인 북한을 그렇게도 위협이라고 이야기하는가? 어째서 우리는 북한이 위협이라면서 위협을 적극적으로 제거하려고 하지 않는가? 제거할 수가 없다면 어째서 우리는 북한과 평화롭게 지내려 하지 않는가? 왜 우리는 항상 북한의 안보 위협을 이야기하지만 정작 북한에 대해서는 어떤 행동도 하지 않는가?

한국의 우파는 언제나 북한의 군사적 위협이 심각하다면서 미군이 주둔하여 한국의 안보를 지켜주지 않으면 안 된다고 말한다. 그리고 놀랍게도 실제로 그 말을 믿는 사람들이 적지 않다. 이런 한국 우파의 주장은 카토연구소Cato Institute의 더그 밴도우Doug Bandow 선임 펠로우 같은 사람이 미국의 주한미군 분담금을 놓고 한국 입장에서는 적지 않은 금액이지만 미국 시각에서는 트럼프 행정부 대비 매우 적은 금액이며, 만일 미군이 없다면 한국은 국방비 지출을 수십억 달러 늘려야 할 것이라고 말하는[401] 배경이 되고 있다.

그러나 CFRthe Council on Foreign Relations의 스콧 스나이더는 이제 한미 연합 관계의 중점은 대중국 관계라고 했다. 더그 밴도우는 미국은 한국의 미군 기지를 활용하여 아시아 다른 지역의 방위를 하고자 하지만 한국 입장에서는 이는 악몽일 수밖에 없다고 했다. 왜냐하면 미국이 관심 있는 것은 중국인데, 한국이 자국의 위협을 무릅쓰고 중국과 군사적으로 대항하지는 않을 것이기 때문이다.

하지만 그는 북한이 2차 핵 타격 능력을 가지게 되면 한미 동맹은 혼란에 빠질 것이라고 했다. 그런 상황에서 한반도의 재래식 전쟁에 미국이 참여하는 것은 위험이 너무 크며, 그렇게 되면 미 대통령은 핵전쟁을 치르든가 한반도에서 철수해야 할 것이라고 했다. 그래서 한국인들은 미국은 언젠가는 한반도에서 철수할 것이고, 중국은 영원히 인접국일 수밖에 없다는 것을 알고 있다는 것이다.

어떤가? 북한의 핵 보유가 정말로 2차 타격 능력을 의미할 정도가 되면 미국은 북한을 공격하여 핵 보유를 다시는 꿈꿀 수 없을 정도로 만들어주든가, 아니면 미국은 한반도에서 철수해야 한다는 것이다.

지난 20세기 권위주의 정권에서 주장해오던 북한 위협론은 현재도 북한이 위협이라는 점에서는 마찬가지이지만 그 내용은 이제 많이 다르다. 재래식 전력으로 북한이 남한의 위협이 될 수 없다는 것은 이제 상식이며, 체제 경쟁에서 북한이 한국을 이긴다는 것도 불가능한 이야기이다. 그렇기에 북한은 오히려 안보의 위협을 느끼며 핵을 개발하고 있다는 것은 주지의 사실이다. 그러나 북한이 대륙간 탄도 미사일을 개발하는 것은 스콧 스나이더의 논리대로라면 자신의 죽음을 재촉하는 일이다.

중국이나 러시아는 줄곧 한반도 당사자들이 대화로 풀어야 한다고 주장해왔다. 러시아 외무부 마리아 자카로바Maria Zakharova 대표는 지역의 문제를 정치·외교적으로 해결하는 것 외에는 합리적인 대안이 없다고 강조했다.[402] 그 말이 맞다. 전쟁이 아닌 대화로 풀어야 한다. 그러나 지금까지의 남북 대화는 통하지 않았다. 보수 우파 정권방식의 대화는 당연히 먹히지 않았고 노무현, 문재인으로 이어지는 진보 정권의 대화 방식에도 북한은 제대로 응하지 않았다. 그래서 필자는 기존의 대화 방식이 아닌 새로운 방식을 사용해야 한다고 생각한다.

우리가 먼저 선제공격을 해야 한다

그것은 바로 중국이 타이완이나 한국을 공격하기 전후에 한국이 북한을 공격해야 한다는 것이다. 북한은 시도 때도 없이 도발을 하고 있으니 북한을 공격할 이유와 명분은 차고 넘친다. 필요한 것은 정말로 진지하게 북한을 공격하여 점령하고 통치할 결의와 실행이다.

지금까지 한국 우파는 입으로는 대북 강경책을 떠들지만 실제는 미국에 의존하는 매우 비정상적인 모습을 보였다. 본인은 국방의 의무도 지지 않고 자식들은 미국 국적을 취득하게 하면서 걸핏하면 대북 강경책을 떠드는 정치인들도 다수 보아왔다. 이들의 말하는 대북 강경은 술집에서 아저씨들이 군대 경험을 안주 삼아 떠드는 것과 근본적으로 차이가 없다. 실행할 생각이 없는 것이다. 그러나 지금은 한국이 원해서가 아니라 국제 정세가 한반도를 위험 속에 몰아넣는 중이다. 이들을 믿고 무대책, 무전략으로 시간을 허비하다가는 큰일 날 수 있다.

우리는 북한을 가능한 단기간에 점령하고 중국과의 국경선을 지키는 작전을 수립하고 실행 태세를 갖추어야 한다. 그리고 이런 전략에 대한 공감대는 정치권은 물론이고 사회 전반적으로 이루어야 한다. 한국의 정치 문화상 어느 한 진영이 주장하면 다른 진영이 죽어라 반대하겠지만 이런 논의가 진행되면 결국은 일어날 가능성이 있는 일 중 하나로 자리 잡을 것이다.

한국이 북침을 준비하면 한반도의 정세는 완전히 다른 양상을 띠게 된다. 북한은 패닉 상태에 들어가게 된다. 만일 북한이 참지 못하고 도발해온다면 감사합니다 하며 전면적인 공격에 들어간다. 제공권은 한국 편에 있으니 가장 먼저 핵 시설과 미사일 자산들을 공격하여 파괴한다. 신속한 선제공격으로 북한 대부분의 화력을 단시간 내에 무력화한다. 한국 육군이 진격하며 막강한 화력으로 북한의 군사 기지들을 제거해나가면 인민해방군이 추정한 것처럼 1주일 이내에 압록강에 도달할 수 있을 것이다. 또 도달하지 못해도 상관없다. 북한은 국가로서의 기능을 상실할 것이다. 아니, 그렇게 할 수 있는 작전을 수행해야 하는 것이고, 또 그런 작전은 이미 존재하고 있을 터이다.

중국과 북한은 군사 동맹을 맺고 있다. 따라서 한국이 북한을 공격해 올라가면 중국이 개입할 수 있다. 한국의 북한 점령 의지가 강한 상황에서 중국이 개입하는 것은 한반도 전쟁이 장기화될 수 있다는 의미다. 그리고 한반도에서 대규모 군사 상황이 발생하고 있는 상황에서 중국이 타이완을 공격하기는 어렵다. 양안 전쟁에 미국이 개입할 것이 확실한 조건하에 중국이 한국군과 미군을 동시에 상대하며 타이완을 점령하는 것은 불가능하다. 게다가 일본과 호주, 영국, 캐나다가 참전할 것이다. 프랑스나 기타 국가들도 참전할 것이다. 왜냐하면 승리는 확실하고 피해는 적기 때문이다.

한국의 북진에 대한 미국의 입장은 무엇일까? 미국은 겉으로는 전쟁에 반대할지 몰라도 한국군이 단독으로 북한을 공격해 올라가면

속으로는 박수를 칠 것이다. 그러니 북한을 공격하는 좋은 명분을 하나 만들면 미국은 반대하지 않을 것이다. 북한의 핵과 미사일을 본인의 손을 안 쓰고 제거하는 것은 미국에게는 너무나 좋은 일이다.

이런 상황에서 중국 인민해방군이 한국전쟁 때처럼 한반도에 개입하면 미국도 개입의 명분이 생긴다. 그리고 중국도 한국전쟁 때처럼 대량의 병력과 군사 자산을 한반도에서 소모할 수 없다. 그랬다가는 중국의 조국 통일 과업의 가능성이 날아가 버린다.

결론은 우리야말로 조국 통일의 과업을 이룰 수 있다는 말이다. 그렇게 북한을 점령하고 압록강과 두만강에 한국의 군사 자산들이 도달하면 중국은 한국과 주한미군을 겨냥한 군사 배치를 하지 않을 수 없고, 이로 인해 상당 기간 타이완 공격은 엄두를 내지 못할 것이다.

필자의 주장은 상황이 이러하니 중국의 타이완 공격이나 사드 공격이 있을 시 우리는 어설프게 미군을 따라 타이완 해협으로 나갈 것이 아니라 북한을 공격해야 한다는 말이다. 설령 그 시점에 북한이 도발을 하고 있지 않다고 하더라도 말이다. 그리고 비례 보복 이런 것이 아니라 대규모 공격을 하며 북한을 점령해나가야 한다.

그렇게 우리는 한반도 통일을 이루어야 한다. 양안 전쟁이나 인도-태평양 전쟁은 우리가 통일을 이룰 절대적인 기회이다. 필자는 전쟁을 좋아하는 사람도 아니고 공산당을 미워하는 사람도 아니다. 다만 현재 우리가 처한 상황에서 택할 수 있는 최선의 선택이 북진 통일이라는 주장이다.

북진을 하면 주전쟁터가 남한이 아닌 북한 땅이 된다. 한국의 피해를 최소화할 수 있다. 양안 전쟁에 우리가 목숨 바쳐 싸우면 타이완을 지킨다. 그러나 우리가 북진을 하면 타이완도 구하고 통일도 이룬다. 그러니 왜 우리가 북진을 하지 않겠는가?

중국과의 평화 조약 성공의 경우

한 걸음 더 나아가 미군은 북한 지역에 동반 진출하여 자신들이 필요로 하는 곳을 군사 기지화하거나 사드 레이더를 설치하려 할지 모른다. 중국으로서는 결코 좌시할 수 없는 일이다. 그리고 러시아도 마찬가지이다.

북한을 확보한 후 통일 한국을 유지하려면 국경을 접하고 지내야 하는 중국 및 러시아와의 관계를 확보해야 한다. 다시 말해 중국과 러시아가 통일 한국을 인정하고 정상적인 국가 관계를 맺어야 한다.

중국과 러시아의 통일 한국에 대한 가장 큰 관심사는 당연히 안보다. 그리고 그들에게 있어 통일 한국은 위협이며, 특히 주한미군의 존재는 절대 용납할 수 없는 위협이다. 그러므로 한반도 전쟁이 어떤 식으로 시작되든 전쟁이 종식되고 평화가 찾아오기 위해서는 두 가지 조건이 성립해야 한다. 첫째는 한국이 중·러의 공격을 막아낼 수 있는 군사력을 가져야 하고, 둘째는 중·러가 안심할 수 있게 주한미군은 철수해야 한다는 것이다. 그것이 가능할까?

필자는 주한미군이 철수하고 한국이 중·미 사이에서 중립을 선언하는 방식의 협약이 한·미·중 간에 가능하다고 생각한다. 중국 입장에서 미국 없는 한국은 충분히 중요한 가상 적국이지만, 국가 안보의 절대적 위협이 된다고는 보지 않는다. 위협이 되는 것은 미군이다. 미군이 철수하고 한국만 안보 위협이 되는 상황이라면 중국은 자국을 방위할 충분한 무력을 보유하고 있다.

반면 한국 입장에서는 미군의 지원 없이 중국의 공격을 막을 수 있는 자주국방 태세를 갖추어야 한다. 이것이 전제되지 않으면 북한을 공격해 올라가는 것은 생각하기 어렵다. 그리고 한국은 중국이 전력을 다해 공격한다 해도 만만한 상대가 아니다. 게다가 한국이 중국에게 점령당하는 것은 미국의 국익에 반한다. 미국은 자국의 이익에 합당하다면 지원한다. 최소한 우크라이나 식의 진보적 가치 전략 방식의 지원은 할 것이다. 그리고 전 국민이 군인이나 마찬가지인 한국은 그 정도 지원이면 충분히 자국을 방어할 수 있다고 본다.

중국은 통일 한국보다 통일 중국이 더 중요하다. 한국을 공격할 자원과 노력이 있으면, 타이완을 공격할 것이다. 미국은 중국의 타이완 공격을 막아야 하며 현 상황에서는 한국을 방어하는 것보다 타이완 방어를 우선할 것이다. 한국이 무너지면 일본이 있다. 아직 제1도련 속에서 중국을 막을 수 있는 것이다. 그러나 타이완이 무너지면 제1도련이 무너지고 제2도련상의 하와이와 괌 기지 등이 노출된다. 미국 본토 서해안의 시애틀, 샌프란시스코, L.A. 등이 모두 노출된다. 한국이 중국을 막아주는 역할을 하며 통일 한국이라는 육지로 연결되는 국경선으로 중국과 대치하면 중국은 타이완을 공격하기 어렵다. 중국을 제1도련으로 막는 전략은 훌륭하게 유지된다.

그러니 미국과 한국은 각각 타이완과 북한을 상대하는 것이 최선이다. 중국이 이 두 전쟁을 동시에 치르기 어렵기 때문이다. 중국이 타이완을 포기하면 미국은 한국을 지원할 수 있고, 중국이 한국을 포기하면 미국은 타이완을 지원할 수 있다. 한마디로 중국이 타이완과 한국을 동시에 공격하는 것은 무모한 짓이다.

그러므로 한국이 중국에게 평화 협정을 제시하는 것은 중국에게는 충분히 고려할 만한 대안이다. 중국이 타이완에게만 집중할 수 있게 해주기 때문이다. 중국은 사실상 한국에게 줄곧 미중 전쟁 시 중립을 지키면 한반도 문제를 양보하겠다는 암시를 해왔다고 필자는 본다. 그리고 이제 한국이 진지하게 이 조건을 북한을 통합할 실질적 준비를 마치고 협의하면 중국은 이에 대응할 가능성이 크다.

중국이 이 협상에 동의하여 한중 평화 협정을 맺는다면 그 조건은 아마도 다음과 같은 것이 될 것이다.

- 한중 양국은 서로 침략하지 않으며 다른 국가와의 무력 분쟁이 있을 경우 개입하지 않고 중립을 지킨다.
- 한국이 북한을 통합하는 것을 중국은 양해하며 중국이 타이완을 통합하는 것을 한국은 양해한다.
- 한국과 중국은 각자 자국 내에 어떠한 외국 군대도 주둔시키지 않는다.
- 한국과 중국은 상호 국가의 현 영토를 인정하며 이의를 제기하지 않는다.

중국으로서는 한국이 북한을 공격하겠다고 나서는 순간 타이완 공격은 어려워진다. 한국과 조약을 맺고 중국에게 맞서는 일이 없도록 하는 장치를 만들 수 있으면 타이완 통일을 감행할 수 있고, 만일 그러한 장치를 만들 수 없으면 타이완 통일은 물 건너간다. 중국 공산당 100년 목표의 완성, 위대한 중국몽은 날아가는 것이다. 그러므로 중국은 조건을 내세우며 협상에 임할 가능성이 있다. 중국이 협상에 임하는 순간 한반도의 평화 체제는 달성된 것이다. 북한은 움직일 수 없고 만일 움직인다면 이번에는 한국군 단독이 아닌 한미 연합군의 공격이 시작될 것이다.

중국과의 조약 실패 시

중국과의 평화 조약이 실패하더라도 한국이 북한을 공격하여 북진할 생각이라는 것을 중국이 알게 된다. 그렇게 되면 중국은 북한을 교사하여 한국에 사태를 만들기 어렵다. 배보다 배꼽이 더 큰 사태를 초래할 것이기 때문이다. 그러므로 한국 입장에서는 중국과의 평화 협정 추진은 나쁠 것이 없다.

한편 중국으로서는 타이완 침공을 포기하기는 어렵다. 만일 중국이 타이완을 공격하려면 주한미군을 공격할 수도 있지만, 한국의 북침 계획을 알고 있으므로 한국은 건드리지 않고 타이완을 공격할 수도 있다.

중국이 타이완을 공격하는 순간, 한국은 북한 공격을 시작한다. 북한을 공격하지 않으면 한국은 그다음 단계로 미국에게 이끌려 중국과의 전쟁에 휩싸이게 된다. 왜 우리 국민들이 타이완 해협에서 목숨을 잃어야 하는가? 만일 희생할 목숨이 있다면 우리 조국의 통일에 바치겠다.

그리고 한국이 북한을 공격해 올라가면 중국의 북부 전구과 중부 전구가 한국 및 미군에 대한 방어에 들어가야 한다. 타이완 공격에 투입되는 병력, 물자, 작전 옵션 등이 모두 큰 제약을 받게 된다. 미국으로서는 일본과 같이 기꺼이 함께 싸우고자 하는 큰 동맹이 있다. 한국의 참전 없어도 미국은 일본과 함께 중국과 잘 싸울 수 있다. 전혀 부족함이 없는 것이다.

중국이 만일 한국을 공격한다면 우리 국토를 지킬 뿐만 아니라 중국이 다시는 한국을 공격할 수 없도록 철저하게 응징할 필요가 있다. 사실 그것은 그렇게 어렵지 않다. 압록강을 넘어 중국 내로 진격하면 된다. 중국은 자국 영토 내의 전쟁에 취약한 국가다. 남북한은 외국 군대가 들어오면 전 국민이 목숨을 걸고 싸운다. 그리고 싸울 능력과 훈련이 되어 있다. 중국은 그렇지 않다. 앞에서 사람들이 죽어가도 자기 일이 아니면 신경 쓰지 않는 것이 중국의 문화다. 동북의 북부 전구의 군사력은 20~30만 명에 불과하다. 타이완을 공략 중이라면 중국은 그 이상의 병력 동원은 불가능하다. 갑자기 신병들을 모집해봐야 총알받이가 될 뿐이다.

중국의 동북 지역은 중원과는 랴오닝 회랑이 주 교통로이다. 예전에 백제가 동북을 공격할 때 바로 이 랴오닝 회랑의 요충지인 백석산에 진지를 구축했다. 청나라를 막아낸 명나라 오삼계는 이 랴오닝 회랑의 산해관을 이용해 막았다. 지금은 적봉, 피서산장을 통하는 도로가 나 있지만 대규모 이동은 쉽지 않으며, 몇 군데만 끊어놓아도 이용이 불가능하다. 미사일과 공군을 이용하여 랴오닝 회랑의 이동을 막아놓으면 동북은 완전히 고립된다. 그 후 동북의 전력, 난방, 식량 창고 등을 타격하면 동북은 아수라장이 된다.

인민해방군의 소 잡는 칼 전술을 거꾸로 응용하는 것이다. 동북

3성은 중앙의 지원을 받아야 하는 경제 구조이고 중앙은 동북3성의 식량을 필요로 한다. 어렵게 동북 지역에 깊이 들어가 어려운 전쟁을 할 것이 아니라 중앙과 동북 3성 간의 운송망을 끊어놓고 상대의 군사 자원과 산업 자원을 타격하며 시간을 끌면 시간은 한국에 유리하다. 그리고 중국의 인내심이 강한지 한국의 인내심이 강한지 한번 해보는 것이다. 필자 생각에는 한국이 이기는 시나리오다.

평화 통일

필자의 생각은 과격하기도 하거니와 실현 가능성이 없어 보일 것이다. 필자는 군사 전문가도 아니고 외교 전문가도 아니다. 그냥 동네 골목길에서 상상에 잠기기 좋아하는 퇴직 엔지니어일 뿐이다. 필자의 생각대로 돌아가지 않을 가능성이 더 크다는 반론에도 동의한다. 필자는 다만 여러분에게 여러 가지 가능성을 생각해볼 것을 촉구할 뿐이다.

그럼에도 불구하고 한마디는 외치고 싶다. 지금과 같은 국가 위기의 상황에서 한국이 남들에게 끌려가서는 안 된다고 말이다. 한국을 전쟁의 포화 속으로 끌어들일 수 있는 국가는 바로 북한일 수 있고, 중국일 수 있고, 미국일 수도 있고 타이완일 수도 있다. 그 원인이 되는 국가는 어떤 국가도 가능하다. 한 가지 덧붙인다면 그 여러 국가의 움직임이 모두 전쟁의 가능성을 시사한다는 것이다.

필자는 전쟁을 궁극적으로 피할 수 있는 방법이 있다고 생각한다. 다만 그 방법이 전쟁을 하지 않으면 평화로운 방법이 통하지 않을 것이라는 역설을 가지고 있다는 것이 문제이다.

지금까지 필자가 주장하는 것들이 그저 공상에 불과하다 하더라도 근본적인 차이는 조그만 실현 가능성이라도 있다면 필자의 사고방식은 상황의 주도권을 우리 손에 쥐고 흔들기 때문이다. 지금과 같이 미국이 압박하고 일본이 억누르며 중국은 주먹을 흔드는 상황에서 한국이 어찌할 바를 모르고 수동적으로만 있으면 우리 젊은이들이 아시아 공영권을 위한 희생양이 될 수 있다.

솔직히 필자의 생각은 주변 사람들에게 웃음거리가 되어왔다. 또확실한 근거나 증명 없이 모두 만일이라는 전제를 달아서 하는 상상의 세계이기 때문에 필자가 이런 상상을 계속 써내려가도 되나 하는걱정이 된다. 그러나 필자는 작가다. 즐거운 상상이라면 뭐 해볼 수도 있지 않은가? 내친김에 좀 더 상상력을 발휘해보겠다. 한·미·중이 합의를 이루면 북한은 외통수에 몰린다. 사람이든 국가든 퇴로가없으면 무슨 짓을 할지 모른다. 하물며 북한 아닌가.

그래서 미중이 어느 정도 설득이 되기 시작하면 한국은 북한과의담판이 필요하다. 중국이 필자의 각본에 어느 정도 귀를 기울인다면북한에게는 저승행 판결이나 마찬가지로 여겨질 터이다. 그런 북한을 코너로 몰지 말고 정중한 태도로 협상을 진행하는 것이다. 평화통일을 하자고.

양쪽 체제를 모두 포괄하는 체제를 지향하며 고려연방제든 뭐든통일부에서 여러 가지 방안이 있을 테니 모두 꺼내어 북한과 담판을시작한다. 북한이 그들 말로 존엄이나 체면을 손상받지 아니하고 기존 기득권인 북한 노동당이 권력을 유지할 수 있는 방식으로 남북한이 하나의 국가로 통일한다. 어차피 통일이 되고 나면 북한 체제가 무너지고 한국 체제로 흡수되는 것은 시간 문제다. 시간 문제는 시간을 들여 해결하면 된다.

일이 이렇게 진행될 수만 있다면 중국이 타이완을 공격하든 말든 한국은 북한과 평화 통일을 이야기하면서 미국과 함께 중국과 전쟁을 할 수는 없게 된다. 그리고 이 점이 중국이 평화 협상과 통일 한국을 받아들이는 이유가 될 것이다.

통일 한국으로 가는 화합적 통합은 오랜 시간이 걸리겠지만 국가를 통합하고 외교를 통일하고 군대를 통합하는 협상은 단기간 내에 이루어야 한다. 그렇지 않으면 의미가 없다. 북한이 평화 통일에 동의하지 않거나 반대를 일삼으며 시간을 끌면 즉각 공격해야 한다. 그렇지 않으면 통일 논의는 시간 낭비일 뿐이다. 북진을 하면서도 협상은 얼마든지 병행할 수 있다.

전쟁을 하든 평화 협상을 하든 전제는 한국이 자주권을 가지고 독자적인 전략에 의해 움직여야 한다는 것이다. 그리고 가장 큰 상징적인 동시에 실제적인 사항은 주한미군의 전시작전권이다. 한국이 무슨 선택을 하든 이 전시작전권은 되찾아와야 한다. 이것을 되찾지 못하면 평화든 전쟁이든 한국의 손으로 결정할 수 없다. 전시작전권이 없으면 남들의 손에 의해 싸우고 남들을 위해 희생하게 될 것이다. 미국이 전시작전권에 동의하지 않으면 그때는 한미 간의 협약을 파기해야 할 것이다.

필자는 북한이나 중국을 혼내주어야 한다는 사람들을 많이 보았지만 진지하게 한국이 어떻게 혼내줄 지를 제시하는 사람은 보지 못했다. 대부분은 북한이 나쁘다, 중국이 나쁘다고 감정을 배설한 후

이미 시작된 전쟁

미국이 혼내주어야 한다는 결론으로 끝난다. 왜 미국이 그들을 혼내주겠는가? 수많은 워게임 중에 간신히 이기는 경우를 찾을 정도로 작은 가능성이며 그나마 '재난에 가까운' 많은 생명과 손실을 감수해야 하는데 말이다.

우리의 평화는 우리 손으로 지켜야 한다. 도덕과 당위성을 주장하는 것이 아니라 현실적으로 그 방법 외에는 없다. 그리고 우리가 우리를 위한 전략을 세우고 우리의 손에 무기를 잡고 나가 우리가 직접 싸워야 한다. 그러기 위해서는 전시작전권은 필히 우리의 손에 되찾아와야 한다. 미국을 배척하자는 것이 아니다. 우리가 살려면 전시작전권이 우리 손에 있어야 한다고 주장하는 것이다. 그렇게 우리가 전쟁을 해야 역설적이만 평화 통일을 이룰 수 있을 것이다.

여러분이 이미 느꼈겠지만 필자는 이 책을 상업적 목적을 위해 쓰지 않았다. 읽기 재미있거나 쉽게 쓰지도 않았다. 이 책은 필자가 세상에 알릴 것은 알렸다는 자기 위안을 위해서 쓴 것이다. 그리고 적지 않은 사람이 이 책의 내용과 필자를 비난할 것임을 안다. 이 책의 내용이 몇몇 사람에게는 매우 불쾌할 것임도 안다. 그럼에도 불구하고 필자는 이 책의 내용을 토로하지 않으면, 이 책의 내용 중 행여 일부라도 현실이 된다면 필자의 인생 마지막 장면에 떳떳할 수 없을 것 같은 두려움으로 이 책을 썼다. 부디 필자가 이 책에 쏟아부은 내용에 모자라고 잘못된 것이 있더라도 넓은 관용의 마음을 가지고 비난해주시기를 바란다.

필자는 2022년 내내 줄곧 괴로워하고 있었다. 필자는 오래전부터 중국이 타이완을 합병하여 '통일 과업'을 완수하겠다는 국가 전략을 가지고 있다고 믿고 있었다. 그리고 가장 필자를 괴롭힌 것은 대부분 한국인이 미국과 중국의 대결이나 양안 전쟁의 가능성에 대해 충분히 인지하고 있으면서도 먼 나라 이야기하듯 하는 것이었다. 대다수 사람은 그러한 충돌이나 전쟁으로 다른 곳은 물론 한반도에서도 무력 사태가 발생할 것이며 우리의 젊은이들과 국민이 귀중한 생명과 재산을 잃게 되리라는 것을 의식하지 못하는 것이었다.

그러나 지난 수년간 필자가 이 말을 하면 사람들은 그가 중국에 사는 교민이든, 기업인이든, 또는 한국에 있는 주요 부처의 공직자이든, 심지어 정계 인사이든 필자를 정상적이라기에는 너무나도 자신만의 생각에 빠져 있는 이상한 사람으로 여겼다. 반면 필자의 눈에 전쟁의 가능성은 너무나 커지고 있었고 이 사실을 한국의 여러 사람에게 전달하고 싶은 마음은 절실해만 갔다.

필자는 최근 한국에서 몇몇 미디어와 유튜브 채널 등을 통해 조금은 한국 사회에 이름을 알릴 수 있었다. 그리고 한국 사회에 약간의 이름이 알려지자 이제는 이상한 소리를 해서 기껏 쌓아 올리기 시작한 명성을 무너뜨리지 말자고 생각했다. 하지만 동시에 시대의 변화를 자기 눈으로 보고 있는 사람으로서 이런 큰 위기를 전하지 않으면 안 된다는 생각이 있어 필자는 많은 불면의 밤을 보내야 했다.

결국 필자는 결론을 내렸다. 필자의 예상이 틀려 전쟁 없이 평화롭게 일들이 해결된다면, 그리고 그 결과적 손실이라는 것이 필자라는 한 개인이 허튼 망상자로 평가받는 정도라면 이는 우리 사회에는 천만다행인 결과이다. 반면 행여라도 필자의 예상이 맞는다면 한국이라는 국가는 너무나도 큰 인명의 손실과 참담한 결과를 맞이할 것이다. 그러니 어느 쪽이 더 중요한 것인지는 분명했다.

그래서 필자는 익명이라는 전제로 새벽부터 밤까지 반년의 시간 동안 글을 썼다. 부끄럽지만 필자는 조롱의 대상이 되는 일이 무서웠다. 그래서 출판사를 정하지 않은 상태로 무작정 글을 썼다. 익명으로 글을 쓰자니 사람들이 믿어 주지 않을 것 같아 가능한 모든 측면에서 가능한 모든 문장에 근거를 달아 독자의 신뢰를 얻으려 했다. 그러다 보니 책은 점점 중국 사회 전체를 묘사하는 작업이 되어 버렸고 결국 2022년 12월 31일 원고를 완성했을 때 주석만 1천 개가 넘었고 책으로 만들면 1천 페이지를 훌쩍 넘는 두께가 되었다. 그러자 필자의 고민은 이런 책을 과연 볼 사람이 한국에 있을까? 라는 것으로 바뀌었다.

결국 필자는 다시 본명으로 출간하기로 결심했고 다행히 출간해 줄 출판사를 찾을 수 있었다. 그 과정에서 책의 분량은 절반의 절반으로 줄어들었고, 독자들이 흥미를 유지하며 읽을 만한 부분 위주로 구성하게 되었다. 지금은 이것으로 좋다고 생각한다. 여러분들과 한국 사회가 전쟁의 가능성을 정말 진지하게 인지하고 검토하고 대책을 세우는 촉발제의 역할을 이 책이 조금이라도 할 수 있다면 필자는 대만족이다.

필자가 원고를 탈고한 후 이 책이 출간될 3월 말까지 불과 3개월 동안 국제 정치는 폭풍처럼 급변했다. 미중 관계는 예상대로 심각한 상태로 악화되고 있고 이제 많은 사람이 양안 전쟁과 미국과 중국의 무력 충돌을 예상한다. 시진핑 3기 정부가 출범하면서 더욱 확연하게 전시 체제로의 전환과 미국과의 충돌을 예고하고 있다. 그럼에도 불구하고 여전히 한국 사회는 이는 어디까지나 미국과 중국 사이의 일로 보고, 우리에게 닥칠 직접적인 영향을 심각하게 생각하고 있지 않아 보인다.

과연 한국은 이 상태로 있어도 좋은가? 한국에게 국가 전략이 있는가? 전략 없는 상태의 한국이 과연 미국, 일본, 중국, 러시아 4대 강국이 충돌하는 21세기에 살아남을 수 있을까? 여러분들도 한번 생각해 보아야 하는 것이 아닌가? 우리에게는 어떤 해법, 어떤 선택지가 있는가? 필자는 나름대로 한반도 통일 전략을 대안으로 제시했다. 필자가 양안 전쟁설로 사람들에게 이상한 사람 취급을 받았다면 한반도 통일 전략은 미친 사람 또는 '제정신이 아닌 또라이' 취급받을 공산이 크다. 필자도 이 방법만이 존재하고 이 방법만이 최선이라고 주장하는 것은 아니다. 다만 포전인옥(抛塼引玉)이 될 수 있기를 바랄 뿐이다.

필자는 이 책과 또 뒤 이을 미디어 활동을 통해 전쟁의 가능성, 특히 한국이 연루될 가능성과 그 피해에 대하여 소리를 높일 것이다. 또한 이 책의 내용 중 가장 사람들이 동의하지 못할, 광언이라고 볼 부분인 한반도 통일의 부분도 소리 높여 주장할 것이다.

이 책이 나오면 필자는 정신 나간 인간으로 평가받고 여러분들의 시선에서 사라져 갈 수도 있다. 그러나 나의 주장과 목소리가 한국이라는 나라에 국가 전략이 진지하게 만들어지는 데 기여하고, 이 국가 전략이 백 년의 국가 전략을 운영하는 중국 등 세계열강에 대응하는 데 조금이라도 기여할 수 있다면 충분히 가치가 있을 것으로 생각한다. 그럴 수만 있다면 필자는 기꺼이 미친 사람이 되고자 한다.

2023년 3월

이철

[1] DIA, 2022 CHALLENGES TO SECURITY IN SPACE

[2] Elsa B. Kania and Ian Burns McCaslin, THE PLA'S EVOLVING OUTLOOK ON URBAN WARFARE: LEARNING, TRAINING, AND IMPLICATIONS FOR TAIWAN, APRIL 2022, Institute for the Study of War.

[3] DOD, 2022 Report on Military and Security Developments Involving the People's Republic of China

[4] USCC, 2021 REPORT TO CONGRESS of the U.S.-CHINA ECONOMIC AND SECURITY REVIEW COMMISSION

[5] 김윤근 외, 중국의 국정운영에 관한 연구 - 해양 행정 및 정책을 중심으로

[6] 이성훈, 아태지역에서 미중의 군사력 비교와 시사점: 타이완해협 위기 시나리오를 중심으로, No. 171, 2022.7.

[7] 이철, 중국의 선택

[8] 한중과학기술협력센터, 중국 반도체 제조 설비 기술 개발 현황, 2021.12.

[9] Ministry of National Defense, R.O.C., "Quadrennial Defense Review, The Republic of China 2021".

[10] Ministry of National Defense, R.O.C., "ROC National Defense Report 2021".

1   Forbidden News, "AUSTRALIAN EXPERTS SAY THAT CHINA IS MOST LIKELY TO HAVE SOLDIERS IN TAIWAN IN RECENT YEARS OR WAR IN ASIA", 2021.8.9, https://www.bannedbook.org/en/bnews/headline/20210809/1603099.html

2   Mark F. Cancian , Matthew Cancian, and Eric Heginbotham, "The First Battle of the Next War: Wargaming a Chinese Invasion of Taiwan", 2023.1.9., https://www.csis.org/analysis/first-battle-next-war-wargaming-chinese-invasion-taiwan

3   Rebecca Choong Wilkins and Jon Herskovitz, "US-China Friction Gives Kim Jong Un the Freedom to Fire Away", https://www.bloomberg.com/news/articles/2022-11-04/us-china-friction-gives-kim-jong-un-the-freedom-to-fire-away?srnd=next-china

4   Laura Bicker, "脱北者:朝鲜情报系统前高官讲述毒品、武器和恐惧", 2021.10.12, https://www.bbc.com/zhongwen/simp/world-58873022

5   Andrew Salmon, "US, South Korea drills give life to Kim's worst nightmare", 2022.8.22, https://asiatimes.com/2022/08/us-south-korea-drills-give-life-to-kims-worst-nightmare/

6   桜井 紀雄, "中国外交トップが朝鮮戦争の終戦宣言支持 韓国取り込み狙う", 2021.12.3, https://www.sankei.com/article/20211203-QJBRNM7BMRPBVFTDDSSNDD2LAQ/

7   何黎, "金正恩就朝鲜粮食短缺发出警告", 2021.6.16, https://www.chineseft.com/story/001092874?archive

8   Andrea Busfield, "US, South Korea drills give life to Kim's worst nightmare", 2021.2.2, https://asiatimes.com/category/middle-east/cyprus/

9   Bradley K. Martin, "If Putin has his way, Kim Jong Un may be next", 2022.3.7, https://asiatimes.com/2022/03/if-putin-has-his-way-kim-jong-un-may-be-next/

10 渡辺 浩生, "ロシア、武器不足浮き彫り 北朝鮮から弾薬「数百万発」調達へ協議", 2022.9.7, https://www.sankei.com/article/20220907-AU2AQ3KHL5L7BHJ7ZMS5MTA3OI/

11 Anthony V. Rinna, "Russia, North Korea partners in sanctions-busting crime", 2022.11.5, https://asiatimes.com/2022/11/russia-north-korea-partners-in-sanctions-busting-crime/

12 Sungmin Cho and Oriana Skylar Mastro, "North Korea Is Becoming an Asset for China", 2022.2.3, https://www.foreignaffairs.com/articles/north-korea/2022-02-03/north-korea-becoming-asset-china

13 Daniel Sneider, "The real message behind North Korea's missile tests", 2022.1.21, https://asiatimes.com/2022/01/the-real-message-behind-north-koreas-missile-tests/

14 Eduardo Baptista, "China's ex-ambassador to Britain Liu Xiaoming named special envoy for North Korea", 2021.4.12, https://www.scmp.com/news/china/diplomacy/article/3129259/chinas-ex-ambassador-britain-liu-xiaoming-named-special-envoy

15 Laura Zhou, "China looks set to reopen border with North Korea", 2021.4.14, https://www.scmp.com/news/china/diplomacy/article/3129395/china-looks-set-reopen-border-north-korea

16 로이터, "North Korea, China resume cross-border freight train operation after COVID closures", 2022.9.26, https://www.reuters.com/world/asia-pacific/north-korea-china-resume-cross-border-freight-train-operation-yonhap-2022-09-26/

17 산케이, "北朝鮮, 対中輸出増 封鎖前を上回る", 2022.9.18, https://www.sankei.com/article/20220918-2A5HENE3WRNTRN3YVCI6WZMVXU/

18 三塚聖平, 桜井紀雄, "中国、北朝鮮間で貨物列車運行約1年半ぶりに確認", 2022.1.16, https://www.sankei.com/article/20220116-E6OLPZSXTRJOZNFXFU4AT3QSCI/

19 三塚聖平, "中国、北ICBM非難せず 対米外交カードの思惑", 2022.3.24, https://www.sankei.com/article/20220324-4RCTAR3EHBKZVPZDN7HOEQAYVI/

20 로이터, "China's Xi Jinping assures North Korean leader of cooperation under 'new situation'", 2022.2.26, https://www.scmp.com/news/china/diplomacy/article/3168504/chinas-xi-jinping-assures-north-korean-leader-cooperation

21 산케이, "北朝鮮、習氏3期目を支持 台湾で連帯、核実験配慮も", 2022.8.10, https://www.sankei.com/article/20220810-FAISSY5VI5MPNJL2FOHFTYNXBU/

22 Vincent Brooks and Ho Young Leem, "A Grand Bargain With North Korea", 2021.7.29, https://www.foreignaffairs.com/articles/united-states/2021-07-29/grand-bargain-north-korea

23 曹辛, "每周时事分析：文在寅毫不在乎中国感受", 2021.11.26, https://m.ftchinese.

com/story/001094634?adchannelID=&full=y&archive

24 Laura Zhou, "China and South Korea open new lines of communication to cut the chance of a military mishap", 2021.3.3, https://www.scmp.com/news/china/diplomacy/article/3123939/china-and-south-korea-open-new-lines-communication-cut-chance

25 桑村朋, "「習近平時代」の本当の始まり 東京大東洋文化研究所・松田康博教授", 2022.10.16, https://www.sankei.com/article/20221016-WLDRPI6HH5KOVKEGFXSTIKXFY4/

26 中文网, "独家V观 | 习近平庄严宣告: 中华大地全面建成了小康社会", 2021.7.1, http://cn.chinadaily.com.cn/a/202107/01/WS60dd2d95a3101e7ce9757bb2.html

27 Yew Lun Tian and Yimou Lee, "China's Xi pledges 'reunification' with Taiwan, gets stern rebuke", 2021.7.1, https://www.reuters.com/world/china/chinas-xi-pledges-reunification-with-taiwan-partys-birthday-2021-07-01/

28 明报, "習: 以中國式現代化推進復興 二十大報告定黨中心任務 實現第二個百年目標", 2022.10.17, https://lrl.kr/eUob

29 이철, "시진핑 주석 연설에 깃든 중국의 향후 방향", 2022.10.17, https://brunch.co.kr/@chulrhee/840

30 法广, "传台美讨论联合生产武器 美国务院: '检视所有选项'", 2022.10.19, https://lrl.kr/eUoc

31 新华网, "国台办: 习近平总书记为新的一年两岸关系指明前进方向", 2022.1.12, http://www.news.cn/politics/2022-01/12/c_1128255609.htm.

32 新华网, "台湾问题与新时代中国统一事业", http://www.news.cn/politics/2022-08/10/c_1128903097.htm.

33 明报, "新白皮書未提統一後不派軍員駐台 稱在「確保主權安全下」高度自治 盡享發展紅利", 2022.8.11, https://bit.ly/3ZFXUYF

34 Mimi Lau, "Beijing removes pledge not to station military personnel in Taiwan and offer of 'high degree of autonomy' in new reunification paper", 2022.10.11, https://www.scmp.com/news/china/politics/article/3188454/beijing-removes-pledge-not-station-military-personnel-taiwan.

35 필자는 시진핑이 말하는 '민족 부흥' 또는 '위대한 중국 민족의 부흥'이라는 말은 타이완 통일과 동의어로 생각된다.

36 明报, "習: 統一必實現 分裂國家沒好下場 辛亥革命110周年大會向台喊話 台稱歷史不容扭曲", 2021.10.10, https://bit.ly/3JxkEVk

37 Carlos Garcia and Yew Lun Tian, "China's Xi vows 'reunification' with Taiwan", 2021.10.10, https://www.reuters.com/world/china/chinas-xi-says-

reunification-with-taiwan-must-will-be-realised-2021-10-09/

38 Cindy Wang, "Taiwan's President Tsai Pushes Back After China's Xi Calls for Unification", 2021.10.10, https://www.bloomberg.com/news/articles/2021-10-10/taiwan-s-tsai-sees-unprecedented-tests-won-t-bow-to-pressure?srnd=next-china

39 安德烈, "习近平会孤注一掷武统台湾吗?", 2021.10.12, https://lrl.kr/D5gv

40 산케이, "中国に対話呼びかけ 台湾・蔡総統、双十節式典", 2022.10.10, https://www.sankei.com/article/20221010-HODVLOVIORJBZKCAQ7HJ6JOOYY/

41 安德烈, "中国知名学者郑也夫发声反对武统", 2022.1.22, https://lrl.kr/ruPj

42 김지은, "박근혜 정부, 사드 배치 2015년 초중반에 이미 결정했다", 2017.1.22, https://www.hani.co.kr/arti/politics/diplomacy/793075.html

43 弗林, "韩国外长:不容许以力量单方改变现状", 2022.8.5, https://lrl.kr/eUlo

44 외신과 외교 맥락에서 자주 나오는 이 '지역'이라는 말은 여러 나라를 아울러 부르는 말이며 한국 입장에서는 동북아 정도의 의미로 받아들이면 될 것 같다.

45 曹辛, "每周时事分析:韩国无意就国际、地区事务与中国合作", 2022.5.12, https://m.ftchinese.com/story/001096056?topnav=china&archive

46 Andrew Salmon, "Is China losing South Korea?", 2021.9.15, https://asiatimes.com/2021/09/is-china-losing-south-korea/

47 https://en.wikipedia.org/wiki/Quadrilateral_Security_Dialogue

48 何黎"拜登希望美韩峰会联合声明对华采用强硬措辞", 2021.5.20, https://m.ftchinese.com/premium/001092571?topnav=china&exclusive&archive

49 Victor Cha는 공화당 중에서도 강경파에 속한다. 북한에 대한 공격을 주장하기도 했다.

50 环球网, "干涉中国内政!文在寅访美与拜登会面, 韩美联合声明果然又提台海和南海", 2021.5.22, https://baijiahao.baidu.com/s?id=1700420233981305181&wfr=spider&for=pc

51 环球时报, "拜登在台湾问题上施压了吗?""文在寅笑了几秒后, 他这样回答", https://baijiahao.baidu.com/s?id=1700476118080359178&wfr=spider&for=pc

52 Jeong-Ho Lee, "China Reaffirms Alliance With North Korea in Bid to Check Biden", 2021.5.28, https://www.bloomberg.com/news/articles/2021-05-28/china-reaffirms-alliance-with-north-korea-in-bid-to-check-biden?srnd=next-china

53 린치 핀이란 '누구도 대신할 수 없는 꼭 필요한 존재'를 뜻하는 말로 열정과 활력이 넘치며 우선순위를 조율할 줄 알고 불안에 떨지 않고 유용한 결정을 내릴 수

있는 사람들을 의미한다.

54 Park Chan-kyong, "China's Wang Yi slams US move for South Korea to join 'outdated' Five Eyes alliance", 2021.9.15, https://www.scmp.com/week-asia/politics/article/3148806/chinas-top-diplomat-wang-yi-slams-us-move-south-korea-join

55 Laura Zhou and Rachel Zhang, "South Korea, US set to move closer under Joe Biden, but China has concerns", 2021.1.30, https://www.scmp.com/news/china/diplomacy/article/3119846/south-korea-us-set-move-closer-under-joe-biden-china-has

56 안성용, "'대사 처음해봐서 몰랐다'…꼭 해봐야 아나?[베이징 노트]", 2022.9.6, https://www.nocutnews.co.kr/news/5813188.

57 김지산, "정재호 주중 대사 특파원들이 룰 어겨서…", 2022.10.9, https://news.mt.co.kr/mtview.php?no=2022100918101996988.

58 夏榕, "战略模糊与否 中国认定'美国会军事干预' 驻韩美军司令首提有必要因应共军侵台", 2022.9.21, https://bit.ly/3YIjKte

59 그러나 이에 대해서 미 전투기가 2시간 반을 비행하여 타이완 공역까지 가려면 중간에 연료를 공급해야 하고 연료를 공급하는 탱커들은 스텔스 기능이 없기 때문에 중국에게 곧바로 탐지된다는 의견도 있다.

60 VOA, "US Looking to Japan, South Korea Allies to Assist in Resisting China's Expansion", 2022.2.15, https://www.voanews.com/a/us-looking-to-japan-south-korea-allies-to-assist-in-resisting-china-s-expansion-/6442807.html

61 YTN, "'욱일기' 이즈모함서 관함식 사열…한국 해군 경례", 2022.11.6, https://www.ytn.co.kr/_ln/0104_202211061752466465

62 古莉, "美韩首脑宣布合作重点扩展到朝鲜半岛以外", 2022.5.21, https://bit.ly/3laZ5Ak

63 https://bit.ly/3yumi3L

64 William Zheng, "Risk of Taiwan Strait conflict 'at all-time high', Beijing-backed think tank says", 2021.5.21, https://www.scmp.com/news/china/military/article/3134248/risk-taiwan-strait-conflict-all-time-high-beijing-backed-think

65 Matt Ho, "China bans Taiwanese pineapples over biosafety fears", 2021.2.26, https://www.scmp.com/news/china/politics/article/3123316/china-bans-taiwanese-pineapples-over-biosafety-fears

66 타이완 정부는 대중 과일 판매량의 약 40%를 차지하는 파인애플 농가를 돕기 위해 3,600만 달러 지출을 결정했다.

67 陈民峰, "台湾主动提出恢复两岸交流措施盼大陆相对回应", 2021.3.19, https://bit.ly/3l61T1P

68 麦燕庭, "曾支持「台独」在华台商被指违规罚款3650万元 学者忧起寒蝉效应", 2021.11.23, https://bit.ly/3yEIist

69 BBC, "中国惩处台湾远东集团 背后的政治和经济考量", 2021.11.26, https://www.bbc.com/zhongwen/simp/chinese-news-59416392

70 明报, "東部戰區續軍演 美稱將派艦穿台海 解放軍演練聯合封控聯合保障", 2022.8.10, https://bit.ly/3ZHGFq2

71 席佳琳, "习近平警告美国不要干涉台湾事务", 2022.10.17, https://m.ftchinese.com/premium/001097574?topnav=china&exclusive&archive

72 黄安伟 and John Ismay, "美国计划强化台湾武器储备", 2022.10.10, https://cn.nytimes.com/asia-pacific/20221010/taiwan-biden-weapons-china/

73 산케이, "「台湾侵攻迫っていない」米長官、演習常態化警戒", 2022.10.3, https://www.sankei.com/article/20221003-2XXEH32M6VI4BHNDPNXG3NV4YQ/

74 한국군사문제연구원 재인용

75 Project 2049 Institute, 인도-태평양 지역에 중점을 둔 미국의 비영리 연구 기관

76 李澄欣, "中共二十大: '反台独'写入党章后台湾是否'更危险'?", 2022.10.25, https://www.bbc.com/zhongwen/simp/chinese-news-63382267

77 明报, "邱國正:中共軍委名單示對台強硬", 2022.10.25, https://bit.ly/3FgUxPG

78 Bloomberg, "China Says It's Historically 'Closer Than Ever' to Taiwan Unity", 2022.10.26, https://www.bloomberg.com/news/articles/2022-10-26/china-says-it-s-historically-closer-than-ever-to-taiwan-unity?srnd=next-china&leadSource=uverify%20wall

79 Laura Zhou, "Fears China is planning to attack Taiwan may be overblown, leading scholar says", 2022.7.5, https://www.scmp.com/news/china/diplomacy/article/3184098/fears-china-planning-attack-taiwan-may-be-overblown-leading

80 산케이, "「台湾・尖閣 有事誘発を懸念」75% 共同調査", 2022.3.20, https://www.sankei.com/article/20220320-3FPTXI37U5K7FEYVMDMB7POVDA/

81 小山, "美国CIA:北京紧盯乌战 吸取教训调整对台战略", 2022.5.8, https://bit.ly/3JA9GOU

82 Известия, "В ЦРУ спрогнозировали обострение конфликта вокруг Тайваня в этом десятилетии", 2022.12.17, https://iz.ru/1442246/2022-12-17/v-tcru-sprognozirovali-obostrenie-konflikta-vokrug-taivania-v-

etom-desiatiletii

83 이동규, "우크라이나 사태 이후 대만 문제의 쟁점과 전망", 2022.4.28, https://www.emerics.org:446/issueInfoView.es?article_id=46013&mid=a20200000000&board_id=4&search_option=&search_keyword=&search_year=&search_month=&currentPage=1&pageCnt=10

84 丹兰, "中国对台威胁:德国自民党批评中国使用纳粹语言", 2021.10.18, https://bit.ly/3l3ZqVJ

85 Chen Feng, "From Russia, will US expand economic war to China?", 2022.3.17, https://asiatimes.com/2022/03/from-russia-will-us-expand-economic-war-to-china/

86 BBC, "中美关系:'战略模糊还是'战略清晰'？美国对台政策之辩", 2021.5.6, https://www.bbc.com/zhongwen/simp/world-56993625

87 산케이, "「中国、かなり早期の台湾統一を決断」米国務長官", 2022.10.19, https://www.sankei.com/article/20221019-JMG4LL5FBZNS7FTBEG2GTBL3XM/

88 관영 매체가 시진핑을 소개할 때 관례적으로 중국 공산당 총서기, 중국 국가 주석, 중국 군사위원회 주석이라는 세 가지 칭호를 붙인다.

89 法广, "习近平强调'全面加强练兵备战全军精力向打仗聚焦'", 2022.11.8, https://bit.ly/3l2tcKt

90 李澄欣, "习近平连任后强势下令解放军'聚焦打仗'意味着什么", 2022.11.11, https://www.bbc.com/zhongwen/simp/chinese-news-63593809.

91 Известия, "Американский экономист заявил о фактическом начале третьей мировой войны", 2022.10.29, https://iz.ru/1417872/2022-10-29/amerikanskii-ekonomist-zaiavil-o-fakticheskom-nachale-tretei-mirovoi-voiny

92 明报, "習賀電提國家統一 朱:兩黨求同尊異 江啟臣去年沒賀電 學者:朱態度明確", 2021.9.27, https://bit.ly/3YMOo4O

93 산케이, "台湾統一後に「再教育を」中国大使発言で反発", 2022.8.11, https://www.sankei.com/article/20220811-U3AW45OECRPSZBEWBI76RFR6B4/

94 NYT, "'We Are Taiwanese': China's Growing Menace Hardens Island's Identity", 2022.1.19, https://www.nytimes.com/2022/01/19/world/asia/taiwan-china-identity.html

95 阿曼亭, "面对中国入侵威胁,台湾人正在平静地做着最坏的打", 2022.10.11, https://bit.ly/4211zlD

96 이철재, ""전쟁 1주일만 버티면 된다"…中과 맞서는 대만 비밀병기", 2019.5.9,

https://www.joongang.co.kr/article/23458992#home.

97 陳禹瑄, "投資黑熊學院VS.買下蘋果日報:幫曹興誠打算盤", 2022.12.20, https://bit.ly/3YIAwbJ

98 Aidan L. P. Greer and Chris Bassle, "RESIST TO DETER: WHY TAIWAN NEEDS TO FOCUS ON IRREGULAR WARFARE", 2022.12.19, https://mwi. usma.edu/resist-to-deter-why-taiwan-needs-to-focus-on-irregular-warfare/

99 SCMP, "False Taiwan TV invasion report leads to resignations, investigation", 2022.4.22, https://www.scmp.com/news/china/politics/article/3175160/ false-taiwan-tv-invasion-report-leads-resignations

100 Rupert Wingfield-Hayes, "BBC专访台湾外交部长吴钊燮:'保卫台湾是我们 自己的责任'", 2022.8.8, https://www.bbc.com/zhongwen/simp/world-62 454372

101 소티는 비행기나 함선 하나가 출격하여 작전을 하고 돌아오는 것까지를 하나로 계산하는 활동 단위이다.

102 Liu Zhen, "'Taiwan independence means war': China's defence ministry warns Joe Biden against siding with Taipei", 2021.1.28, https://www. scmp.com/news/china/military/article/3119663/taiwan-independence-means-war-chinas-defence-ministry-warns

103 Reuters, "Taiwan reports largest ever incursion by Chinese air force", 2021.3.27, https://www.scmp.com/news/world/united-states-canada/ article/3127218/taiwan-reports-largest-ever-incursion-chinese-air

104 小山, "解放军军机今大举扰台 25架次!", 2021.4.12, https://bit.ly/424JsLx

105 Ben Blanchard, "China says U.S. threatening peace as warship transits Taiwan Strait", 2021.5.19, https://www.reuters.com/world/asia-pacific/ us-warship-again-sails-through-sensitive-taiwan-strait-2021-05-18/

106 Yimou Lee and Ben Blanchard, "After massed plane incursion near Taiwan, China says must respond to 'collusion'", 2021.4.9, https://www. reuters.com/world/asia-pacific/after-massed-plane-incursion-near-taiwan-china-says-must-respond-collusion-2021-06-16/

107 산케이, "中国,台湾東部侵攻想定か演習前から情報収集活発化", 2022.8.6, https:// www.sankei.com/article/20220806-47HLDCZ4DFICHKFCY7UTHIW5VY/

108 Chao DengFollow and Joyu Wang, "China Flies a Dozen Bombers Near Taiwan, Prompting Protest From Taipei", 2021.10.5, https://www.wsj. com/articles/china-flies-a-dozen-bombers-near-taiwan-prompting-protest-from-taipei-11633365182?mod=article_inline

109 산케이, "中国軍機27機、台湾の防空識別圈に進入", 2021.11.29, https://www.sankei.com/article/20211129-TB6P7QVUFJK55LGDKMDPYPSVBA/

110 Lawrence Chung, "Taiwan scrambles jets after Beijing sends 52 aircraft to island's air defence zone in two days", 2022.1.24, https://www.scmp.com/news/china/military/article/3164494/beijing-sends-39-aircraft-taiwan-air-defence-zone-pushing

111 타이완 국방부는 매일 타이완 해협을 침범하는 인민해방군의 동태를 비행 또는 항행 궤적을 포함하여 국민들에게 브리핑하고 있다.

112 Известия, "На Тайване военные впервые открыли огонь в сторону дрона армии КНР", 2022.8.30, https://iz.ru/1387599/2022-08-30/na-taivane-voennye-vpervye-otkryli-ogon-v-storonu-drona-armii-knr

113 察客, "下午察:台湾击落大陆无人机是台海第一枪?", 2022.9.2, https://www.zaobao.com.sg/realtime/china/story20220902-1309132

114 新华网, "外交部:中国永远不会允许台湾独立", 2021.4.18, https://mp.weixin.qq.com/s/oSLGKmr-uWLilzzbFB8Eag.

115 Minnie Chan, "Upgrades for Chinese military airbases facing Taiwan hint at war plans", 2021.10.15, https://www.scmp.com/news/china/military/article/3152423/upgrades-chinese-military-airbases-facing-taiwan-hint-war-plans.

116 Известия, "Эксперты оценили вероятность вооруженного конфликта между Китаем и Тайванем", 2022.9.1, https://iz.ru/1388861/2022-09-01/eksperty-otcenili-veroiatnost-vooruzhennogo-konflikta-mezhdu-kitaem-i-taivanem.

117 산케이, "中国, 総統選後に軍事圧力台湾「武力統一」警戒", 2021.9.1, https://www.sankei.com/article/20210901-UZMHAKE5IRKZXJWSRU7ZV2XBV4/

118 小山, "新头壳:俄罗斯联邦安全局密件揭中国曾计划今秋攻台", 2022.3.15, https://bit.ly/428VOT2

119 AFP, "US must prepare now for China invasion of Taiwan: admiral", 2022.10.20, https://www.rfi.fr/en/international-news/20221020-us-must-prepare-now-for-china-invasion-of-taiwan-admiral.

120 BBC, "台湾情报首长陈明通有关台海安全和中共二十大报告:两个关注要点背后的一个关键要素", 2022.5.14, https://www.bbc.com/zhongwen/simp/chinese-news-61324052

121 Josh Chin, "Why Is Taiwan a Focal Point in U.S.-China Tensions?", 2021.10.12, https://www.wsj.com/articles/why-is-taiwan-a-focal-point-in-

u-s-china-tensions-11634057611

122 明報, "台料2025年武統 促提防西太「演習」報告提攻擊3階段 籲台軍先防空再反制", 2021.12.13, https://bit.ly/3FiYkfC

123 Mallory Shelbourne, "China's Accelerated Timeline to Take Taiwan Pushing Navy in the Pacific, Says CNO Gilday", 2022.10.19, https://news.usni.org/2022/10/19/chinas-accelerated-timeline-to-take-taiwan-pushing-navy-in-the-pacific-says-cno-gilday

124 Известия, "В ЦРУ заявили о намерениях КНР контролировать Тайвань к 2027 году", 2022.9.16, https://iz.ru/1396644/2022-09-16/v-tcru-zaiavili-o-namereniiakh-knr-kontrolirovat-taivan-k-2027-godu

125 BBC, "美印太司令部上将:解放军可能在六年内攻打台湾", 2021.3.11, https://www.bbc.com/zhongwen/simp/chinese-news-56344323

126 小山, "CIA副局长:习近平要军队2027前具武统台湾能力", 2022.9.17, https://bit.ly/42bjs0X

127 NYT, "U.S. Speeds Up Reshaping of Taiwan's Defenses to Deter China ", 2022.5.24, https://www.nytimes.com/2022/05/24/us/politics/china-taiwan-military.html

128 Comparison of China and Taiwan Military Strengths (2023), https://www.globalfirepower.com/countries-comparison-detail.php?form=form&country1=china&country2=taiwan&Submit=COMPARE

129 PAVE PAWS(PAVE Phased Array Warning System)는 냉전 시대에 핵 공격에 대한 조기 경보를 제공하기 위해 구축되었다. 1980년에 미국에 두 개가 배치되었고, 1987~1995년에는 두 개가 추가로 배치되었다. 그리고 하나가 타이완에 판매되었다. 타이완은 이 레이더의 운영에 연간 157억 6,000만NT(한화 6,800억 원)를 배정하고 있어 상당한 업그레이드가 이루어져 왔을 것으로 추정된다.

130 亓乐义, "专栏 | 军事无禁区:不对称战略—台湾应有的防卫之道", 2022.8.18, https://www.rfa.org/mandarin/zhuanlan/junshiwujinqu/mil-08182022134942.html

131 Raymond Kuo, "The Counter-Intuitive Sensibility of Taiwan's New Defense Strategy", 2021. 12. 6, https://warontherocks.com/2021/12/the-counter-intuitive-sensibility-of-taiwans-new-defense-strategy/

132 유명한 우파 논객인 엘브리지 콜비 외에 타이완이 미국의 희생에 의지하려 한다고 보는 전문가들로는 찰스 글레이저(Charles Glaser), 더그 밴도우(Doug Bandow) 등이 있다.

133 Lee Hsi-min and Eric Lee, "Taiwan's Overall Defense Concept, Explained", 2020.11.3, https://thediplomat.com/2020/11/taiwans-overall-defense-conc

ept-explained/

134 이들의 논의에는 비대칭 전략, 비대칭 전술, 비대칭 무력 등의 단어가 사용되는 데 필자 나름대로 구별해보면 비대칭 전략은 미국이 주장하는 타이완이 미사일이나 드론 등으로 중국 본토를 반격하는 것을 말하고, 비대칭 무력과 전술은 타이완에서 주로 사용하는 말로서 미사일이나 드론을 사용하여 반격하는 점에서는 동일하다. 하지만 중국 본토가 아닌 주로 타이완을 공격해 오는 적군을 상대로 사용하는 상황을 가정하며 사용된다.

135 이오성, "최근 모병제 전환한 타이완의 상황은?", 2021.5.10, https://www.sisain.co.kr/news/articleView.html?idxno=44533.

136 臺灣總統部, "強化全民國防兵力結構調整方案記者會", 2022.12.27, https://www.president.gov.tw/NEWS/27206。

137 弗林, "拜登政府首次批准对台军售 售台40门M109A6自行榴弹炮", 2021.8.5, hhttps://bit.ly/3Jw538l

138 BBC, "台湾证实最新一批美国军售 '海马士火箭'成焦点'", 2021.6.18, https://www.bbc.com/zhongwen/simp/chinese-news-57524293.

139 INDER SINGH BISHT, "Taiwan to Receive First Two Abrams Tanks in June", 2022.3.17, https://www.thedefensepost.com/2022/03/17/taiwan-to-receive-abrams-tanks/

140 이장훈, "'골리앗' 중국 급소 노리는 '다윗' 대만의 비대칭 전력", 2021.7.7, https://weekly.donga.com/List/3/all/11/2770651/1

141 Lawrence Chung, "Taiwan has missiles able to hit Beijing, former head of island's top weapons builder confirms", 2022.12.18, https://www.scmp.com/news/china/military/article/3203682/taiwan-has-missiles-able-hit-beijing-former-head-islands-top-weapons-builder-confirms#Echobox=1671364889

142 Reuters, "Taiwan boosts its defences as long-range missile goes into mass production", 2021.3.25, https://www.scmp.com/news/china/military/article/3126925/taiwan-boosts-its-defences-long-range-missile-goes-mass

143 Reuters, Taiwan 'in the process' of seeking long-range cruise missiles from US, 2021.4.19, https://www.scmp.com/news/china/military/article/3130135/taiwan-process-seeking-long-range-cruise-missiles-us

144 Yimou Lee, "Taiwan to buy new U.S. air defence missiles to guard against China", 2021.3.31, https://www.reuters.com/article/us-taiwan-defence/taiwan-to-buy-new-u-s-air-defence-missiles-to-guard-against-china-idUSKBN2BN1AA.

145 산케이, "米、台湾にミサイル運用技術を支援国務省が承認、中国を牽制", 2022.4.6, https://www.sankei.com/article/20220406-FDSGD7QLOBP5FH3JGABYE2OXZU/

146 산케이, "米、台湾にミサイルなど1500億円相当を売却へ", 2022.9.3, https://www.sankei.com/article/20220903-4Y4QL4TLW5N2ZOFTY2RU264Y7Y/

147 타이완 군사연구자 천궈밍(陳國銘)「글로벌 디펜스 매거진」주임은 BBC에 "타이완이 현재 F-35기를 가장 원하지만, 당분간 미국 정부가 타이완에 팔지 않을 것으로 예상한다"고 말했다.

148 Franz-Stefan Gady, "Taiwan Receives First Upgraded F-16 Viper Fighter Jet", 2018.10.24, https://thediplomat.com/2018/10/taiwan-receives-first-upgraded-f-16-viper-fighter-jet/

149 2022년 12월 미 국무부는 총액으로 4억 2,800만 달러 규모의 타이완에 대한 F16 전투기를 포함한 군용기 예비부품 매각을 승인하고 의회에 통보했다.

150 明報, "成軍不足兩月 台F-16V高速墜海 軍方稱機師長按通話鍵「很不正常」全程無法聯絡", 2022.1.12, https://bit.ly/3Lj5AM9

151 이장훈, "'골리앗' 중국 급소 노리는 '다윗' 대만의 비대칭 전력", 2021.7.7, https://weekly.donga.com/List/3/all/11/2770651/1

152 Lawrence Chung, "US-Taiwan relations: Biden administration gives green light to exports of key submarine technology", 2021.3.16, https://www.scmp.com/news/china/military/article/3125640/us-taiwan-relations-biden-administration-gives-green-light

153 本尼, "台湾'潜舰国造'被指获多国技术协助：计划背后的国际外交角力", 2021.12.13, https://www.bbc.com/zhongwen/simp/chinese-news-59577491.

154 Andrew Salmon, "Taiwan dives under the radar to build subs", 2021.12.9, https://asiatimes.com/2021/12/taiwan-dives-under-the-radar-to-build-subs/

155 GABRIEL HONRADA, "Taiwan tests next-generation armed drone", 2022.5.19, https://asiatimes.com/2022/05/taiwan-tests-next-generation-armed-drone/

156 위키피디아, https://bit.ly/3TcLNQH

157 Liu Zhen, "How would Taiwan's planned US$143 million defence system ward off drones from mainland China?", 2022.9.1, https://www.scmp.com/news/china/military/article/3190957/how-would-taiwans-planned-us143-million-defence-system-ward?module=storypackage&pgtype=sport

158 Mark Gongloff, "The US-China War Over Taiwan May Already Be Lost", 2022.9.20, https://www.bloomberg.com/opinion/articles/2022-09-19/the-us-china-war-over-taiwan-may-already-be-lost?srnd=next-china&leadSource=uverify%20wall.

159 Известия, "Тайвань и США подписали контракт на поставку боеприпасов и запчастей на \$45 млн", 2022.8.27, https://iz.ru/1386094/2022-08-27/taivan-i-ssha-podpisali-kontrakt-na-postavku-boepripasov-i-zapchastei-na-45-mln

160 Reuters, "Biden plans to ask Congress to approve \$1.1 bln arms sale to Taiwan- Politico", 2022.8.29, https://www.reuters.com/world/biden-plans-ask-congress-approve-11-bln-arms-sale-taiwan-politico-2022-08-29/

161 Teddy Ng, "Taiwan howitzers delayed, 'crowded out' of US production lines", 2022.5.2, https://www.scmp.com/news/china/military/article/3176220/taiwan-howitzers-delayed-crowded-out-us-production-lines

162 Gabriel Honrada, "US seeks to fast-track more arms to Taiwan", 2022.5.6, https://asiatimes.com/2022/05/us-seeks-to-fast-track-more-arms-to-taiwan/

163 Lawrence Chung, "Taiwan and US working on 'solutions' to reported delays in arms shipments to the island", 2022.11.30, https://www.scmp.com/news/china/military/article/3201421/taiwan-and-us-working-solutions-reported-delays-arms-shipments-island

164 산케이, "米、台湾と武器開発検討 中国への抑止強化、報道", 2022.10.20, https://www.sankei.com/article/20221020-6U32U2D5PBLFXHXK35BRRHEHDQ/.

165 法广, "传台美讨论联合生产武器 美国务院:'检视所有选项'", 2022.10.19, https://bit.ly/3TessP4

166 黄安伟, John Ismay, "美国计划强化台湾武器储备", 2022.10.10, https://cn.nytimes.com/asia-pacific/20221010/taiwan-biden-weapons-china/.

167 Mackenzie Eaglen, "The U.S. Military Is In Decline While China Grows More Powerful", 2022.11.8, https://www.19fortyfive.com/2022/11/the-u-s-military-is-in-decline-while-china-grows-more-powerful/

168 BBC, "俄罗斯入侵乌克兰背景下台湾"不对称战术"军事战略辩论引关注", 2022.3.25, https://www.bbc.com/zhongwen/simp/chinese-news-60858423

169 路透社, "台湾详细介绍新型先进导弹和无人机攻击能力", 2022.5.9, https://bit.ly/3JdeckJ

170 Business Insider, "US military didn't know if missile that took out Chinese 'spy balloon' would work, commander says", 2023.2.9, https://www.scmp.com/news/world/united-states-canada/article/3209558/us-military-didnt-know-if-missile-took-out-chinese-spy-balloon-would-work-commander-says

171 参考消息网, "日媒披露:台湾将于近期开始量产雄升导弹", 2022.4.23, http://www.cankaoxiaoxi.com/tw/20220423/2476989.shtml。

172 Kyodo, "Taiwanese now believe Japan is more likely than US to send troops if mainland China attacked", 2022.3.22, https://www.scmp.com/news/china/diplomacy/article/3171376/taiwanese-now-believe-japan-more-likely-us-send-troops-event.

173 BBC, "中美关系:"战略模糊"还是"战略清晰"?美国对台政策之辩", 2021.5.6, https://www.bbc.com/zhongwen/simp/world-56993625.

174 Minnie Chan, "China watches for changes to US' Taiwan policy after Kurt Campbell's comments", 2021.5.7, https://www.scmp.com/news/china/diplomacy/article/3132542/china-watches-changes-us-taiwan-policy-after-campbell-comments

175 산케이, "安倍元首相, 仏紙に寄稿「米は台湾防衛の意思を明確に」", 2022.4.19, https://www.sankei.com/article/20220419-O6VGBEPHGVIKLNK4GESVBIP6BU/

176 Reuters, "U.S. no longer sees Taiwan as a problem in China ties, official says", 2021.6.24, https://www.reuters.com/world/asia-pacific/us-no-longer-sees-taiwan-problem-china-ties-official-says-2021-06-24/

177 Kyodo, "US, Japan agree to work together in event of Beijing-Taiwan military clash, sources say", 2021.3.21, https://www.scmp.com/news/china/diplomacy/article/3126318/us-japan-agree-work-together-event-beijing-taiwan-military

178 Grant Newsham, "US Marines to join Japanese guarding remote islands", 2023.2.10, https://asiatimes.com/2023/02/us-marines-to-join-japanese-guarding-remote-islands/

179 Gabriel Honrada, "Japan building new island base to guard against China", 2023.1.16, https://asiatimes.com/2023/01/japan-building-new-island-base-to-guard-against-china/

180 肖曼, "中国军事威胁武统台湾?美国国务卿布林肯再次警告", 2021.4.11, https://bit.ly/3YEjpYB

181 陈民峰, "G7公报关切台海和平稳定台湾外交部表达欢迎及感谢", 2021.6.14, https://bit.ly/3FkPLRj

182 安德烈, "拜习会 台湾问题剑拔弩张", 2021.11.17, Reuters, https://bit.ly/3mPuU24

183 "Blinken says any move by China to invade Taiwan would have 'terrible consequences'", 2021.12.4, https://www.reuters.com/world/us/blinken-says-any-move-by-china-invade-taiwan-would-be-potentially-disastrous-2021-12-03/

184 BBC,"拜登称如果台湾遭入侵将回应,"口误"还是对台战略不再"模糊"?", 2021.8.20, https://www.bbc.com/zhongwen/simp/world-58280282

185 Focus Taiwan, "U.S. delegation sent by President Biden arrives in Taiwan", 2022.3.1, U.S. delegation sent by President Biden arrives in Taiwan.

186 Ambereen Choudhury, Natasha White and Denise Wee, "Wall Street Banks Prep for Grim China Scenarios Over Taiwan", 2022.9.26, https://www.bloomberg.com/news/articles/2022-09-26/wall-street-banks-prep-for-grim-china-scenarios-over-taiwan?srnd=next-china.

187 머니투데이, ""대만이 심상찮다" 외국기업들 탈출 대기", 2022.11.6, https://www.youtube.com/watch?v=l7gSX2JLE0g

188 Известия,"Bloomberg спрогнозировало исход возможной битвы США и КНР за Тайвань", 2022.8.9, https://iz.ru/1376941/2022-08-09/bloomberg-sprognoziroval-iskhod-vozmozhnoi-bitvy-ssha-i-knr-za-taivan

189 CSIS의 공식 워게임 보고서에서는 24회를 했다고 기술하고 있다.

190 明报, "台軍「電腦兵推」大勝解放軍 分散部署成重點", 2021.10.18, https://bit.ly/3JwyohZ

191 연합뉴스, "중국 침공 대비 대만군 대응 달라졌다…'작전구 독자 대응하라'", 2022.11. 8, https://www.youtube.com/watch?v=SQniMTXkrHc&list=WL&index=2

192 肖曼, "台湾最新民调:近九成人反对北京的"一国两制"", 2021.3.25, https://bit.ly/3mDIPbs

193 Claire Tiunn, "Taiwan's military not remotely ready for a China invasion", 2022.12.2, https://asiatimes.com/2022/12/taiwans-military-not-remotely-ready-for-a-china-invasion/.

194 吕嘉鸿,"台湾金曲奖:中国'摇滚教父'崔健得奖引发两岸热议", 2022.7.3, https://www.bbc.com/zhongwen/simp/world-62027229

195 https://www.youtube.com/watch?v=o-2Pmz36ec8

196 Cindy Wang, "Taiwan Issues War Response Handbook Over China Invasion Threat", 2022.4.12, https://www.bloomberg.com/news/articles/2022-04-12/taiwan-issues-war-response-handbook-over-china-invasion-threat?srnd=next-china

197 Известия, "Генерал ВС США Милли предупредил о риске конфликта между мировыми державами", 2022.5.22, https://iz.ru/1338076/2022-05-22/general-vs-ssha-milli-predupredil-riske-konflikta-mezhdu-mirovymi-derzhavami

198 Известия, "Американский экономист заявил о фактическом начале третьей мировой войны", 2022.10.29, https://iz.ru/1417872/2022-10-29/amerikanskii-ekonomist-zaiavil-o-fakticheskom-nachale-tretei-mirovoi-voiny

199 '혼합전'이라고도 하며 영어로는 Hybrid Warfare, 러시아어로는 Гибридная война이다. 미국이 21세기 초에 제기한 새로운 전쟁 형태로, 전통적 전쟁 수단과 비전통적 전쟁 수단을 혼합하는 것을 말한다.

200 도련선은 1980년대 중국 인민해방군 해군사령원 류화칭(劉華淸)이 창시한 것으로, 그가 주창한 '근해 적극방위전략' 약칭 '도련(島鏈, 岛链, island chain)전략'을 의미한다. 제1도련선은 쿠릴 열도에서 시작해 일본, 중화민국, 필리핀, 말라카 해협에 이르는 중국 본토 근해로서 대체로 주변 지역에 대한 완충지대 확보가 목적이다. 제2도련선은 오가사와라 제도, 괌, 사이판, 파푸아뉴기니 근해에 이르며 서태평양 연안 지대에 대한 장악이 목적이다. 제3도련선은 알류샨 열도, 하와이, 뉴질랜드 일대로 서태평양 전역에 대한 장악이 목적이다.

201 힉스의 진보적 가치 전략은 "Getting to Less? The Progressive Values Strategy"라는 글과 필자의 'Kathleen Hicks와 진보적 안보 전략'에 잘 설명이 되어 있다.

202 미국의 경우 대통령이 먼저 전쟁을 행사하고 의회의 동의는 추후에 받을 수 있다. 그러나 일단 전쟁이 발생하면 미국 의회는 적에게 약한 모습을 보이지 않기 위해 대부분 양당 모두 지지하는 모습을 보여왔다.

203 트럼프 행정부가 호전적인 모습을 보인 결과로 생각된다.

204 요즘 미국이 사용하는 말로는 '가치를 공유하는 국가들'이 될 것 같다.

205 Известия, "Байден и Трасс обсудили внешнеполитические вопросы и угрозы", 2022.9.7, https://iz.ru/1391598/2022-09-07/baiden-i-trass-obsudili-ugrozy-i-vyzovy-ot-rossii-kitaia-i-irana

206 Matt Ho, "Most people in Britain see China's rise as a top threat to security in next decade, survey finds", 2021.2.18, https://www.scmp.com/news/china/diplomacy/article/3122205/most-people-britain-see-chinas-rise-top-threat-security-next

207 Jennifer Surane and Mary Biekert, "Wall Street's China Dreams Get Jolt From U.S. Hong Kong Warning", 2021.7.17, https://www.bloomberg.com/news/articles/2021-07-16/wall-street-s-china-dreams-get-jolt-from-u-s-hong-kong-warning?srnd=next-china

208 法广, "英国BNO特许入境将到期　港人纷纷离境机场爆满", 2021.7.18, https://www.rfi.fr/cn/%E4%B8%AD%E5%9B%BD/20210718-%E8%8B%B1%E5%9B%BDbno%E7%89%B9%E8%AE%B8%E5%85%A5%E5%A2%83%E5%B0%8

6%E5%88%B0%E6%9C%9F-%E6%B8%AF%E4%BA%BA%E7%BA%B7%E-
7%BA%B7%E7%A6%BB%E5%A2%83%E6%9C%BA%E5%9C%BA%E7%88
%86%E6%BB%A1

209 弗林, "英国伊丽莎白女王号航母打击群现身南海边缘", 2021.7.26, https://
    bit.ly/3mRvaO0

210 김진아, "日 '전쟁가능' 국가 된다⋯패전77년만에 안보전략 전면 개정", 2022.12.16,
    https://www.seoul.co.kr/news/newsView.php?id=20221216500200.

211 산케이, "台湾, 日本に防空情報共有要請も⋯「拒否」の顛末", 2022.1.3, https://
    www.sankei.com/article/20220103-FCILGW4SBBPNPAWE66XFRFAGCA/

212 NATE FISCHLER, "Japan, Vietnam gently coming together against China",
    2021.9.21, https://asiatimes.com/2021/09/japan-vietnam-gently-coming-
    together-against-china/

213 古莉, "日本首相候选人岸田文雄:首要任务是对付中国", 2021.9.4, https://bit.
    ly/3ZFrhur

214 Kyodo, "Japan highlights 'strong concerns' over China's military expansion
    in annual foreign policy report", 2021.4.27, https://www.scmp.com/news/
    asia/east-asia/article/3131217/japan-highlights-strong-concerns-over-
    chinas-military-expansion

215 法广, "中日邦交正常化50周年 有日媒吁取消所有纪念活动", 2022.8.9, https://
    bit.ly/3ZFrjm3

216 小山, "日本防卫白皮书首提台湾安全倾向加强与美合作 有风险有争议?", 2021.7.13,
    https://bit.ly/3ZJ8iPl

217 산케이, "「独自」経済安保法案、情報漏洩で民間に罰則検討中国への流出防
    止", 2021.12.28, https://www.sankei.com/article/20211228-N3BEE5G
    REROSDH4C6MQGLIF77I/

218 何黎. "中日同意设立军事热线", 2021.12.28, https://m.ftchinese.com/premi
    um/001094921?topnav=china&exclusive&archive.

219 김소연, "일 '미군 공격받아도, 적기지 공격 가능' 5월에 결정했다", 2022.12.13,
    https://www.hani.co.kr/arti/international/japan/1071307.html

220 신토 요시타카는 제2차 아베 신조 내각에서 총무대신, 2013년 12월에는 내각부
    특명담당 대신(국가전략특구 담당)을 지냈다. 2011년 8월 1일 독도 분쟁과 관련
    하여 이나다 도모미와 사토 마사히사와 함께 대한민국 입국을 시도하였으나, 대
    한민국 정부의 입국 금지 방침에 따라 입국이 거부된 바 있는 우익 인물이다

221 Julian Ryall, "Aso walks back claim Japan would join US in defence of
    Taiwan if mainland Chinese forces invade", 2021.7.6, https://www.

scmp.com/week-asia/politics/article/3139995/aso-walks-back-claim-japan-would-join-us-defence-taiwan-if?module=lead_hero_story_1&pgtype=homepage

222 Julian Ryall, "Japan's ground troops to get transport ships amid concerns over China's military build-up in Indo-Pacific ", 2021.2.15, https://www.scmp.com/week-asia/politics/article/3121781/japans-ground-troops-get-transport-ships-amid-concerns-over

223 산케이, "中国艦艇3隻が対馬通過ロシア演習に参加の可能性", 2022.8.31, https://www.sankei.com/article/20220831-OGCP3E3TYZL5JBOCCOP2J6T3QE/

224 산케이, "中国機が連日の沖縄通過 空自スクランブル", 2019.11.1, https://www.sankei.com/article/20211101-6HFGXUICVBOM5NDZ43MWE5ZDVE/

225 산케이, "中露艦艇が尖閣接続水域進入両国連携でアピールか", 2022.7.4, https://www.sankei.com/article/20220704-YSM2TBXHPFMPRIEWCJO5BAJ54U/

226 Reuters, "Japan considers deploying long-range missiles to counter China, Yomiuri reports", 2022.8.21, https://www.reuters.com/world/asia-pacific/japan-considers-deploying-long-range-missiles-counter-china-yomiuri-2022-08-21/

227 산케이, "政府、英新政権と安保協力強化へ 中露を念頭", 2022.9.5, https://www.sankei.com/article/20220905-DHS2GF4TQZP6JJ57CHWLJIB5AQ/

228 弗林, "日英据报下月将签署《互惠准入协定》", 2022.11.6, https://bit.ly/3mQz7m7

229 산케이, "日米首脳会談 同盟で台湾防衛に当たれ 日本はIPEFに積極関与を", 2022.5.24, https://www.sankei.com/article/20220524-K7SIYYHDKBJ23IONDYPC5QUZFE/

230 https://www.youtube.com/watch?v=O9OSbXjuqUU

231 Известия, "Джонсон посоветовал Франции "взять себя в руки" на фоне создания AUKUS", 2021.9.22, https://iz.ru/1225422/2021-09-22/dzhonson-posovetoval-frantcii-vziat-sebia-v-ruki-na-fone-sozdaniia-aukus

232 https://www.youtube.com/watch?v=-T4cKuLmS4E

233 The Arab Weekly, "AUKUS deal could strengthen Iran's nuclear ambitions", 2021.9.23, https://thearabweekly.com/aukus-deal-could-strengthen-irans-nuclear-ambitions.

234 Frances Mao, "Aukus: Australia's big gamble on the US over China", 2021.9.22, https://www.bbc.com/news/world-australia-58635393.

235 环球网, "外媒:马来西亚防长将访华 并就AUKUS寻求中国意见", 2021.9.23, https://news.sina.com.cn/w/2021-09-23/doc-iktzscyx5907309.shtml

236 Richard Javad Heydarian, "AUKUS sub deal splits ASEAN into pro and anti camps", 2021.9.23, https://asiatimes.com/2021/09/aukus-sub-deal-splits-asean-into-pro-and-con-camps/

237 East Asia Forum, "ASEAN responses to AUKUS security dynamic", 2021.11.28, https://www.eastasiaforum.org/2021/11/28/asean-responses-to-aukus-security-dynamic/

238 산케이, "豪空軍演習に日独が初参加計17カ国 中国を意識", 2022.8.20, https://www.sankei.com/article/20220820-J24UHVKXYBOTPBKKMNX2YNFDJE/

239 Kirsty Needham, "China rebukes Australia for "Cold War mentality" after Belt and Road accords cancelled", 2021.4.23, https://www.reuters.com/world/asia-pacific/australia-says-it-cancelled-state-deals-chinas-belt-road-over-national-interest-2021-04-22/

240 弗林, "美国务院批准向澳洲出售12架"海鹰"直升机", 2021.10.9, https://bit.ly/40k2Xyb

241 Reuters, "Australia says disconnect between China's peace push and 'alarming' actions as spy ship sails off its coast", 2021.11.26, https://www.scmp.com/news/asia/australasia/article/3157457/australia-says-disconnect-between-chinas-peace-push-and

242 Reuters, "Australia says Chinese navy ship fired laser at military aircraft", 2022.2.19, https://www.scmp.com/news/asia/australasia/article/3167676/australia-says-chinese-navy-ship-fired-laser-military

243 何黎. "澳大利亚称发现中国军舰靠近其海岸", 2022.5.13, https://m.ftchinese.com/premium/001096083?topnav=china&archive

244 Daniel Senider, "Japan politics on a precipice but US barely notices", 2021.9.22, https://asiatimes.com/2021/09/japan-politics-on-a-precipice-but-us-barely-notices/

245 Известия, "Нашли QUAD: для чего лидеры Австралии, США, Индии и Японии встречаются лично", 2021.9.23, https://iz.ru/1225783/natalia-portiakova/nashli-quad-dlia-chego-lidery-avstralii-ssha-indii-i-iaponii-vstrechaiutsia-lichno

246 Alexei Druzhinin, "After AUKUS, Russia sees a potential threat — and an opportunity to market its own submarines", 2021.9.23, https://theconversation.com/after-aukus-russia-sees-a-potential-threat-and-an-opportunity-to-market-its-own-submarines-168374

247 Joseph Ataman and Ben Westcott, "French ambassador to the US says they 'absolutely weren't informed' of submarine deal", 2021.9.20, https://edition.cnn.com/2021/09/20/europe/france-us-australia-submarine-aukus-intl-hnk/index.html

248 동아일보, "정의용, '미국·호주, '오커스 출범' 한국에 미리 알려줬다'", 2021.9.24, https://www.donga.com/news/Politics/article/all/20210924/109385798/1

249 Nam Hyun-woo, "AUKUS comes as pressure on Seoul to join anti-China campaign", 2021.9.23, https://www.koreatimes.co.kr/www/nation/2021/09/120_315914.html

250 斯影, "Quad四方安全对话:美、澳、印、日领导人举行会谈 聚焦台湾、半导体供应链和疫苗分配", 2021.9.23, https://www.bbc.com/zhongwen/simp/world-58647912

251 艾米, "四方安全对话(QUAD)首次面对面峰会 中国如影相随", 2021.9.24, https://bit.ly/3JdDrn0

252 Joseph Stepansky, "'Here to stay': Indo-Pacific Quad leaders to meet at White House", 2021.9.23, https://www.aljazeera.com/news/2021/9/23/here-to-stay-indo-pacific-quad-leaders-to-converge-white-house

253 安德烈, "不理北京警告 拜登延续四国联盟", 2021.2.18, https://bit.ly/3mGd3dT

254 산케이, "中国はインドと戦火を交える", 2022.2.21, https://www.sankei.com/article/20220221-YZ3QORV6RNO35PIVNN6PNDIUOQ/

255 Robert Delaney, "Quad leaders, meeting in person for first time, are seen to plan several initiatives for confronting China", 2021.9.24, https://www.scmp.com/news/china/diplomacy/article/3149884/quad-leaders-meeting-person-first-time-are-seen-plan-several

256 Skandha Gunasekara and Mujib Mashal, "Chinese Military Ship Docks in Sri Lanka Despite India's Concerns", 2022.8.16, https://www.nytimes.com/2022/08/16/world/asia/sri-lanka-chinese-ship-india.html

257 Krishna N. Das and Sanjeev Miglani, "Chinese minister seeks normal India ties, Delhi says ease border tension first", 2022.3.25, https://www.reuters.com/world/china/chinese-foreign-minister-see-indian-counterpart-surprise-meeting-2022-03-25/

258 Khushboo Razdan, "Chill lingers over China-India relations amid Jaishankar's diplomatic barrage at UN General Assembly", 2022.9.21, https://www.scmp.com/news/china/article/3193208/chill-lingers-over-china-india-relations-amid-jaishankars-diplomatic

259 NATE FISCHLER, "Why India won't readily leave Russia for the US",

2022.3.28, https://asiatimes.com/2022/03/why-india-wont-readily-leave-russia-for-the-us/

260   Bloomberg, "Russia's invasion of Ukraine: India backs off berating Putin to get weapons for China border fight", 2022.3.3, https://www.scmp.com/news/asia/south-asia/article/3169062/russias-invasion-ukraine-india-backs-berating-putin-get

261   Reuters, "New Zealand says 'uncomfortable' with expanding Five Eyes", 2021.4.19,https://www.reuters.com/world/china/new-zealand-says-uncomfortable-with-expanding-five-eyes-2021-04-19/

262   Laurence NormanFollow and Drew HinshawFollow, "Europe's Balancing Act Between the U.S. and China Is Buffeted From Both Sides", 2021.9.23, https://www.wsj.com/articles/europes-balancing-act-between-the-u-s-and-china-is-buffeted-from-both-sides-11632397575?mod=djm_dailydiscvrtst

263   弗林, "博雷利：欧盟需要为印太地区制定战略方针", 2021.3.13, https://bit.ly/3ZJ8uhx

264   Kinling Lo, "Lithuania quit 17+1 because access to Chinese market did not improve, its envoy says", 2021.1.1, https://www.scmp.com/news/china/diplomacy/article/3135522/lithuania-quit-171-because-access-chinese-market-did-not

265   산케이, "EU, 再び中国をWTO提訴「知財権保護認めず」", 2022.2.19, https://www.sankei.com/article/20220219-XPGZ4M2ACJNUFACY7WRGFHFGNY/

266   Finbarr Bermingham, "EU-China summit was a 'dialogue of the deaf', says top Brussels diplomat", 2022.4.6, https://www.scmp.com/news/china/article/3173188/eu-china-summit-was-dialogue-deaf-says-top-brussels-diplomat

267   Isabel Reynolds, "Embrace of NATO in China's Back Yard Stokes Xi's Worst Fears", 2022.6.28, https://www.bloomberg.com/news/articles/2022-06-28/embrace-of-nato-in-china-s-back-yard-stokes-xi-s-worst-fears

268   弗林, "北约公报：中国野心和行为对国际秩序和联盟安全构成系统性挑战", 2021.6.14, https://bit.ly/3ZGGHyr

269   Bloomberg, "China Blasts 'Ill' U.S. as Biden Rallies Allies on Europe Trip", 2021.6.15, https://www.bloomberg.com/news/articles/2021-06-15/china-warns-nato-it-won-t-sit-back-if-challenged-by-the-bloc?srnd=next-china

270   弗林, "博雷利：欧盟将强化与东盟合作，增加在亚太地区的参与", 2022.8.9, htt

ps://bit.ly/3Tq6nx7

271 EU 의회가 중국의 신강 위구르 지역의 인권 상황과 관련하여 중국 관원들을 제재하자 중국도 EU 의회 의원들을 제재하였다.

272 앞서 타이완을 통합하면 타이완 인들에게 애국 교육을 실시해야 한다는 망언을 한 바로 그 사람이다.

273 小山, "法国外交部等待卢沙野尽快履行遭召见", 2021.3.23, https://bit.ly/3FjEmBd

274 Heather A. Conley, "Don't Underestimate the AUKUS Rift With France", 2021.9.21, https://foreignpolicy.com/2021/09/22/aukus-france-biden-europe-allies/

275 BBC, "AUKUS:法国和美国在外交风波后寻求修补关系裂痕", 2021.9.23, https://www.bbc.com/zhongwen/simp/world-58660972

276 何黎. "FT社评:法国和美国须重建信任", 2021.9.23, https://www.chineseft.com/premium/001094026?exclusive&archive

277 安德烈, "潜艇危机:拜登马克龙承诺恢复互信 10月底两人会面", 2021.9.22, https://bit.ly/3LnNGIp

278 弗林, "法军军机编队在72小时内完成向亚太地区部署", 2022.8.16, https://bit.ly/3JzmtB3

279 丹兰, "德防长:德国联邦国防军将阻止中国在印太地区的行动", 2021.3.13, https://bit.ly/3Lft6K7

280 산케이, "中国、独軍艦艇を受け入れず 東京に11月入港見通し", 2021.9.16, https://www.sankei.com/article/20210916-UGBGO5PYGJMVPI5O7SHYV SZAKU/

281 弗林, "德国空军首次向印太地区部署13架军机, 将与澳日韩等国进行联合演习", 2022.8.15, https://bit.ly/3FjEznZ

282 PEPE ESCOBAR, "Eurasian consolidation ends the US unipolar moment", 2021.9.22, https://asiatimes.com/2021/09/eurasian-consolidation-ends-the-us-unipolar-moment/

283 Hiroyuki Akita, "Why China can't and won't abandon Russia", 2022.10.6, https://asia.nikkei.com/Spotlight/Comment/Why-China-can-t-and-won-t-abandon-Russia

284 권성근, "우크라전 적극 지지 기대했던 푸틴…中 '미온적 태도'에 부담 가중", 2022.9.16, https://mobile.newsis.com/view.html?ar_id=NISX20220916_0002015286#_enliple

285 BBC, "푸틴-시진핑 정상회담, 양측이 원하는 바는?", 2022.9.15, https://www.

bbc.com/korean/international-62910650

286 VOA, "러시아 '중국과 안보 협력 강화 합의'", 2022.9.19, https://www.voakorea.com/a/6753363.html

287 阿曼亭, "拉夫罗夫:俄中关系的质量优于传统的军事同盟", 2023.2.2, https://bit.ly/3FiyuIp

288 Teddy Ng and Rachel Zhang, "China urges US to seek Iran nuclear talks after 'new developments'", 2021.3.26, https://www.scmp.com/news/china/diplomacy/article/3127101/china-urges-us-seek-iran-nuclear-talks-after-new-developments

289 法广, "中伊宣布启动25年全面合作协议", 2022.1.15, https://bit.ly/3JzP219

290 Farnaz Fassihi and Steven Lee Myers, "China, With $400 Billion Iran Deal, Could Deepen Influence in Mideast", 2021.3.27, https://www.nytimes.com/2021/03/27/world/middleeast/china-iran-deal.html

291 BBC, "이란 시위 1분 정리: 왜 이전 시위와 다른가", 2022.10.15, https://www.bbc.com/korean/63182579

292 BBC, "巴基斯坦前总理汗下台的深层原因及对中巴关系的影响", 2022.4.12, https://www.bbc.com/zhongwen/simp/world-61077681.

293 新华社, "李克强将出席大湄公河次区域经济合作第七次领导人会议", 2021.9.7, http://www.news.cn/politics/leaders/2021-09/07/c_1127837213.htm

294 BERTIL LINTNER, "US, China dueling for power on the Mekong", 2021.9.5, https://asiatimes.com/2021/09/us-china-dueling-for-power-on-the-mekong/

295 동아일보, "바이든, 美-아세안 '포괄적 전략적 동반자 관계'로 격상…中 영향력 견제", 2022.11.13, https://www.donga.com/news/Inter/article/all/20221113/116447541/1

296 김유진, "바이든, 아세안 정상들 만나 "규칙 기반 질서 위협에 공조"", 2022.11.13, https://m.khan.co.kr/world/america/article/202211131210001

297 https://www.pm.gov.au/media/press-conference-phnom-penh-cambodia-0

298 Teddy Ng, "China and Singapore start joint naval drills as Beijing boosts ties in Asia", 2021.2.24, https://www.scmp.com/news/china/military/article/3122895/china-and-singapore-start-joint-naval-drills-beijing-boosts

299 古莉, "中国泰国开始联合军事演习", 2022.8.14

300 BBC, "南海争议:马来西亚指控多架中国军机进入该国空域", 2021.6.2, https://

www.bbc.com/zhongwen/simp/chinese-news-57326780.

301 Evan A. Laksmana, "Indonesia getting 'gray-zoned' by China", 2022.10.30, https://asiatimes.com/2022/08/indonesia-getting-grey-zoned-by-china/.

302 인도네시아가 남중국해에서 자국의 영토 주장을 하지 않고 있으며 중국의 권리 도 인정하지 않고 있는 것에 대하여 중국은 자국과 인도네시아가 권리를 서로 양해하고 있다고 해석하는 것을 말함

303 David Hutt, "China stokes encirclement fear in next-door Vietnam", 2022.9.13, https://asiatimes.com/2022/09/china-stokes-encirclement-fear -in-next-door-vietnam/

304 Mimi Lau, "Vietnam says it will not side against China, as US' Kamala Harris visits", 2021.8.25, https://www.scmp.com/news/china/diplomacy/ article/3146273/vietnam-says-it-will-not-side-against-china-us-kamala-harris

305 法广, "为监控南海形势, 菲律宾拟在中业岛建后勤枢纽", 2021.5.10

306 BBC, "南海角逐: 中国被指部署'小蓝人' 英国航母战斗群远航", 2021.5.5, https://www.bbc.com/zhongwen/simp/world-56983945.

307 David P. Goldman, "Chinese missiles can likely sink US carriers: report", 2022.3.22, https://asiatimes.com/2022/03/chinese-missiles-can-likely-sink-us-carriers-report/

308 Известия, "Американский генерал рассказал о недостатках армии США", 2022.11.23, https://iz.ru/1429745/2022-11-23/amerikanskii-general-rasskazal-o-nedostatkakh-armii-ssha.

309 https://zh.wikipedia.org/wiki/%E6%BE%8E%E6%B9%96%E7%BE%A4%E5%B3%B6#%E6%BE%8E%E6%B9%96%E7%BE%A4%E5%B3%B6%E5%BE%80%E4%BE%86%E5%8F%B0%E7%81%A3%E7%9A%84%E4%BA%A4%E9%80%9A%E6%83%85%E5%BD%A2

310 Stephen Bryen, "US and Japan float a plan to defend Taiwan", 2021.12.29, https://asiatimes.com/2021/12/us-and-japan-float-a-plan-to-defend-taiwan/.

311 뉴시스, "美, 日가데나 기지서 F-15 전투기 영구 철수…'中억지력 약화 우려'", 2022.10.28, https://www.donga.com/news/Inter/article/all/20221028/116201923/1

312 VOA, "'미국, 일본에 F-22 배치 예정'-NHK", 2022.11.1, https://www.voakorea.com/a/6814246.html

313 小山, "中国航母辽宁号新动作 率战斗群过冲绳远去太平洋", 2021.4.4, https://lrl.kr/i6ux

314 楚良一, "针对中国『海警法』日本不排除使用武器", 2021.2.18, https://lrl.kr/vGVC

315 Catherine Wong, "Japan considers sending in troops to help meet China's Diaoyu challenge", 2021.3.7, https://www.scmp.com/news/china/diplomacy/article/3124439/japan-considers-sending-troops-help-meet-chinas-diaoyu

316 Liu Zhen, "9 Chinese warships spotted in East China Sea ahead of week-long joint drills with Russia", 2022.12.19, https://www.scmp.com/news/china/military/article/3203880/9-chinese-warships-spotted-east-china-sea-ahead-weeklong-joint-drills-russia

317 산케이, "空母から戦闘機とヘリ発着　中国海軍、太平洋で", 2021.12.21, https://www.sankei.com/article/20211221-VRHOPO2M7BKQ5JAQH7HC2K73TA/

318 Kristin Huang, "China, Japan risk miscalculation over Diaoyu Islands, analysts say", 2021.3.13, https://www.scmp.com/news/china/military/article/3124957/china-japan-risk-miscalculation-over-diaoyu-islands-analysts

319 环球网, "台军'反夺岛新战术'曝光:买了'地表最强坦克', 还有'神秘防线', 网友:笑死, 纸上谈兵", 2021.7.7, https://www.toutiao.com/article/6982018407013351950/?&source=m_redirect

320 https://twitter.com/ElbridgeColby/status/1589259991743352832

321 David P. Goldman, "Pentagon, Chinese analysts agree US can't win in Taiwan Strait", 2022.12.6, https://asiatimes.com/2022/12/pentagon-chinese-analysts-agree-us-cant-win-in-taiwan-strait/

322 Donald Rothwell, "Australia drifting towards a China conflict at sea", 2022.8.28, https://asiatimes.com/2022/08/australia-drifting-towards-a-china-conflict-at-sea/

323 https://chinaus-icas.org/research/chinas-claims-in-the-south-china-sea/

324 BBC, "南海角逐:中国被指部署'小蓝人' 英国航母战斗群远航", 2021.5.5, https://www.bbc.com/zhongwen/simp/world-56983945

325 弗林, "美印太司令部司令:中国将南海至少三个人工岛完全军事化", 2022.3.20, https://lrl.kr/zS4B

326 Richard Javad Heydarian, "US fires fresh fusillade at China in South China Sea", 2022.1.14, https://asiatimes.com/2022/01/us-fires-fresh-fusillade-at-china-in-south-china-sea/

327 https://baike.baidu.com/pic/%E6%B0%B8%E5%85%B4%E5%B2%9B/537536/0/03087bf40ad162d9a97a954819dfa9ec8b13cdca?fr=lemma&from

Module=lemma_content-image&ct=single#aid=0&pic=03087bf40ad162d9a97a954819dfa9ec8b13cdca

328 Peter Coy, "China Has An 800,000-Square-Mile 'City' in the South China Sea", 2021.2.19, https://www.bloomberg.com/news/articles/2021-02-19/china-has-an-800-000-square-mile-city-in-the-south-china-sea?srnd=next-china

329 산케이, "米大統領、中国活動に懸念 カンボジア海軍基地", 2022.11.13, https://www.sankei.com/article/20221113-N6GH7M7NJJKBZKKAQLVCJBSCBU/

330 산케이, "習氏ベトナムに「両国関係、誰にも邪魔させない」", 2022.10.31, https://www.sankei.com/article/20221031-TJLSNQWTGVIWFJAVZFK2UZACIU/

331 David Hutt, "China stokes encirclement fear in next-door Vietnam", 2022.9.13, https://asiatimes.com/2022/09/china-stokes-encirclement-fear-in-next-door-vietnam/

332 David Hutt, "China's J-20 fighters begin South China Sea patrols", 2022.4.16, https://asiatimes.com/2022/04/chinas-j-20-fighters-begin-south-china-sea-patrols/

333 陈民峰, "美军频扰南海之际台湾强化太平岛防务工程26日开标", 2021.2.22, https://lrl.kr/eUlq

334 Andreo Calonzo, "U.S. Rips China 'Maritime Militia,' Backs Philippines in Row", 2021.3.23, https://www.bloomberg.com/news/articles/2021-03-23/u-s-rips-china-s-maritime-militia-backs-philippines-in-spat?srnd=next-china

335 弗林, "菲驻美大使：若台海发生冲突, 不排除允许美军使用菲军军事基地", 2022.9.5, https://lrl.kr/MtvF

336 David Brunnstrom and Karen Lema, "Why U.S. seeks closer security cooperation with the Philippines", 2023.2.3, https://www.reuters.com/world/asia-pacific/why-us-seeks-closer-security-cooperation-with-philippines-2022-11-20/

337 肖曼, "美国副总统哈里斯向菲律宾总统重申美对菲坚定安全承诺", 2022.11.21, https://lrl.kr/IhmH

338 Edward Wong, "Solomon Islands Suspends Visits by Foreign Military Ships, Raising Concerns in U.S.", 2022.8.30, https://www.nytimes.com/2022/08/30/us/politics/solomon-islands-us-military-china.html

339 Известия, "Кто в водах хозяин: что США хотят доказать Пекину в Южно-Китайском море", 2021

340 Reuters, "U.S. carrier group enters South China Sea amid Taiwan tensions", 2021.1.24, https://www.reuters.com/article/us-southchinasea-usa/u-s-carrier-group-enters-south-china-sea-amid-taiwan-tensions-idUSKBN29T05J

341 Sarah Zheng, "South China Sea: challenge to Beijing as French nuclear submarine patrols contested waterway", 2021.2.9, https://www.scmp.com/news/china/diplomacy/article/3121125/south-china-sea-challenge-beijing-french-nuclear-submarine

342 BBC, "南海局势: 拜登上台后美国首次双航母演习 北京批评"炫耀武力"", 2021.2.10, https://www.bbc.com/zhongwen/simp/world-56006774

343 Kristin Huang, "South China Sea: Beijing has extended another Spratly Islands reef, photos show", 2021.3.21, https://www.scmp.com/news/china/military/article/3126656/south-china-sea-beijing-has-extended-another-spratly-islands

344 Liu Zhen, "Chinese military in South China Sea landing drill as Taiwan tension persists", 2021.3.4, https://www.scmp.com/news/china/military/article/3124003/chinese-military-south-china-sea-landing-drill-taiwan-tension

345 Lawrence Chung, "South China Sea: Taiwan fires up missile tests to coincide with Beijing's month of military drills", 2021.3.3, https://www.scmp.com/news/china/military/article/3123885/south-china-sea-taiwan-fires-missile-tests-coincide-beijings

346 蒙克, "英国航母计划南海航行, 中国警告英国勿被人当枪使", 2019.9.10, https://www.bbc.com/zhongwen/simp/chinese-news-49652326

347 法广, "台海紧张升高 英国航母访问亚洲将与10多国军演", 2021.4.26, https://lrl.kr/i6uu

348 BBC, "美国海军战舰'闯入'中国航空母舰'辽宁'号编队? 专家意见两极", 2021.4.29, https://www.bbc.com/zhongwen/simp/world-56912687

349 Minnie Chan, "US navy warns China 'we're watching you' as destroyer shadows Liaoning carrier group", 2021.4.11, https://www.scmp.com/news/china/diplomacy/article/3129122/us-navy-warns-china-were-watching-you-destroyer-shadows

350 Lu Zhenhua, "U.S. Steps Up Surveillance of Chinese Submarines in South China Sea", 2021.7.14, https://www.caixinglobal.com/2021-07-14/us-steps-up-surveillance-of-chinese-submarines-in-south-china-sea-101739970.html

351 Laura Zhou, "South China Sea code of conduct talks 'may end in

stalemate' as tensions rise", 2021.7.17, https://www.scmp.com/news/china/diplomacy/article/3141484/south-china-sea-code-conduct-talks-may-end-stalemate-tensions

352 BBC, "南海争议：中美官员在联合国安理会会议再次交锋", 2021.8.10, https://www.bbc.com/zhongwen/simp/chinese-news-58155554

353 明报, "美艦進西沙遭解放軍海空驅離", 2022.1.21, https://lrl.kr/ruMf

354 弗林, "美日10艘军舰在菲律宾海联合演习", 2022.1.23, https://lrl.kr/eUla

355 BBC, "美国加强防御应对俄罗斯和中国极地'冷战'升温", 2021.3.7, https://www.bbc.com/zhongwen/simp/56298966

356 산케이, "米露が北極でせめぎ合い露の軍備増強を米非難、中国も関与模索", 2021.5.20, https://www.sankei.com/world/news/210520/wor2105200022-n1.html

357 Robert Delaney, "Arctic is key region in countering China's aggression, US Air Force officials say", 2021.7.28, https://lrl.kr/ruSg

358 Известия, "Американский генерал заявил о проигрыше США в условной войне с КНР", 2021.7.29, https://iz.ru/1200081/2021-07-29/amerikanskii-general-zaiavil-o-proigryshe-ssha-v-uslovnoi-voine-s-knr.

359 明报, "習緊握「槍桿子」張又俠何衛東副主席", 2022.10.24, https://lrl.kr/eUld

360 Bonny Lin and Joel Wuthnow, "The Weakness Behind China's Strong Façade", 2022.11.10, https://lrl.kr/eUlg

361 明报, "習近平率常委延安「朝聖」號召苦幹實幹 回顧遭軍事經濟封鎖 要求自力更生艱苦奮鬥", 2022.10.28, https://lrl.kr/eUli

362 산케이, "中国軍が米空母の実物大目標物新疆ウイグルの砂漠に建設", 2021.11.9, https://www.sankei.com/article/20211109-CYPDF2TTRJN45G23J3E2KC5FSU/

363 Amber Wang, "China's PLA commanders come out in force as troops chase perfect response to US and Nato", 2021.9.12 https://www.scmp.com/news/china/military/article/3148288/chinas-pla-commanders-come-out-force-troops-chase-perfect

364 白兆美, "중공군의 대 타이완 무력 침공 시나리오1/2", 2022.5.2, https://kr.rti.org.tw/radio/programMessageView/id/2433

365 瀚海狼山, "075出航后航速有多快？判断在黄蜂级和美国级之上", 2020.8.5, https://www.bilibili.com/read/cv7050157

366 https://kostec.re.kr/sub020109/view/id/36664#u

367 Valerie Insinna, "Behind the scenes of the US Air Force's second test of its game-changing battle management system", 2020.9.5, https://www.c4isrnet.com/it-networks/2020/09/04/behind-the-scenes-of-the-us-air-forces-second-test-of-its-game-changing-battle-management-system/

368 Valerie Insinna, "Air Force curtails ABMS demos after budget slashed by Congress", 2021.3.18, https://www.c4isrnet.com/it-networks/2021/03/17/air-force-curtails-abms-demos-after-budget-slashed-by-congress/

369 穿山夾, "大陸與台灣軍力比一比, 大陸攻台後果", https://knowledge.naimei.com.tw/posts/5d0702c2511ee80001bf0d38

370 연합뉴스, "대만 동부해역서 美·中 군용기 사흘간 400대 비행 '힘겨루기'", 2022.11.14, https://www.yna.co.kr/view/AKR20221114054600009

371 Parth Satam, "China Turns Its Fighters Into UAVs; Could Swarm Taiwan From Five 'Hardened' Forward Airfields – Reports", 2022.11.22, https://eurasiantimes.com/china-turns-its-fighter-jets-into-uavs-could-swarm-opponents/

372 Laura Zhou, "Quad team up to track 'dark shipping' and illegal fishing in the Indo-Pacific", 2022.5.24, https://www.scmp.com/news/china/diplomacy/article/3178847/quad-plan-tackle-illegal-fishing-could-become-latest-source-us

373 Gabriel Honrada, "US, China already gunning for 6G military supremacy", 2022.10.10, https://asiatimes.com/2022/10/us-china-already-gunning-for-6g-military-supremacy/

374 Joseph Trevithick, "Was A High-Altitude Airship Spotted Recently Near The South China Sea?", 2022.12.20, https://www.thedrive.com/the-war-zone/was-a-high-altitude-airship-spotted-recently-near-the-south-china-sea

375 이본영, "미, F-22 전투기로 '중국 풍선' 격추…비행기 이착륙 금지도", 2023.2.5, https://www.hani.co.kr/arti/international/america/1078290.html

376 타이완 공격에 참여할 것으로 예상되는 군인들은 모두 푸젠에서 훈련을 받는다. 가장 타이완과 가깝고, 지형과 기후가 비슷한 것이 첫 번째 원인일 것이다. 또 하나의 요인은 언어다. 타이완의 많은 국민들은 중국의 보통화 외에 타이완 사투리인 민난화(閩南话)를 한다. 언어 불통은 전쟁에 있어서도 불리하게 작용할 수 있으므로 병사들이 어느 정도 민난화를 구사할 수 있게 하려는 의도가 있어 보인다.

377 Kristin Huang, "China-US tension: state media reports amphibious landing drill after US senators land on Taiwan", 2021.6.9, https://www.scmp.com/news/china/military/article/3136603/china-us-tension-state-

media-reports-amphibious-landing-drill

378 中国军网, "海军某登陆舰支队聚焦体系练兵, 锻造海上登陆尖兵", 2022.12.21, http://www.81.cn/bz/2022-12/21/content_10207102.htm

379 https://w.yangshipin.cn/video?type=0&vid=f000017lwfi&cid=10205

380 陈文超, 温晓鹏, "未来城市无人化作战怎么打", 2020.11.3, http://www.qstheory.cn/qshyjx/2020-11/03/c_1126691646.htm

381 http://www.81.cn/jfjbmap/content/1/2021-08/12/07/2021081207_pdf.pdf

382 산케이, "中国、台湾侵攻能力を確保「最小限核抑止」から離脱 米報告書", 2021.11.18, https://www.sankei.com/article/20211118-WRTDR7FKDFMS5FAWDSQK3HLALU/

383 2021 REPORT TO CONGRESS of the U.S.-CHINA ECONOMIC AND SECURITY REVIEW COMMISSION, NOVEMBER 2021, p16

384 Choe Sang-Hun, "In South Korea, Ukraine War Revives the Nuclear Question", 2022.4.6, https://www.nytimes.com/2022/04/06/world/asia/ukraine-south-korea-nuclear-weapons.html

385 Jeong-Ho Lee, "South Korea, China to 'Closely Communicate' on US Missile Shield", 2022.9.16, https://www.bloomberg.com/news/articles/2022-09-16/south-korea-china-to-closely-communicate-on-us-missile-shield?srnd=next-china

386 Fareed Zakaria, "South Korean President: North Korea remains an imminent threat", 2022.9.25, https://edition.cnn.com/videos/tv/2022/09/25/exp-gps-0925-south-korean-president-yoon-north-korea-threat.cnn

387 Donald Kirk, "A sad reality of Pelosi's visit: South Korea won't help defend Taiwan", 2022.9.8, https://thehill.com/opinion/national-security/3592861-a-sad-reality-of-pelosis-visit-south-korea-wont-help-defend-taiwan/

388 Hyonhee Shin, "S.Korea presidential frontrunner seeks to 'reset' China ties with extra THAAD missile system", 2022.2.23, https://www.reuters.com/world/asia-pacific/skorea-presidential-frontrunner-seeks-reset-china-ties-with-extra-thaad-missile-2022-02-23/

389 Andrew Salmon, "US, Korean leaders brandish extended deterrence", 2022.5.21, https://asiatimes.com/2022/05/us-korean-leaders-brandish-extended-deterrence/

390 弗林, "韩国拟推动构建亚太四国定期协商机制", 2022.7.5, https://lrl.kr/i6uo

391 윤석열 대통령은 대통령 후보 시절, 문재인 전 대통령이 중국에 사드 관련하여 약

속한 '3불'을 파기하고 서울에 더 가깝게 배치하기 위해 새로운 사드 요격 포대를 '구매'하려고 한다고 말했다. 이는 윤석열 대통령이 사드에 대한 이해가 전혀 없다는 것을 의미하는 발언이다.

392 安德烈, "中国要求韩国遵守萨德三不承诺 韩国官员：这不是承诺", 2022.8.8, https://lrl.kr/MtvD

393 Kristin Huang, "South Korea's push to strengthen defences could trigger reaction from North and Japan, say Chinese observers", 2021.7.10, https://www.scmp.com/news/china/diplomacy/article/3140488/south-koreas-push-strengthen-defences-could-trigger-reaction?module=lead_hero_story_1&pgtype=homepage

394 Известия, "Ряд стран АТЭС договорились обмениваться данными в обход РФ и Китая", 2022.5.16, https://iz.ru/1334924/2022-05-16/riad-stran-ates-dogovorilis-obmenivatsia-dannymi-v-obkhod-rf-i-kitaia

395 弗林, "韩国外长：不容许以力量单方改变现状", 2022.8.5, https://lrl.kr/eUlo

396 邓聿文, "尹锡悦亲美但不大可能对华强硬", 2022.4.8, https://m.ftchinese.com/story/001095761?topnav=china&archive

397 일본의 경우 미국의 사드 배치 요구를 이지스 시스템을 육상에 도입한다는 대안으로 비켜갔고 다시 육상 이지스 시스템을 취소했다. 구매한 이지스 시스템은 새로 건조하는 이지스함에 적용한다고 했는데 단순히 설비를 도입하는 시각으로 보면 바보 같은 일의 연속이었지만 미중 사이에서 양쪽 모두를 만족시키며 벗어나갔다는 시각으로 보면 능란한 외교였다고 볼 수도 있을 것이다.

398 연합뉴스, "[속보] 합참, 북한 군용기 180여개 비행항적 식별…대응 조치", 2022.11.4, https://www.yonhapnewstv.co.kr/news/MYH20221104010600038.

399 주제넘은 일인지 모르지만 필자는 중국 내 한인들의 비상 연락망을 만들어야 한다고 생각한다. 뜻이 있는 분들의 연락, 특히 중국 내 거주하는 분들의 호응을 부탁드린다. 연락은 drchinanews@yandex.com을 통하시면 좋겠다.

400 김소현, 이지훈, "30년 흑자 中 수출마저 흔들…10대 품목 중 반도체 빼고 모두 위태", 2022.8.9, https://www.hankyung.com/finance/article/2022080191891

401 BBC, "美韩同盟的挑战：中国和朝鲜的威胁有多大?", 2021.4.15, https://www.bbc.com/zhongwen/simp/56759086

402 Известия, "В МИД РФ призвали стороны на Корейском полуострове к сдержанности", 2021.9.21, https://iz.ru/1222253/2021-09-15/v-mid-rf-prizvali-storony-na-koreiskom-poluostrove-k-sderzhannosti

북한은 왜 전쟁을 일으킬 수밖에 없는가

이미 시작된 전쟁

초판 1쇄 발행 2023년 4월 17일
초판 4쇄 발행 2023년 6월 5일

지은이 이철
펴낸이 김선준

책임편집 이희산 **1본부2팀장** 송병규 **1본부2팀** 정슬기
디자인 김세민
책임마케팅 이진규 **마케팅팀** 권두리, 신동빈
책임홍보 한보라 **홍보팀** 이은정, 유채원, 권희, 유준상, 박지훈
경영관리팀 송현주, 권송이

펴낸곳 페이지2북스 **출판등록** 2019년 4월 25일 제2019-000129호
주소 서울시 영등포구 여의대로 108 파크원타워1 28층
전화 02) 332-5855 **팩스** 070) 4170-4865
이메일 page2books@naver.com
종이 (주)월드페이퍼 **인쇄** 더블비 **제본** 책공감

ISBN 979-11-6985-020-9 (03340)